展讀民國人文

解讀陳垣

Reading Chen Yuan

楊照 策劃|主編

三民書局

「展讀民國人文」總序

文／楊照

三民書局的「展讀民國人文」出版計畫特別著重「民國」作為清楚的時代標記，「民國」的前半場域是中國大陸，時間從一九一二年到一九四九年；「民國」還有後半，那是一九四九年之後搬遷到臺灣來所經歷的關鍵變化。

在大陸的前半與在臺灣的後半，共同的特色是快速的變化與動盪，時局混亂打破了所有的現成答案，以至於逼迫人人困思問題解決方案，同時卻也打開可以進行破壞性或建設性種種實驗設計的大空間。

因而「民國」是出人物的時代，尤其是出人文思想人物的時代。並不是因為那些人都吃了神藥大力丸，不是因為他們遺傳了天賦異稟，而是時代的動盪與糾結，逼出了他們的智慧與活力。他們沒有固定的位子，沒有往後看、往前看能夠有把握的軌道或方向，他們只能去找出、創造出自己的道路，往往是前人沒走過，甚至是前人認定絕對不可能走的道路。

作為「民國人物」的陳寅恪，可以自由地在歐美遊學，不顧念、不追求學位，立志要培養自己研究「西北史」的所有學術配備；然後回到中國，受到變化時局的衝激，竟然也就快速轉型，將學術重心移轉到中古史上，成為中古史的大家。而這只是陳寅恪生命中大約二、三十年間發生的事。

又例如胡適，他到上海進了學堂才開始學英文，沒多久就去了美國留學，在康乃爾念農學，才第一年，他就開始用英文寫日記，還用英文對美國人宣講、解釋「中國是什麼」。他很快放棄了農學，轉到哥倫比亞大學念哲學，沒等到完全辦好博士學位手續，就又回到中國，不到三十歲的年紀已成為北京大學最受歡迎的教授。那麼短的時間內，他的生命走出那麼多不同的風景。

這絕對不單純是陳寅恪、胡適了不起，而是他們活在「民國」，得到了如此了不起、能夠成為「人物」的機會。「民國」是考驗、是挑戰，現實的條件使得在這個動盪空間中生活的人，沒有辦法做長期計畫，沒有資源完成具體社會建設，卻也因此鼓舞、刺激了豐富的人文思想。那不是關在象牙塔裡的哲思，也不是閑靜漫步的沉穩產物，而是從再切身不過的存在困窘中逼擠出來的看法與論點。國家可能被瓜分，故鄉可能被強占，家庭可能徹底拆解，生活的最後據點明天可能就要消失……每一項都是真實的威脅，無從逃躲，非面對、非提出對自己、對群體的解釋不可。

我長期以來不斷呼籲：「民國」不該被遺忘，忽略「民國」我們就無從弄清楚臺灣歷史的來龍去脈；更重要的，拋棄「民國」也就拋棄了這由眾多人存在苦痛換來的豐富人文思想資源。

二〇二一年史家余英時先生去世後，我受「趨勢教育基金會」之邀，錄製了一系列共十五講的課程，完整講述余英時主要的史學論著；次年，又受北京「看理想」機構之託，製播了共九十集的

「溫情與敬意：錢穆學思總覽」節目，在過程中廣泛涉獵與錢穆、余英時同代的相關學者論著，產生了對於「民國人文學術」更深刻的珍視。在臺灣，三民書局是錢穆和余英時著作出版的關鍵文集機構，於是出於對時代與自身歷史背景負責的考量，對劉仲傑總經理提出了編選這套系列叢書的想法。很幸運地，我的構想獲得劉總經理的大力支持，配備了充分的編輯專業人才協助參與，得以在一年多的準備之後，到二〇二三年中實現為和讀者相見的精編選集。

「民國」的歷史狀況使得這段時期的思想，很明顯地以原創性與多樣性見長，相對地缺乏大規模系統建構的成就，因此最適合以選文的方式來呈現。系列中每一本選集基本上都是在通覽目前能找到的作者著作全集後編定的，盡量保留個別篇章的完整面貌，避免割裂斷章取義。體例上，每本選集前面附有長篇「導讀」，向讀者充分說明這位作者的時代意義，以及其思想、經歷的重點，減少閱讀隔閡，幫助大家得到更切身的體會。另外按照文章性質分若干輯，每輯之前備有「提要」，既提供文章出處背景，也連繫「導讀」內容，進一步刻畫作者的具體思想面貌。

「展讀民國人文」系列第一批共十本，提供了從一八六九年出生的章太炎，到一八八五年出生的熊十力，包括梁啟超、陳垣、呂思勉、歐陽竟無、王國維、蔣夢麟、馬一浮、張君勱等民國學術人文思想人物的作品精華，希望能讓讀者興發對這段歷史的好奇，如果得到足夠的支持，我們將會在未來擴大人物系列，期望能開創出一片「毋忘民國」的繁華勝景來。

解讀陳垣

——目次

第二輯　通鑑胡注表微

第三輯　論說文類

第四輯　書信輯選

導讀

1

歷來在史學界有「現代四大史家」或「民國四大史家」的說法，獲得榮銜的四位是：陳垣、呂思勉、陳寅恪和錢穆。

要在民國時期成為「大史家」，還真不容易。首先，民國是一個史學大爆發的時代。「展讀民國人文」系列中介紹的前面兩位學術、思想人物——梁啟超和章太炎，他們因不同理由在生命不同時期對歷史高度重視，也都在歷史的領域中做出了相當貢獻，正是受到這股大爆發潮流的影響，而且他們的心力成就也參與形塑、推高了浪頭。

這麼多人才投入史學領域，其來有自。一整代的讀書人原本讀的是中國傳統書籍，接受教育、瞄準科舉，累積了紮實、豐厚的「國學」知識，卻在成長中受到了「國將不國」的巨大威脅衝擊，眼睜睜看著自己的一身學問愈來愈和現實所需脫節，看起來愈來愈可疑。

處於傳統核心的「經學」必定無效了，「理學」更被視為是阻礙中國現代化的落後人倫觀念，在重重消去法運作後，勉強算是能夠築起一道堤防，暫時堵住幾乎要摧毀既有一切的大浪的，只有歷史。至少中國有獨特的歷史不容否認，至少學習歷史可以提供現實改革的基礎，於是那一代的知識活動明顯地向史學方向推擠，在下一代更進一步吸收、熟悉西洋知識的人才形成前，研究中國歷史、重述重估中國文明價值，成為民國初建時期的熱門顯學。

三〇年代出現了「全盤西化」的呼聲，要將中國傳統文化都拋棄掉。「全盤西化」作為口號很響亮、震撼人心，然而如果真要落實，可就遇到了重重困難。

例如，「全盤西化」連中國文字都不要嗎?中國文字在學習運用上特別困難，是新文化運動的主要刺激起因，先是提倡以白話取代文言，接著進一步有將中國文字簡化的提議，很快地改革主張推向極端，認定最好的解決方案應該是放棄這套圖像文字系統，改以羅馬拼音代之。

如果大家手上有中共建國早期，五〇、六〇年代，甚至延續到七〇年代出版的書籍，封面上幾乎都同時並列簡體字和漢語拼音書名。「展读民国人文」旁邊會附寫 *Zhandu Minguo Renwen*，這就是此種文化改造主張的遺緒，仍然抱持著朝向廢除中文的價值觀，最終要以拼音來代換中文字。

這條路畢竟還是走不下去，形式上的殘留到了八〇年代也撤廢了，漢語拼音確定成為輔助性的，類似我們國語注音符號的功能，而不再是中國文字的未來形式。

全盤西化走不通，甚至走不遠，一部分原因是即便主張全盤西化的人，他們自己的根底也都還是中國傳統學問，怎麼可能以主觀力量洗滌乾淨呢？

具體、普遍的狀況是，中國學問面臨危機，因而「整理國故」成了各方共同支持的號召，不管是要保存或要重新詮釋，甚至要嚴厲批判既有傳統，顯然都同樣必須先進行一番徹底的整理。

在「國故」中，原本地位最高的是「經」，然而在現實衝擊下，最早顯露出難以辯護的荒謬性的正是「經」與「經學」。如此古老的文本，被用那麼隆崇的態度研究一字一句，耗費了歷來文人們多少時間精力，被認定了是造成中國落後的主因之一，只能招來負面的批判與攻擊。

魯迅精彩的〈狂人日記〉中形象化、譬喻性的描述了中國古書上所說的道理，千言萬語總括不過就是「吃人」二字。經學的道理是吃人、諸子的道理也是吃人。在這種情況下，只能靠以自覺的態度來保存歷史，有了新的眼光、新的方法，可以用來整理中國歷史。以歷史的普遍性作為合法性訴求，讓這代人他們過去所學到、所累積的知識得以不必全盤拋棄，還能有所用處。

於是大部分的知識人此時的關懷都朝向史學偏移，都涉及了歷史的探究，在這樣的潮流風氣中，要能脫穎而出成為「大史家」，何等不容易。

史家所做的研究必須建立在豐富的史料上，而那個年代史料最基本、最普遍的形式是書籍，因而要當史家一定得要擁有龐大眾多的書籍。學哲學的不必然需要一大堆書，學歷史的卻不只要讀很多書，研究著作過程中還需要有很多書隨時可以運用。於是哲學家可以隨時將自己的哲學研究帶著走，史學家離開了龐大史料書庫，幾乎就無法做研究了。

也就是說，史學家尤其經不起動亂。動亂必然打斷了史學研究，移地異地條件對史學研究極為不利。然而中國近代史學熱潮興起後沒多久，國家就陷入了長期的戰爭動盪中了。

錢穆的《國史大綱》之所以成為「傳奇史著」，除了內容的根本成就外，寫作的環境與過程也有相當的影響。抗戰軍興，錢穆隨著學校遷徙到四川，再到雲南，走了那麼長的距離，搬到那麼遠的地方，自身能帶多少書呢？學校的圖書館又能帶多少書呢？

離開北京，錢穆被迫留下了將近五萬冊的書，在雲南寫《國史大綱》時他身邊能用的書甚至不到五十本。他靠長期讀書教書的有限筆記，加上腦中儲藏的知識，竟然能寫出這樣一本內容簡要卻勝義紛陳的通史巨著，著實令人驚訝。

不安如是、動盪如是，還能克服種種困難做出眾多突破性有意義的史學研究，太難太難了！

2

熱門、人才濟濟的領域要出類拔萃分外困難，然後還要加上政治劇變帶來的分裂隔閡，使得任何一個人要能得到普遍的認同與尊重，難上加難。

「現代四大史家」中，錢穆在一九四九年離開大陸，避居香港，二十多年後才轉到臺灣，這樣的生活背景很容易讓他的學術成就在臺灣和在大陸都遭到忽略。因而他能夠擠身「四大」行列，相當程度上憑藉一九四九年「大分裂」來臨前就已經建立起的地位。他先後出版了《先秦諸子繫年》、《中國近三百年學術史》等大部頭作品，大膽挑戰當時學術明星、學術權威如顧頡剛、梁啟超的態度，還有在抗戰艱難環境中完成《國史大綱》的壯舉，已經在知識圈創造了傳奇印象。

其他三位在一九四九年都選擇留在大陸。新中國成立後，呂思勉很快就在一九五七年去世了。因而躲過了隨後狂風暴雨般襲來的諸多「運動」——「反右」、「大躍進」、「文化大革命」等，他的著作相對能夠保留比較完整，其聲名與地位也比較不受政治局勢影響，維持了穩定受尊重的狀態。

相對地，陳寅恪的處境就艱難多了。一方面他的眼疾惡化，視力無法恢復，失去了正常做研究的基本條件；另一方面他和新政權之間一直關係緊張，在他心中產生了矛盾的感受，刺激他放棄了原本做中古史的大格局、大氣魄，轉而挑選明清史的偏僻小題目，小題大做，先後完成《論「再生緣」書後》和《柳如是別傳》兩部非正統的史著，呈現降清文人的心思與抉擇。

這樣的變化，使得陳寅恪一度在兩岸都遭到冷落，幾乎要被遺忘了，卻在七〇年代之後，因緣際會得以重回海峽兩岸的知識視野中。余英時的《陳寅恪晚年詩文釋證》和陸鍵東的《陳寅恪的最後二十年》扮演了推波助瀾的重要角色，不過最關鍵的，還是陳寅恪早年史著中展現的驚人博學程度與突破性歷史論斷，令新一代的讀者與學者，仍然不得不折服。

四人之中，在中國大陸以外，包括香港與臺灣，較少為人所知的是陳垣。部分原因在於他在中國大陸的狀況。陳垣出生於一八八〇年，到一九七一年才以九十一歲高齡去世。一九四九年時，他已經將近七十歲了，而且共軍進入北平時，他當時的身分是輔仁大學校長。輔仁大學是由羅馬教會在中國成立的大學，「解放」後當然不可能維持原有的情況。幾經折衝，到一九五三年時，輔仁大學被併入北京師範大學，而陳垣轉任北師大的校長。

到五〇年代後期，中國共產黨對教育學術界的管控愈來愈嚴，高齡的陳垣感受到強大壓力，於一九五九年提出了入黨申請，取得黨員身分後還必須表現出感恩戴德的欣悅。因為這樣的政治地位，也使得陳垣在這二十年間未有重要的史學研究問世，難怪他在中國大陸之外所受到的重視，遠遠不如呂思勉，更不如陳寅恪和錢穆了。

不過平心而論，陳垣絕對有資格列名入「民國四大史家」，頂得起這個榮銜。雖然他在新中國成立之後還享有甚高地位活了二十多年，但從學術與思想的角度看，陳垣卻是個不折不扣的「民國人物」，意思是，他的主要學術成就與思想內容，都是活在「民國」的時代之下提出的，和「民國」的動盪局勢密切關聯、呼應。

陳垣曾經自述將生平分成「錢—顧—全—毛」四個階段，用四個曾經被他奉為榜樣的人物來彰顯自己每個階段的信念與努力方向。「錢」是清朝大學問家錢大昕，「顧」是明末清初知識分子代表顧炎武，「全」是黃宗羲的弟子，幫助老師完成《宋元學案》的全祖望，而「毛」，和其他三個人身分都不一樣，指的是毛澤東。

陳垣的「毛階段」和新中國成立的時間大致同步，也就是從一九四九年開始，這段時間他繼續教書、繼續當校長，而和前三階段很不一樣的，這階段幾乎沒有產出任何夠分量、有影響、值得一提的史學論著。

這是「毛階段」，意味著陳垣接觸並認真研讀了毛澤東思想，被毛澤東徹底折服。看來有了「毛思想」在心中，原來的史學史家思考也就退位消失了。作為史家的陳垣，他的學術思想基本上都形成、表現於一九四九年之前，所以儘管他一直到一九七一年才去世，我們仍然能將他當作民國思想人物，承認他是「民國四大史家」之一。

3

放進到民國思想系譜中來考察，我們會注意到陳垣是廣東新會人，不只是和梁啟超同鄉，而且他知識學問的養成，和梁啟超、章太炎有著同源關聯。梁啟超和章太炎的學問基礎都來自阮元創設的「學海堂」。阮元擔任兩廣總督，一度兼任廣東巡撫，在廣州前後待了九年，對於當時廣州的風氣深感不滿。南方經濟發達，這裡的有錢人能夠培養出善於考科舉的子弟，在求取功名方面頗有斬獲。然而也因此這裡看待讀書的態度，明顯以功利導向，缺乏更深層、應付考試以外的積累。

而清朝建立之初為了拉攏明遺民，就在一般科舉之外，另立了「博學鴻儒」項目，尊崇、獎勵那些真正有學問的讀書人。到了乾隆朝編《四庫全書》更進一步擴大朝廷中這方面的人才晉用，建立更明確的知識傳統。

在北方有兩條清楚的讀書脈絡，而且「博學鴻儒」的地位高於單純為科舉而讀書的。阮元自身是考據學的學者，來到廣州，發現「博學鴻儒」這方面的知識在南方少有發展，於是特別設立了「學海堂」來提倡正統的經學、考據學。

考據學進入南方，得到了一個好處，經濟發達連帶的印書就容易了。可以運用這裡發達的出版活動，編印《學海堂經解》大套書，也就是《皇清經解》，後來又有《續皇清經解》，提供了經學主要參考書，讓更多人方便使用。在這過程中，又刺激了目錄學在南方的發展。

大家可以參考余英時的《中國近世宗教倫理與商人精神》一書，裡面以豐富的史料鋪陳了明代以降中國社會形成的特殊「士商合一」的家族結構，而陳垣就出生於這樣的一個家庭中。這種家庭裡通常大兒子必須繼承家中的商業活動，往下的其他小孩則視其才分，有本事能讀書的就專心準備科舉，考到功名來提升或至少維持家裡的社會地位；讀書不在行的，那就幫忙家業維持收入。

陳垣家中的主業是藥材商，很成功也累積了相當資財，他從小進學後展現出對學問的高度興趣，照理說應該就走上考試仕途。然而受到當時廣東新興學風的影響，他卻在很年輕的時候就專注於研讀目錄學。

多年輕呢？十二歲，因為準備考試已經讀了許多古書，進而接觸到了曾經風靡一時的目錄學名著——掛名張之洞編撰，實則由其幕客集體完成的《書目答問》。叫「答問」，是假設有困惑的讀書人問：到了清光緒年間，要讀中國書，應該如何讀，讀哪些書、依照什麼順序、依照什麼樣的分類？

這中間關鍵的是特定時代背景。此時距離編成《四庫全書》的乾隆朝經過了一百多年，而且是「乾嘉學派」考據學大盛的一百多年，考量這段時期的學術、著述成果，需要有可以補充、修正《四庫全書》的新書目。張之洞樂於以此提升自己的學、官地位，本來由滿人皇帝主持的書目總集工作，一百多年後轉而由漢人封疆大吏接手整編，也正看出經歷太平天國之亂後，清朝政治結構的大轉變。

《書目答問》中洋洋灑灑列出了兩千多本書，其規模震撼了十二歲的陳垣，進而激發了他在學問上的雄心壯志。中國書海真是浩瀚，光是基礎入門就得讀那麼多書，陳垣立志要好好找到這些書、讀這些書。

而家中的經濟條件、南方的出版流通狀況，讓他可以恣意大量買書。他花了幾筆大錢，一筆是花八兩買了《四庫全書目錄提要》，另一筆是花了一百二十兩買了一套《珍本二十四史》。

讓我們對比一下，陳垣父親注意到這個小孩的讀書買書方式，意識到他愛讀書卻不是依照應考的方式來讀，開始擔心他的前途，於是決定先替他捐一個貢生資格，也就是用錢幫助他在考試進階中先推入門。捐一個貢生要花多少錢？和買一套《四庫全書目錄提要》一樣是八兩，那你也就知道一次花一百二十兩買書是何等的大手筆了！

捐了貢生，確實產生了刺激、推進的作用，讓陳垣去參加了秀才考試，但名落孫山。他很不服氣，自己已經讀了這麼多書怎麼還考不上？遇到了一位同鄉前輩，聽他說自己如何寫應考文章，前輩斬釘截鐵告訴他：科舉卷子不能這樣寫啊！

那到底怎麼寫？他此時發憤要考上秀才，很自然就用上了南方讀書家庭的招數，去將過去三年各地考試得到高分的卷子都買來讀。到這個時候，科舉考試成績南方人遠遠領先北方人，一部分也就因為南方有這種資源、有這種準備考試的習慣。

大家不妨查看一下吳敬梓《儒林外史》中馬二先生和匡超人的故事，就能了解當時編這種考試參考書已經是一門大行業，有人專門去蒐羅高分文章，另外有人負責編選和寫分析、指南。就是因為生意做大了，馬二先生一個人做不過來，才找了匡超人來幫忙。

靠這種惡補法，陳垣考上了秀才，不過很快他的科考道路畢竟還是無以為繼。陳垣在一八八〇年出生，超過了二十歲時考上秀才，那時候廢科舉的呼聲已經很高了，到一九〇五年，科舉考試就正式廢除了。

4

於是陳垣一方面回到了自己原先的讀書道路上，另一方面受到時代影響，以家中的資源加入了清末的報刊雜誌熱潮中，一九〇四年時參與創辦《時事畫報》。

「畫報」是那個時代的「新媒體」，在沒有相片印刷的情況下，以線條畫的方式將新聞現場畫面予以重現，其中最有名、最成功的是《上海申報》，而《時事畫報》就採取了這種最時髦的形式來吸引讀者。

過兩年，一件事讓陳垣的活動擴張到更現代、更新鮮的領域。他的父親飽受膀胱結石之苦，無法順利排尿、經常感到難以忍受的灼熱刺痛，而自家開的是藥材行，認識那麼多名醫，卻都對這個問題束手無策，只能坐視病人受苦。在中醫治療無效後，改找西醫動小手術將結石取出，就解決了問題。

這個經驗使得陳垣立意要改行學西醫，他去註冊進了「博濟醫學堂」，那是美國人開設的醫學校。進去之後，還未能學到什麼像樣的西醫知識與技術，陳垣先感受了裡面強烈的歧視風氣。他忍受不了洋人明白而深刻的歧視眼光與行為，受激之餘，不只憤而退學，甚至乾脆興辦醫學校。

這所學校名為「光華醫學專門學校」，陳垣是創辦人之一，掛名擔任學校的行政、教務職務，但同時他又是這所學校的學生。他在這所自己參與創辦的學校得到醫學士學歷，他後來寫了一些和醫學有關的文章，背後是有他的專業知識與專業關懷的。

例如在這本《解讀陳垣》的選集中，大家可以找到一篇內容相當前衛的文章，當別人在積極推動反對纏足，以不纏足作為婦女解放的重點時，陳垣卻已經在鼓吹「放胸」，反對婦女「束胸」或「縮胸」。他不只是以西方婦女露胸的衣著為對照，更重要的是從醫學角度控訴「束胸」、「縮胸」的做法使得女性無法正常成長，影響健康；女性無法有健康的身體，就不能當健康的母親，連帶的也就無法生養健康的下一代。

一九一一年辛亥革命爆發，一九一二年建立了新共和國，此時的陳垣具備了雙重身分，一重是革命報人，源自《時事畫報》反對清廷的批判態度；另一重身分則是當時少有的西醫，和孫中山一樣，是被視為最進步，和西方知識、西方文明關係最為密切的身分。

民國初年，以革命和西醫背景為基礎，三十歲出頭的陳垣也投入了政治，當選最早的民國眾議員，特別從廣州搬到北京去就任。他加入了「進步系」，一九二一年一度在梁士詒當總理的內閣中，做了半年的教育部次長。

這段時期的經驗，對後來陳垣的長遠影響不在政治上，而是在讀書與學術上。清宣統皇帝遜位後，必須處理清皇室的重要遺產，一九一五年就將原本存放在熱河承德山莊的一大套「文津閣」抄寫本《四庫全書》搬到了北京，存放在京師圖書館中。當時陳垣憑藉著他在北洋政府中的資歷，加上幼少以來的學問興趣，當上了京師圖書館的館長。

於是他從熟讀《四庫全書目錄提要》轉而得到寶貴機會可以讀整部的《四庫全書》。他前後花了十年時間，即使離開了館長位子，持續進出圖書館閱讀《四庫全書》。

5

這樣的經歷接著到了一九二四年，又為他引來另一項奇遇，那就是馮玉祥違反原本共和國政府和遜清的協定，突然帶兵闖入紫禁城，將溥儀趕了出去，溥儀逃往天津，一九三一年發生「九一八事件」後，日本人又將溥儀從天津接到瀋陽去當「滿洲國」皇帝。

溥儀倉皇出走，必須對紫禁城另行安排。一九二四年十一月成立「清室善後委員會」，委員長是李石曾，另外有十四名委員。名單上排在最後面的五人，其中有四名是滿人，再加上和舊清廷關係密切的羅振玉，顯然這是遜清皇室代表。扣掉這五人，剩下的十人中，汪精衛和蔡元培從一開始就只是掛名，開會時分別由易培基和蔣夢麟代理，而就連委員長李石曾從十二月也以經常不在北京為由，正式函請別人代理職務，而他商請來代理工作的，就是委員之一的陳垣。

雖然組成過程看來不怎麼受重視，又在一般被認為混亂無序的北洋政府架構中運作，然而這個「善後委員會」卻發揮了令人驚訝的功能，具備不受北洋政府干預的高度專業獨立性，訂定出了一套相對穩定的辦法來處理清宮事務。

從哪裡開始？一九二四年十二月從物件總清點開始，花了十個月時間，訂了一套又一套監督防弊的辦法，終究保住了諸多宮中珍寶，而且完成了初步清單。到一九二五年七月，清點快結束時，點到了溥儀出走時來不及收拾的一批書信文件，在其中發現了包括康有為在內，好些「遺老」們為溥儀做的種種復辟規劃。

這證明了溥儀原來還在做著重新登皇帝位的夢，也就是背叛了民國。作為兩千年帝制歷史終結的最後一位皇帝，從六歲遜位後實質上受民國優渥禮遇，心中竟然還存著要推翻民國的念頭，文件一公布當然造成群情譁然。原先有不少人同情溥儀、更多人譴責馮玉祥粗暴逼宮做法，胡適還曾經特別到天津去見溥儀表示支持，文件公布後這些聲音都消失了，也就讓「善後委員會」的工作取得了很高的合法性。

於是到了一九二五年九月決定成立「故宮博物院」，選擇了民國十四年的十月十日國慶日辦理正式成立儀式，這是中國第一個現代式的博物館，也是存留至今最長久的博物館。所謂現代式博物館指的是成立之初就有明確的章程，而且依據章程有效阻擋了各方勢力覬覦介入。

今天的臺北故宮有將近七十萬件藏品，大家參觀時看到的只占總藏品中極小極小的比例，不過也該說明，其實藏品中有很大一部分屬於檔案性質，本來就不適合展覽。

故宮博物院剛成立時，分成兩個單位，一個是博物館、另一個則是圖書館。乾隆皇帝為了要編《四庫全書》，廣蒐天下書籍，比較重要的後來就留在宮中，構成了故宮圖書館的收藏主體，還有很重要的一部分圖書，則是「文淵閣」的《四庫全書》。

易培基是博物館的館長，而陳垣被派任為圖書館的館長。陳垣當京師圖書館館長開始瀏覽文津閣四庫全書，這時候又有機會接觸文淵閣四庫全書，打下了無人能敵的目錄學基礎，此後更在職務立場上進行對文淵閣書籍的現代整理，並開展了自己的歷史研究。

6

在這本《解讀陳垣》選集中，選入了一篇論文〈湯若望與木陳忞〉，湯若望是清初在中國的天主教教士，從「若望」這個名字就能推知他是個外國人，是中西交流史上的重要人物。而木陳忞呢？恐怕就連學歷史的，甚至學清史的，都不見得聽過這個名字。

木陳忞是順治朝的一位佛教法師，地位很高，到可以入宮弘揚漢傳佛教的程度。滿洲人早期為了聯合蒙古人，除了以通婚為手段外，還引進了喇嘛教，也就是藏傳佛教，藏傳佛教在清廷才是主流。而陳垣挑選了基督教士和漢傳佛教法師，針對他們對皇帝與朝中政治的影響，進行比對，並且連帶地開展了關於順治朝史事的幾點考證。

他考證了董鄂妃的事，弄清楚了其實董鄂妃並不姓董，「董鄂」是滿洲語轉成漢字的寫法，所以不能將她稱為「董貴妃」或「董妃」。再者，董鄂妃原本是順治堂兄弟的妻子，順治皇帝應該是很早就迷戀她，所以當她丈夫才剛過世，他就將董鄂妃迎進宮。但沒有多久，換成董鄂妃突然病死，讓順治皇帝因而陷入了重度憂鬱的狀態。

也就在這時候，宗教在皇帝的生活中扮演了特殊角色，一度順治還認真考慮要出家，出家未果，沒多久後順治也去世了。

能寫這樣的考證研究，靠的就是陳垣在故宮圖書館中能看到的特殊書籍與檔案，不過寫這篇文章，陳垣的用意絕對不是為了給清宮劇提供材料，他的重點甚至不是放在宮廷本身，他更在意的是宗教。

陳垣在一九一九年正式受洗成為基督教徒，原先是在新教的浸信會受洗，但是後來卻長期任職於由天主教會創辦、管理的北京輔仁大學。一方面那個時代中國信徒對於新舊教的區分沒有那麼清楚，另一方面顯然從歷史研究角度，陳垣對於天主教的興趣遠高於新教。早在元代，著名的馬可波羅就號稱是奉教廷命令從義大利來到中國的，後來明朝時的利瑪竇、清朝時的湯若望，他們也都是天主教會下的耶穌會傳教士。

尚未成為基督徒之前，一九一七年時，陳垣已經展現出對於基督教傳入中國歷史的興趣，寫成了他在史學上的第一部重大突破性著作——《也里可溫考》。「也里可溫」當然不是中文，是元代外來語翻譯的專有名詞，長期以來被看作是某個蒙古部落的稱號。然而透過陳垣的細密考據，呈現了這個名詞很不一樣的歷史內容。首先，也里可溫不是一個部落而是一種宗教信仰；其次，也里可溫應該是從西域輾轉傳入中國的基督教支派。

做這份研究的動機，部分受到當時「西北史」熱潮的影響。那個時代許多人都對元史有高度研究熱忱，其中最具代表性的史家包括柯紹忞和陳寅恪。陳寅恪年輕時在英國、美國、德國等地留學念書，學會了很多種語言，不過他可不是要拿自己的獨特語言能力來旅行或做生意或當外交官，他學的語言其實很多根本是無從在現實中運用的。那是大量吸收當時西方古語學 (philology) 的知識成果，想要用這些古語來重建「西北史」。

因為西北是十九世紀之前，外來異文明進入中國的主要路徑，元朝是中國歷史上唯一一段徹底向外開放的時代；在現實中西北又牽涉到和俄羅斯的疆界、領土之爭，弄清楚包括元史在內的廣大「西北史」，具備了史學與現實雙重動機因素。

剛好章太炎在很多方面都是保守的漢族國家主義者，然而很長時間他都主張中國應該和日本親善。他所深信的，是中國國力太弱無法阻擋俄羅斯，而俄羅斯對中國的領土野心是最可怕的，所以與其被俄羅斯人侵占，不如聯合同文同種的日本，藉日本的力量抵擋俄羅斯。類似的擔憂，助長了「西北史」的流行。

7

陳垣的研究有助於弄清楚蒙古帝國內部的狀況，不過對後世影響更大，在他的學術路線上意義更深遠的，毋寧是關注於外來宗教，尤其基督教的傳入史。關於元朝史，後來他又在一九三四年出版了視野更廣闊的《元西域人華化考》。

蒙古人統治中國之後，有大批的西域人進入中國，甚至形成了特殊的社會階級「色目人」，這些人既有自身不同的文化背景，又處於蒙古人統治下，然而陳垣注意到他們留下眾多被「華化」、受中國文化或社會習俗感染改造的歷史例證，予以蒐羅呈現，以此證明中國文化與社會的強大同化作用。

在一九二〇年代，陳垣因為和英斂之的關係，與輔仁大學結下了不解之緣，一九二七年輔大成立，他受聘為該校教授，到一九二九年更接替英斂之擔任輔大校長，直到一九五三年，北京輔大被併入北京師範大學為止。

這個時期陳垣離開了政治領域，專心做研究，以史料考據為學術、思想上的主要關懷。這是他自稱的「顧炎武時期」，重點在於有懲於明朝滅亡的災禍，顧炎武沉痛主張讀書人不能沒有「實學」的功夫，讀書是為了累積能夠實際做事的知識基礎，而不是要讓人陷溺在書本中，忽略了現實，缺乏應對現實、處理現實的能力。

陳垣的「實學」投入表現在經營大學上，尤其是在一九三七年日本人占領北京後，繼續帶領落入淪陷區的輔仁大學。他在這方面的成就，足可以被放入到民國時期「大校長」的行列中。民國是出人物的時代，人物當中還包括了特別的「大校長」這一類，從蔡元培、張伯苓到梅貽琦等，他們都是以大學校長的身分奠定了極高的歷史地位，以主持輔大建立的成就，陳垣絕對夠格可以擺入這個系譜中。

8

目錄學是陳垣的學術基礎，然而獨具的現實條件讓他得以在這個基礎上有了很不一樣的發展。傳統的目錄學重點在於廣泛理解、掌握眾多書籍的基本資料，包括書名、作者、分類、出版時代、版本流傳過程與不同版本異同等，換句話說，那是蒐集整理工作，做出的成績是提供讀者、研究者查考用的，是知識學術的下樁打底服務。

目錄學衡量標準是廣，要盡量求多求全，將最多的書包納在整理過的書目中，再來進行精到、有用的分層分類。目錄學發展到極致，必定是重視書的基本資料高於重視書的摘要，重視書的摘要高於重視書的完整內容。從事目錄學的人，基本上有藏書的背景，以一套或幾套高價值的藏書為起點，再擴充蒐羅登錄範圍。

陳垣得天獨厚，先後得以直接運用文津閣和文淵閣的《四庫全書》，他當然不需要再整理這些書的目錄，而可以相對自由地翻讀每一本書的內容。花十年時間有效率地收納《四庫全書》的資料與內容，他獲得了更深的功力，遇到書籍就能立即準確地評估、定位其價值與意義。

以此本事入主故宮博物院圖書館，陳垣很快在宮中藏書中找到了一本《元典章》，理解了這本書的重要性。這是關於元代典章制度的第一手資料，大有助於修訂《元史》相關部分，重建史學上對於蒙古人進入中國後的政治體制與政治運作細節。

不過《元典章》本身各部分有不同來歷，成書時並未統合，裡面有很多難解、疏漏或混雜矛盾之處，必須先進行一番考索。陳垣挑出了這本書，實質上以這本書為中心，開展了長期對元朝歷史的新認識與新工作。

另外還有一大套書，也是陳垣當館長時，從故宮裡發掘出來的，那是《四庫全書薈要》。這套書的背景是乾隆皇帝六十多歲時，感覺自己年歲漸高，一度擔心將無法看到《四庫全書》的大計畫完成，可能也有意檢驗「四庫館」的工作成效，因而下令要求將當前已經整理好，比較重要的書籍弄出一套精選本來。

「人生七十古來稀」，乾隆皇帝不可能預見自己最終會活到八十八歲，能夠活著將皇位傳給兒子，自己去當「太上皇」，得到空前的「十全老人」享受，當時他心想的是至少要先目睹《四庫全書》的具體成就。

這套《四庫全書薈要》在中國圖書史上有很重要的地位，後來由故宮授權翻印，讓許多圖書館甚至私人都得以收藏運用。

9

一九二六年三月十八日，在北京發生了「三一八慘案」。這一天北洋政府治下的北京很不平靜，有多起街頭抗議，其中有一些學生、工人加上部分唯恐天下不亂的好事者，齊聚在執政府前，聚集的群眾情緒激動，結果府前的警衛隊竟然開槍以對，一下子造成了四十七人死亡、一百多人受傷的災難事件。

發生了這麼嚴重的事，該如何收場？北洋政府的反應是一方面譴責群眾，通緝李大釗，宣稱就是共產黨在後面鼓動群眾的；另一方面找替罪羔羊，鎖定了幾個曾經擁有權力，卻和現在的權力核心沒有那麼接近的人，製造他們應該負責的說法，以懲處他們來平息眾怒。

被列入這份名單中的，有易培基和李石曾。李石曾逃入俄羅斯大使館避難，易培基則前往天津躲進租界裡，這兩個人失勢且不會回北京了，於是故宮就被迫要改組。改組的故宮，分成舊團隊和新團隊，陳垣就成了舊團隊中的主要領導者。

到四月又發生直奉聯軍進入北京的新情勢，北洋政府再度換人執政，於是就找了趙爾巽和孫寶琦來接收故宮，取代原來的管理委員會。然而在和趙爾巽、孫寶琦開會時，陳垣帶頭表示了強硬態度：管理委員會不會輕易退讓，要接收故宮，除非是讓趙、孫背後的軍閥將部隊派進紫禁城來。

這既是勇敢的姿態，也是精明的判斷，認為趙、孫二人不會同意動用武力入宮，也認為軍閥彼此傾軋的互動，不可能在故宮這件事上得到共識。

用這種方式，管理委員會的文人擋住了軍閥政府的干預，不過會議中站到最前面的陳垣還是必須付出一定的代價。直奉聯軍勢力一度派憲兵去逮捕陳垣，但陳垣仍然不讓步。過程中趙爾巽先選擇退出，孫寶琦也無法堅持，整件事破局了，憲兵只好釋放陳垣。然而陳垣非但沒有歡欣出獄，還嚴詞要求逮捕他的人正式交代逮捕他的理由，沒有得到確切罪名，他寧可不出來。

這是故宮歷史的重要一頁，不應該被遺忘。那時候管理故宮的，是一個官不官民不民的奇特機構，必須靠機構成員堅持原則才護住了故宮，保存了建築物，更保存了古物與典籍、檔案，一直到一九二八年國民政府北伐進入北京，結束了北洋政府，將北京改名為北平，故宮博物院才取得了確切的政府機關地位。

10

一九二九年陳垣受英斂之所託接任輔仁大學校長，這份職務的複雜性不亞於管理故宮。輔仁是教會大學，陳垣雖然是基督徒，但原本屬於新教，當校長卻必須接受羅馬教會的管轄。而要管大學、要管他的，另一邊還有政府，這政府也不單純，有國民政府，後來又多了日本人、占領軍與王克敏的傀儡政府。

從擔任國會議員到任職於京師圖書館，再到處理故宮的詭譎情境，十幾年下來，陳垣累積了豐富的政治經驗，知道如何和官方周旋。而且一九二九年時，國民政府定都在南京，對北平的事務沒有那麼熟悉，也尚未形成對於高等教育體系的固定政策，給了陳垣較大的折衝空間。

前面的「錢大昕時期」可以泡在學海中當一個學者，在目錄學的底蘊上優游龐大書籍寶庫中，讀了很多書，也做了很多筆記，奠定了陳垣從元史、東西交流史後來跨向更廣大史學範圍的基礎。然而時局變化，使得陳垣的學思活動，不得不中止了「錢大昕時期」，轉而進入了「顧炎武時期」。

要了解顧炎武的「實學」態度，最簡單的方式是去讀金庸《鹿鼎記》的開頭。金庸讓顧炎武與黃宗羲在莊家大發感嘆，表達了對於明朝滅亡的痛心，更進行了對讀書人的深切反省。此聚會場景是虛構的，顧炎武有武功能打鬥更是虛構的，然而那份反省卻很接近歷史上顧炎武的心境與主張。

不過也不能忘了，當顧炎武奔走於反清復明之時，他仍然積極讀書，寫了影響重大的《日知錄》，那可以說是他「實學」的示範之作，讀書人如何心存現實、意圖介入現實而從讀書中獲取相關知識與智慧。

在「顧炎武時期」，陳垣寫了一篇文章特別強調「教外文獻」的重要性。這很明顯是針對「教內人士」而發的一番議論，因為天主教會和中國的儒學士人一樣，都要講究「正統」。經學對儒學士人是正統，「教內文獻」對教會中人也是正統。一般認為要了解儒學當然以經學為權威、要了解教會也就要依從「教內文獻」。

然而陳垣卻從更廣泛的歷史角度提醒：必須將「教外文獻」一起放進來，才有可能呈現基督教在中國的完整面貌。非教徒也會留下一些對基督教的印象，或和基督徒、基督教會的互動記錄，不容遺漏。甚至就連攻擊、批判教會的資料都不能忽視，在那裡往往保存了從相反立場更能彰顯基督徒傳教信心或勇氣的證據。

陳垣清楚自覺作為輔仁大學校長的身分，對教內人士宣說做學問的根本態度：不能故步自封對待知識，知識應該被放入更廣大的環境中來理解，那才是真實的，也才是有用的知識。「正統」最大的問題在於窄化了視野，看不到全貌，以這種有限眼光所看到的來進行判斷、來執行傳教工作，顯然很有問題啊！

11

到了一九三七年，受時局影響，陳垣的生命進入下一個「全祖望時期」。一九三七年的時局變化，是盧溝橋事變之後日本全面侵略中國，直接以武力占領北平。這時候陳垣必須面對艱難的抉擇。

許多和陳垣同輩或比他年輕些的民國思想人物，這時候都選擇了向後方撤退，尤其是輾轉撤到重慶與雲南的「西南聯大」聚集了最多的學術知識分子，在抗戰年代蔚為傳奇。但陳垣卻以輔仁大學校長的身分留在北平，因為他既有多重的牽掛，又有比他人稍好一點的依憑，使他可以選擇不走。

最大的牽掛是，輔仁大學和北京大學、燕京大學、清華大學不一樣，沒有往後方遷校的條件。後撤要走什麼路線，如何安排師生生活，需要有沿途各地的安排與資助，公立大學可以找地方政府協助，私立學校可沒辦法。天主教在中國到這時候也只有點狀的勢力，不足以支撐那麼大一所學校搬遷所需。

陳垣還有私人的牽掛，那就是他在北京的龐大藏書。人可以走，甚至可以脫離輔仁大學隻身到後方去，但書就得留下來。以他做目錄學的眼光，蒐羅的這些書價值斐然，他還真是捨不得放掉。可以拿來對照的，是錢穆的情況。錢穆也是愛書成癡，他到北平又遇到了古書買賣的黃金年代，他勤於筆耕得了不少收入，因而在幾年內蒐集了五萬冊的藏書。雖然後撤時盡量託人照料，等到抗戰結束這五萬冊也就星散消失了，錢穆後來甚至還在舊書鋪裡重遇自己的藏書，真是情何以堪！

當然相對地，輔仁大學背後有羅馬教會，日本人和偽政府也不能直接管轄，陳垣得以有較大空間來周旋。不過在這段時期中，他愈來愈清楚自己基督徒的身分認同，絕對不可能和中國人身分等量齊觀。

黃宗羲、顧炎武視自己為明遺臣，提倡「實學」是為了奔走恢復明朝；然而到了黃宗羲的學生全祖望這一代，心境又改變了，清朝確立難以動搖，他們必須找別的方式來延續不認同清朝的精神。

那就只能靠強調漢人身分，強調漢人在文化上與滿人的差異，提升漢文化地位來對抗滿人的政治與軍事統治。全祖望看待清朝的心境，和陳垣留在北平看待新統治者日本人，如此相似。

陳垣在學校裡教考證方法時，刻意選擇了全祖望的《鮚埼亭集》為教材，要求學生細讀，因為裡面有很多從漢人立場看待歷史的重要主張。另外這時候他刻意挑了一個看似專業、冷門、少有人注意的題目，進行了細密的考證、陳述。

一九四〇年他發表了《明季滇黔佛教考》。為什麼要研究明朝末年中國文明邊區貴州、雲南一帶的佛教狀況？一部分是從目錄學延伸的注意，讓陳垣找到了一部特別的《嘉興藏》，那是特殊的佛經刊刻版本，形成於明末清初，最先開始於山西五台山，繼而搬遷到南方，分在餘姚、嘉興等地，最終聚集起來形成的。

這套《嘉興藏》未經統一整理編目，過去也不曾有學者認真運用過，長期堆在藏書閣的角落，被陳垣發現了，而且注意到其中的特殊性質。閱讀梳理間，他發現了一批關於明末出家人的資料，這些人之所以入佛門，其實背後有著強烈的政治動機。

他們是以出家來避世，避滿人新建的清朝，甚至以出家來表示對清朝的抗拒與不認同。陳垣特別凸顯了其中一位錢邦藝，他在明朝為官，最高曾經做到四川巡撫，又積極參與過南明變局，桂王任命他為貴州巡撫。

因為這樣的資歷，錢邦藝此時身邊聚集了許多不甘接受清朝統治的人，也使得他承受了來自清廷愈來愈大的壓力，強烈要求他表明態度，以出仕當官來證明願意效忠新朝廷。

錢邦藝左思右想，後來乾脆出家，既然出家，當然也就絕對不可能在清朝當官了。陳垣找出了這段記錄，特別強調錢邦藝落髮不是消極避世，而是面對刀劍與死亡威脅時的勇敢反抗、鬥爭姿態。到他決定落髮出家，清廷已經十三度提供錢邦藝官位，然後給了最後通牒，再不接受就要動武抓人甚至論罪了。於是錢邦藝特別選了自己的生日，邀集朋友當作見證，在眾人面前落髮出家。接著引發了連環反應，在三天中有十一人跟隨他的做法，等於是集體出家，那就形成了更清楚、更強烈的抗議行動了。

陳垣當然是以這篇文章自況，表白了自己雖人在北平卻一定不和日本人及「維新政府」合作的決心。

12

戰爭拖得愈長，陳垣的心境也就愈是不安，他尋求發洩的形式愈是明顯。到戰爭的最後一年，一九四五年，他完成了另一份重要著作，雖然表面上看起來毫不起眼，著作的名稱是《通鑑胡注表微》。

「通鑑」就是大家熟悉的《資治通鑑》，「胡注」是指最為常見、也最有用的一份傳統注釋，由南宋元初的胡三省為《資治通鑑》所做的詳注。其實《資治通鑑》文字清通，而且很多內容是來自傳統正史，閱讀上對於注釋的需求不高，因而胡三省注有用歸有用，但並沒有特別受到推崇或重視。

然而陳垣卻費了很大功夫，不只是細讀「胡注」，而且等於是從特別的角度給「胡注」做了註解，註解的角度、方向就是所謂的「表微」。

他要去發掘胡三省藏在注文中的一些幽微訊息，也可以換個方式說，他要去表彰「胡注」中的微言大義。胡三省身處南宋末年，時代氣氛與司馬光編撰《資治通鑑》的北宋中葉大不相同。胡三省經歷了動盪亂局，他的所思所感當然會反映在所寫的《通鑑》注釋裡。甚至在某些地方看得出來，胡三省其實是藉注《通鑑》來澆自己心頭的塊壘，將自己的心境和所注的內容做對照，或包納在所注的內容中。

陳垣分別從六個角度整理發掘出的訊息，凸顯了胡三省的民族氣節，以及他對南宋政局的看法，對南宋之所以面對亡國威脅的認知、分析。經過「表微」，我們發現原來「胡注」中記錄了很多關於南宋末年的事蹟，說明了南宋政局為何糜爛如是。

例如他特別整理了胡三省對於一部分歷史人物死得太晚的感慨評注。這些人苟活下來，後來所做的事違反了之前的原則，不只傷害了自己的歷史名聲與地位，往往還貽禍自己所處的時代。這種人、這種事最常出現在改朝換代之際，變節之士還不如在舊朝滅亡時跟著殞滅了較好。

這是極其悲痛的表達方式，顯然陳垣認同胡三省的立場，也覺得自己的處境和胡三省很接近。胡三省必須接受蒙古人統治，陳垣則在日本人的統治下，他們都有百般的不情願，也都必須找到迂曲的方式提醒警告自己仍要守住基本國族尊嚴。

陳垣的《通鑑胡注表微》有兩個版本，一個是一九四五年的原版，另一個則是後來修訂的版本，特別叫做「科學版」。為什麼會有奇怪的「科學版」名稱？那是他依照後來新學習的「馬克思主義唯物史觀」來進行修正的，「唯物史觀」在新中國定為歷史學上的「科學真理」，「科學版」是這樣來的。

「科學版」的出現，應對了陳垣自述的人生第四個時期「毛澤東時期」，他認識了毛思想、馬克思主義、「唯物史觀」科學真理，然而此後，除了修改《通鑑胡注表微》之外，陳垣晚年就沒有什麼重要史著了。

第一輯

宗教史研究

提要

陳垣最特殊之處，在於他的基督徒身分，而且在民國階段，明顯地將宗教關懷帶入他的中國歷史研究視野中。

身為教徒，投入心力整理基督教進入中國的歷史，是很自然的選擇，不過在此基礎上拓展出來的成就，有些地方並不是那麼理所當然。首先，因為得以廣泛閱覽、運用故宮檔案與書籍，陳垣對於清初基督徒在宮廷與朝廷的影響、作用，做了很詳盡的整理、呈現。具有代表性的，包括對湯若望和李之藻的深度介紹，以及關於明末清初天主教的重點觀察。

陳垣進而花費多年用心準備，要寫一部完整的「中國基督教史」或「基督教入華史」，他將基督教和中國的關係推到唐代「景教」，更進行對於元代「也里可溫」的詳盡、突破性考證，還往下整理了基督新教在近代中國傳教的過程，乃至以自身經驗推到和他同時代的英斂之、甚或北京輔仁大學的來歷。這部歷史涵蓋的範圍，對於基督教的多元性開放定義，具備寶貴的史學意義，可惜在陳垣手中只完成了大綱性質的初稿，一九四九年新中國成立後，共產黨政府明確的反宗教立場斷絕了在這方面持續精進努力的機會，他的用心與成就，之後也沒有合格的繼承者。

陳垣沒有停留在自己信奉的基督教立場，他熱衷於援引佛教歷史來對比基督教傳入中國的特色與問題。在當時「民族史學」潮流的影響下，特別凸顯了外來宗教與本土文化，尤其是與文人文化之間的關係。從一方面看，基督教在中國的嚴重缺憾，在於沒有吸引足夠的文人入教，使基督教在傳統文人文化形式中灌注的內容，遠遠不如佛教；不過換從另一方面看，基督教傳入時間甚短，如果教內之人能從與佛教的比對中得到啟發，對於未來基督教在中國的發展，應該可以有很大的幫助。

帶著更廣泛的宗教眼光檢索史料，陳垣也進行了伊斯蘭教在中國的初步考察，同樣留心還原「回回」的歷史現象，但並非從信仰、傳教的方向切入，而是更關注外來宗教與中國社會的互動，解釋在政治與文化上有什麼樣的時代條件，讓伊斯蘭教得以流傳，甚至留下了長遠（雖然經常被低估、忽略）的印記。

陳垣的知識雷達甚至掃到了道教領域。在對中外文化衝擊的關切中，注意到了遼朝的耶律楚材和耶律鑄父子之間微妙的宗教差異。他們以外族身分在中國受到了佛、道兩教新興運動的衝擊，和新道教中的「全真教」，特別是丘處機，有了相當密切的互動。陳垣不只舉證歷歷，顯示父親向佛、兒子慕道的相反選擇，並且整理、重刊了耶律楚材與丘處機的唱和詩作，保存了顯現中國歷史高度異質性的一批珍貴史料。

佛教能傳布中國的幾種原因

年前剛大主教[1]似曾徵求過此種論文，今天借輔仁社夏令會的機會，就將此題目作講演資料。佛教入中國一千八百餘年，今日雖極衰落，然昔曾深入社會中心。佛教何以能得此，佛家說是佛力廣大，有人說是帝王提倡，據我觀察，有三種原因。

一　能利用文學；

二　能利用美術；

三　能利用園林。

而帝王提倡卻不在內，因帝王有提倡的，也有毀佛的。

今先言「文學」，文學是與士大夫接近的惟一工具，最能窺透這意思的就是唐朝詩人白樂天居易，他有〈題宗上人十韻〉，大意說：

1 即剛恆毅，原名 Celso Benigno Luigi Costantini (1876–1958)，義大利籍，一九二二—一九三三年擔任首任聖座（梵蒂岡）駐華代表，影響中國天主教會發展頗深。

如來說偈讚，菩薩著論議。是故宗律師，以詩為佛事。欲使第一流，皆知不二義。從容恣語言，縹緲離文字。旁延邦國彥，上達王公貴。先以詩句牽，後令入佛智。人多愛詩句，我獨知師意。不似休上人，空多碧雲思。

借詩來交結士大夫，實中國佛家的祕訣，五代時詩僧齊已有一首〈戒小師詩〉說：

不肯吟詩不聽經，禪宗異岳懶遊行。他年白首當人問，將底言談對後生。

以吟詩與聽經並列，其重要可想。宋姑蘇景德寺雲法師撰〈務學十門〉，其第六門曰：

不學詩無以言。

並注云：

雖不近乎聾俗，而可接於清才。

其意亦是借詩來交結清才。

佛家既有此風氣，故自晉以來，歷代能詩之僧不可勝數。雖綺語有戒，然詩僧日多，名家詩集不斷見有贈某上人、贈某師的詩，而詩句中與僧交際的話亦不斷寫出，如：

宋王禹偁詩　雨屐送僧莎徑滑，夜棋留客竹齋寒。

唐韋莊詩　十畝野塘留客釣，一軒春雨對僧棋。

唐杜牧詩　夜深溪館留僧話，風定蘇潭看月生。

白居易詩　洛陽城西塵土紅，伴僧閒坐竹泉東。

當時不一定真係與僧往來，但欲表示閒適，把僧來做詩料，就覺得有幾分閒適。

唐鄭谷詩　琴有澗風聲轉澹，詩無僧字格還卑。

以「僧」字之有無，定詩格之高卑，至為可笑，但以「僧」、「寺」等字入詩，實六朝以來詩家風氣，試舉人所常誦的：

唐賈島詩　鳥宿池邊樹，僧敲月下門。
宋蘇軾詩　焦山何有有修竹，採薪汲水僧兩三。

和尚敲門汲水，是極尋常的事，何日無之，然一入詩人手裡，便成佳話。假定把「僧」字換作「神父」，何嘗不可，但總覺得生硬。又

唐張繼詩　姑蘇城外寒山寺，夜半鐘聲到客船。
唐元稹詩　何時最是思君處，月入斜窗曉寺鐘。
蘇軾詩　官舍度秋驚歲晚，寺樓見雪與誰登。

天主堂何嘗無鐘？何嘗無樓？若把寺鐘換作天主堂鐘，寺樓換作天主堂樓，又何嘗不可？然總覺得不慣，這因為少人用的緣故。

又況文學一道，最重情感，不單是嵌入幾個字面就算了事，必要做到天主堂的鐘聲，能令人聞而生感，天主堂的高樓，能令人見而生愛，才算是深入人心。上述的詩，似乎可以到此地步，是為佛教能傳播中國的第一原因。

第二是「美術」。愛美為人類的天性，故美術亦傳教一大工具。但中國人的美術，第一就是

「書」，第二就是「畫」，書與畫並稱，係中國及日本人的特色。六朝以來，高僧能書能畫的甚多。如陳之智永、隋之智果、唐之懷仁、懷素、宋之夢瑛，皆為有名的書家。晉之惠遠、五代之貫休、宋之巨然，皆為有名的畫家。其他能書能畫的，翻開書史及畫傳一看，殆無代無之。若中國天主教之神父修士，如郎世寧、艾啟蒙等，亦曾以畫著名，但能畫兼能書的，恐怕除康熙朝吳漁山歷[2]外，未聽見有第二人。

姑蘇景德寺雲法師〈務學十門〉第五門曰：

不工書無以傳。

鄭樵《校讎略》論收書之多，謂嘗見浮屠慧邃，收古人簡牘，宋朝自開國至崇觀間，凡是名臣及高僧筆跡，無不備，佛門之重書如此，故易與士大夫接觸。

《歷代名畫記》言「自古善畫者，莫匪衣冠貴冑、逸士高人，非閭閻鄙賤之所能為」，故在當時社會欲與高人逸士往來，亦非能畫不可。

六朝畫家，首推顧愷之、陸探微、張僧繇三家，然三家皆以佛畫著名，普通稱顧、陸、張、吳，

2 一六三二—一七一八年，名歷，原名啟歷，字漁山，號桃溪居士，又號墨井道人，清代畫家、天主教耶穌會神父。早年信佛習儒，康熙年間入教，教名西滿・沙勿略(Simon Xavierius)。

唐吳道子亦以佛畫著名。《歷代名畫記》記兩京外州寺觀畫壁二百餘處，寺畫實占十之九。宋《宣和畫譜》分內府所藏諸畫為十門，第一門即道釋畫，但釋畫仍占十之九，其稱道釋，不稱釋道者，因宋徽宗好道耳。佛門重畫如此，故古來名畫，多賴佛寺保存，溫庭筠詩所謂「為尋名畫來過寺」是也。

宋元以來，士大夫又輒以禪品畫，盛倡寫意之說，名之曰畫禪，董其昌論書畫之書，名曰《畫禪室隨筆》，其末章乃專論禪悅，禪之與畫，已成為當時智識階級必需的裝飾品。

至於其他美術：如寺塔，如造像，如寫經，如壁畫等，無一不是佛教遺物，離開佛教來言中國美術，中國美術要去了一大半，是為佛教能傳播中國的第二原因。

第三是「園林」，古語說：

> 天下名山僧占多。
>
> 宋趙抃詩　可惜湖山天下好，十分風景屬僧家。

此語不錯，今地方志中之古蹟、名勝、金石三門，十之六七，或七八，是佛教資料，所以唐會昌五年（八四五年）毀佛，宰相李德裕上表有云：

一巖之秀，必極雕鐫；一川之腴，已布高剎。

其盛可想。其他關於佛寺的專著，如《洛陽伽藍記》、《金陵梵剎志》等，皆極言佛教伽藍之盛，可遊、可登、可宿、可食，當時非無逆旅，無傳舍，然士大夫喜居僧寺，與僧遊，名家詩集多有宿某寺、登某寺之作。

唐常建詩　曲徑通幽處，禪房花木深。

禪房猶神父住宅，今天主教神父住宅，花木深的恆有。

唐李涉詩　因過竹院逢僧話，又得浮生半日閒。

宋孫覿詩　夢覺灘聲喧客枕，吟餘竹色借僧窗。

院子有竹，窗外有竹，並不希奇，因為有僧點綴其間，就覺得格外幽雅。

宋陸游詩　何時卻宿雲門寺，靜聽霜鐘對佛燈。

又　尋碑野寺雲生屨，送客溪橋雪滿衣。

又　一夏與僧同粥飯，曉來破戒醉新秋。

遊天主堂，與神父共飯，亦不希奇，何至津津樂道？因為有園林之勝，市朝俗客，偶一登臨，便如入清涼世界，是為佛教能傳播中國的第三原因。

今以著名反對佛教的文人韓昌黎愈來結束吾說。昌黎雖闢佛，但不能不與釋子唱酬，不能不欣賞佛教的壁畫，不能不讚美佛寺的幽靜，他有一首〈山石詩〉說：

山石犖埆行徑微，黃昏到寺蝙蝠飛。升堂坐堦新雨足，芭蕉葉大梔子肥。僧言古壁佛畫好，以火來照所見稀。鋪床拂席置羹飯，疏糲亦足飽我飢。夜深靜臥百蟲絕，清月出嶺光入扉。

他又有一首〈早赴街西行香詩〉說：

老僧情不薄，僻寺境還幽。

他集中又有送惠師、送靈師、送文暢師、送僧澄觀、題秀禪師房、遊湘西兩寺、遊青龍寺、宿嶽寺等詩，不一而足。是極反對佛教的，亦不能不勉與周旋，可見當時佛教入世的深，真是化民成俗了。

佛教說完，連帶一說天主教。天主教初入中國時，亦頗得士大夫信仰，《帝京景物略》有葉向高〈贈西國諸子詩〉，中間說：

> 著書多格言，結交皆賢士。我亦與之遊，泠然得深旨。

錢謙益《列朝詩集》有李贄〈贈利西泰詩〉，西泰即利瑪竇。《澳門紀略》有李日華〈贈利瑪竇詩〉。《帝京景物略》又有池顯方〈贈艾思及詩〉，思及即艾儒略，義大利人，傳教福州，當時稱為西來孔子。

此皆明季天主教初來時士大夫所贈詩，與昔人詩集中的贈某上人、贈某師詩無異，以時間論，其感人之速，遠過初期佛教。

據佛家記載，假定漢明帝永平十年（六七年），佛教始入中國。

據現在留存的詩，約西曆三百五十年，東晉時始有瑯琊人王齊之〈念佛三昧詩〉，及陳留人支遁〈四月八日讚佛詩〉。

又約西曆四百五十年，劉宋時始有謝靈運〈過瞿溪山僧詩〉，及鮑照〈秋日示休上人詩〉。今天主教入中國至明亡，不過六十餘年，已有士大夫與之唱酬，致其傾仰，實非初期佛教所及。吾前言寺僧可入詩，天主堂神父何不可入詩？今考明末清初人詩：如沈光裕（崇禎十三年進士）贈湯若望詩有云：

旨出爾行地，曆成吾道東。君糧不徒與，我信豈誠空。

是直用天主經的典故入詩。康熙間尤西堂侗撰〈外國竹枝詞〉云：

三學相傳有四科，曆家今號小羲和。音聲萬變都成字，試作耶穌十字歌。
天主堂開天籟齊，鐘鳴琴響自高低。阜城門外玫瑰發，杯酒還澆利泰西。

是直用耶穌及天主堂入詩。時天主教入中國仍不過百餘年，文學上運用天主教資料已如此顯著，亦遠過初期佛教。

至於「美術」方面，採用天主教資料更早。萬曆三十三年（一六〇五年），程君房撰《墨苑》，已採用天主教畫四幅，時利瑪竇尚未卒。

萬曆四十四年（一六一六年），顧起元撰《客座贅語》，亦嘗述利瑪竇論西洋畫法。康熙間王士禎撰《池北偶談》，更盛稱西洋所畫人物及樓臺宮室。乾隆間江西詩人蔣士銓〈題大西洋獅子圖〉云：

> 聖朝萬國來梯航，西洋謹獻百獸王。上表稱臣阿豐素，本多白壘陪臣將。天主降生一千六百七十四年三月十七日，乃是康熙戊午當秋陽……

題畫詩句中，直用西曆年月日，實為前此所無，蔣氏膽量，可稱大極。一六七四是康熙十三年在西洋簽表之年，康熙戊午是康熙十七年到達中國京城之年，前後相差四年，不足為異。阿豐素[3]是葡萄牙國王，本多白壘，是兩個使臣名字，當時文學美術之參入西洋色彩，又已如此。

至於「園林」方面，天主教本極講究，可惜已往入中國的天主教，屬傳教性質的多，屬隱修性質的少，故天主堂多在城市，少在名山，雖有園林，未能得園林的妙用。

上文曾說中國佛教能藉「園林」之勝，招致朝野名士的遊觀及旅宿，為傳布佛教一妙法，今考天主教「園林」之見於名人題詠的，有：

王覺斯鐸〈訪道未湯先生亭上登覽聞海外諸奇詩〉，墨跡尚存，上海文明書局有影印本，道未即

3 即葡萄牙國王阿風索六世（Afonso VI, 1643–1683，在位期間 1656–1683）。

湯若望。

田山薑雯《古歡堂詩》，有〈南太常園亭歌〉，南太常即南懷仁。

吳青壇震方《晚樹樓詩稿》，有〈贈敦伯詩〉，末聯云：

> 卻笑腐儒逢世拙，翻從海外得同心。

敦伯亦南懷仁。康熙間士大夫常與教士往來，致其傾慕之意，雍乾而後漸少，嘉道而後，殆幾絕跡。

趙翼《甌北集》，有〈天主堂觀西洋樂器詩〉，係乾隆間訪欽天監監正日耳曼西士劉松齡[4]作，大略說：

> 郊園散直歸，訪奇番人宅。中有虬鬚叟，出門敬迓客。來從大西洋，官授羲和職。年深習漢語，無煩舌人譯。引登天主堂，有象繪素壁。靚若姑射仙，科頭不冠幘。云是彼周孔，崇奉自古昔。斯須請奏樂，虛室靜生白。初從樓下聽，繁響出空隙。方疑宮懸備，定有樂工百。豈知登樓觀，一老坐搊擘。奇哉創物智，乃出自蠻貊。始知天地大，到處有開闢。

4 Ferdinand Avguštin Haller von Hallerstein (1703–1774)，耶穌會傳教士、天文學家、地理學家，一七四六—一七七四年擔任欽天監監正，是在欽天監任職時間最長的西方傳教士。

甌北立言平允，承認他國亦有智能，與這些硬說西學出於中國，牽強附會的不同，其見識實高人一等。甌北又有〈自鳴鐘詩〉，其立言與此同。

甌北族人趙味辛懷玉，亦有〈遊天主堂即事詩〉，語意略仿甌北，但已含有輕藐的成分。道光間，姚棋伯燮《大梅山館集》有天主堂詩，簡直是一篇謗詞，自此以後，並謗詞亦少見了，這個原因，想諸公皆曉得的。

（一九三二年在北平輔仁社夏令會的演講）

佛牙故事

佛牙為佛教各國所信奉。中國古籍記載佛牙故事者不一，瀏覽所及，匯記於下，藉供調查研究者的參考。

一、南北朝

佛牙故事見於中國史傳最早者，當推法顯《佛國記》。《梁高僧傳》卷三〈智猛傳〉及《洛陽伽藍記》卷五亦有之。但都是西域佛牙故事，不具述，述中國佛牙故事。

中國之有佛牙，最早當推法獻。《梁高僧傳》卷十三〈法獻傳〉：「獻先聞猛公西遊，備矚靈異，乃誓欲忘身往觀聖蹟。以宋元徽三年（四七五年）發踵金陵，西遊巴蜀，道經芮芮，獲佛牙一枚，又得龜茲國金像，於是而還。佛牙本在烏纏國，自烏纏來芮芮，自芮芮來梁土。獻齎牙還京，五十有五載，密自禮事，餘無知者，至文宣感夢，方傳道俗。獻以建武末年（四九七年）卒，窆於鍾山之陽。獻於西域所得佛牙及像，皆在上定林寺。牙以普通三年（五二二年）正月，忽有數人並執仗，初夜扣門，稱：『臨川殿下奴叛，有人告云在佛牙閣上，請開閣檢視。』寺司即隨語開閣，主帥至佛牙座前，開函取牙，作禮三拜，以錦手巾盛牙繞山東而去，至今竟不測所在。」

《歷代三寶記》卷十一有同樣記載。猛公即智猛。「五十有五載」，上一個「五」字當是「師」字連上讀，或是衍文，由宋元徽三年（四七五年）出遊，至齊建武末年（四九七年）卒，才二十二載，何能密自禮事五十五載，其為十有五載無疑。文宣指竟陵王子良，齊武帝第二子，撰有《佛牙讚》並《佛牙記》一卷，見《出三藏記集》卷十二，感夢事見《法苑珠林》卷二十。臨川指蕭宏，梁武帝第六弟。

法獻得佛牙，密自禮事者十五載，為蕭子良所發現，乃傳於上定林寺。同時盤盤國獻梁帝佛牙，見《釋氏通鑑》卷五天監十四年（五一五年）乙未條。是時梁有兩佛牙。至普通三年（五二二年）法獻佛牙被人騙劫，不知所在，原來在陳高祖霸先處。《陳書》卷二〈高祖紀〉：「永定元年（五五七年）冬十月乙亥，高祖即皇帝位於南郊，庚辰，詔出佛牙於杜姥宅，集四部設無遮大會[1]，高祖親出闕前禮拜。初，齊故僧統法獻於烏纏國得之，常在定林上寺，梁天監末（五一九年）為攝山慶雲寺沙門慧興保藏，慧興將終，以屬弟慧志。承聖末（五五四年），慧志密送於高祖，至是乃出。」《建康實錄》卷十九，及《南史》卷九〈陳本紀〉，均有此記載，而不及《陳書》之詳。《冊府

1 一種公開舉辦的佛教法會。「無遮」代表著沒有限制，意謂不論身分高低貴賤皆可參與。

元龜》卷一九四〈崇釋老門〉採《陳書》。《陳書》敘佛牙傳授始末，足補僧傳所闕。尋常史文有闕，以僧傳補之，事所恆有，若僧傳所闕，以史文補之，實為僅見。杜姥宅見《晉書》卷三二〈成帝杜皇后傳〉：八王之亂，后父杜遐遇害，無子，后母裴氏渡江，立第南掖門外，世稱杜姥宅，遂為陳霸先密藏佛牙之所。以上是南朝佛牙故事。

至於北朝佛牙故事之見於史傳最早者當推《魏書》。《魏書》卷八〈世宗紀〉：「景明四年（五〇三年）四月庚寅，南天竺國獻辟支佛牙。」《北史》卷四〈魏本紀〉有同樣記載。《冊府元龜》卷九六九〈朝貢門〉亦採之。此牙下落不明，《洛陽伽藍記》卷四說，西域所齎舍利骨及佛牙經象，皆在法雲寺。

《北齊書》卷十一〈河間王孝琬傳〉：「孝琬，文襄第三子也。得佛牙置於第內，夜有神光照室，玄都法順請以奏聞，不從。帝聞，使搜之，得鎮庫槊幡數百，帝以為反狀，使武衛倒鞭撾之，折其兩脛而死。」《北史》卷五二〈孝琬傳〉有同樣記載。文襄指高澄，帝指高澄弟高洋（五五〇－五五九年）。孝琬所得佛牙，與景明四年（五〇三年）南天竺國所獻者是否有關，頗可研究。由景明四年至孝琬時不過五十年。

《續高僧傳》卷十九〈法喜傳〉：「喜姓李，襄陽人。仁壽年（六〇一年）內，文帝敕召入京師，住禪定寺，爰有佛牙舍利，帝里所珍，縈以寶臺，瑰寶溢目，大眾以喜行解潛通，幽微屢降，便以道場相委。」文帝指隋文帝。此佛牙不詳所自，與北齊孝琬所得，相距亦不過五十年，疑是一脈，或為平陳所得亦未可定。以上是北朝佛牙故事。

二、唐五代

《大唐西域記》及《續高僧傳》卷四〈玄奘傳〉皆有佛牙故事，以未涉及中國，不具述，述其與中國有關者。義淨《大唐西域求法高僧傳》卷上有：「明遠法師，益州清城人。既慨聖教陵遲，遂乃振錫南遊，到訶陵國，次至師子洲，為君王禮敬，乃潛形閣內，密取佛牙，望歸本國，以興供養。既得入手，翻被奪去，不遂所懷，頗見陵辱，寂無消息，應是在路而終，莫委年幾。」這是唐僧竊取佛牙故事。潛形密取，似非正道，義淨直書其事，不以為諱，而且寄予同情，可見當時風尚。

唐代著名佛牙故事，莫過於道宣律師之神授佛牙。《宋高僧傳》卷十四〈道宣傳〉：「道宣於西明寺深夜行道，足跌前階，有物扶持，履空無害，熟顧視之，乃少年也，宣遽問：『何人中夜在此？』少年曰：『某非常人，即毗沙門天王之子那吒也。護法之故，擁護和尚，時已久矣。』宣曰：『貧道修行，無事煩太子。』太子曰：『某有佛牙，寶掌雖久，頭目猶捨，敢不奉獻。』俄授於宣，宣保錄供養。乾封二年（六六七年）宣化後，其天人付授佛牙，密令文綱掌護，持去崇聖寺東塔。至代宗大曆二年（七六七年），敕此寺：『有大德道宣律師傳授得釋迦佛牙及肉舍利，宜即詣右銀臺門進來，朕要觀禮。』」

《佛祖統紀》卷五十三有〈北天佛牙〉條記此事云：「唐宣律師在西明寺行道，北天王太子以佛牙上於師。代宗敕問文綱律師親傳先師宣律師釋迦佛牙，宜詣右門進上，副朕瞻禮。」「敕問文綱」四字相連，頗有語病。文綱係道宣大弟子，道宣卒於乾封二年（六六七年），文綱卒於開元十五年（七二七年），至代宗大曆二年（七六七年），宣卒已百載，綱卒亦已四十載，代宗何能敕問文綱？代宗所問係問此寺管事人，非問文綱。《佛祖統紀》卷四十二〈法運通塞志〉，繫此事於大曆十一年（七七六年），亦不對。據〈道宣傳〉，此係大曆二年事，時正道宣逝世一百周年，故代宗有此問。

唐代著名佛牙故事，尚有悟空法師帶歸之佛牙。《宋高僧傳》卷三〈悟空傳〉：「悟空，京兆雲陽人，從罽賓國三藏舍利越摩落髮，於迦濕彌羅國受具足戒。後巡歷數年，為憶君親，因咨本師舍利越摩，再三方允，摩手授《梵本經》共一夾，並佛牙舍利以贈別。空行從北路，至睹貨羅國，有一城，號骨咄國城，有小海，空行次南岸，地輒搖動，雲陰雨暴，霆擊雹飛，乃奔就一大樹間。時有眾商咸投其下，商主告眾曰：『誰齎佛舍利異物殊珍耶？不爾，龍神何斯忿怒！』空為利東夏之故，潛乞龍神宥過，自卯達申，雨雹方霽。事訖隨中使段明秀以貞元五年（七八九年）己巳達京師，進上佛牙舍利經本，宣付左神策軍繕寫。」

《貞元續釋教錄》卷中，有《新修大莊嚴寺釋迦牟尼佛牙寶塔記》三卷，貞元十年（七九四年）圓照撰進，當係記載道宣、悟空所遺佛牙事。時悟空佛牙或已移奉莊嚴寺，故《宋僧傳》十六〈慧靈傳〉，有大中七年（八五三年）宣宗幸莊嚴寺禮佛牙記載。同時《宋僧傳》卷二十三〈元慧傳〉，又有大中七年重建法空王寺，元慧然香於臂，供養報恩山佛牙記載。日本僧圓仁《入唐求法巡禮行記》會昌元年（八四一年）記事說長安城中有四佛牙：一崇聖寺，一莊嚴寺，一薦福寺，一興福寺。可見佛牙來歷不止一處。

今本《舊五代史》卷六十七〈趙鳳傳〉：「有僧自西國取經回，得佛牙大如拳，褐漬皴裂，進於明宗，鳳揚言曰：『曾聞佛牙錘鍛不壞，請試之。』隨斧而碎。時宮中所施已逾數千緡，聞毀乃止。」《新五代史》卷二十八〈趙鳳傳〉有同樣記載。明宗指後唐明宗。此偽佛牙故事之僅見於史傳者。李時珍《本草綱目》卷五十一〈獸部〉：「貘似熊，黃白色，其齒骨極堅，以刀斧椎鍛，鐵皆碎落，火亦不能燒，人得之詐充佛牙佛骨以誑俚俗。」可見偽佛牙事是有的。

《冊府元龜》卷五十二〈崇釋氏門〉載：「後唐明宗天成二年（九二七年）九月，益州孟知祥令僧五人持佛牙長一寸六分，云僖宗幸蜀時留之，今屬應聖嘉節，願資壽命，宣示近臣。」又「後晉高祖天福三年（九三八年）十一月庚午，西京左右街僧錄可肇等齎佛牙到闕，宣付汴京收掌」。又，「天福六年（九四一年）五月甲辰，加隰彌陀國僧喹哩，以佛牙泛海而至。」後一條亦見今本《舊五代史》卷七十九〈晉高祖紀〉。可見五代時佛牙史料不少。僖宗幸蜀所留，是否莊嚴寺舊物，殊有可能。

三、遼宋元明

遼代佛牙故事，最顯著者為近年兩次出國之北京西山千佛塔佛牙。塔建於遼咸雍七年（一〇七一年），中國佛教協會當有詳細記載，茲不具述。

《遼文存》卷四有遼釋志願〈葬舍利佛牙石匣記〉，說：「達摩禪師，遠涉流沙，登雪嶺，得釋迦舍利辟支佛牙，授與先師。先師諱清珣，閩川人。自會同五載（九四二年）仲秋齎舍利佛牙到此，於八年（九四五年）季春月，染痾而逝。臨遷化時，將舍利佛牙付仙露寺比丘尼定徽，建窣堵波，尋具表奏聞大遼皇帝，於天祿三年（九四九年）歲次己酉，四月十三日安葬，施主名具鐫於後。」

朱彝尊《曝書亭集》卷五一有此〈石匣記跋〉云：「仙露寺，金人俘宋室子女置其中。康熙二十六年（一六八七年）五月，宣武門西南居民掘地得石匣，匣旁有記，自稱講經律論大德志願錄並書。乃遼世宗天祿三年（九四九年）瘞舍利佛牙於此，記有建窣堵波之文，疑當時石匣置於塔下，塔久廢而石匣僅存土中。匣已無蓋，其舍利佛牙又不知何時散佚也。」

宋代佛牙故事，《釋氏稽古略》載《三朝御制佛牙讚》特詳。《稽古略》卷四，太宗太平興國八年（九八三年）條：「初，太祖迎洛陽唐高宗顯慶年間沙門宣律師天王太子所獻佛牙舍利於東京相國寺灌頂院安奉，至是帝親以烈火鍛試，晶明堅固，光彩照人，帝制讚曰：功成積劫印文端，不是南山得恐難，眼睹數重金色潤，手擎一片玉光寒。」《釋氏資鑑》卷九繫此讚於太平興國四年。

又，真宗咸平六年（一〇〇三年）條：「帝敕右街僧錄備儀仗音樂華旛，迎大相國寺佛牙舍利，供養於開寶寺塔下，帝制以讚。」

又，仁宗慶曆三年（一〇四三年）條：「夏旱損稼，六月詔迎相國寺佛牙，禱於禁中，隨時大雨。其佛牙舍利，祖宗御封，帝手啟之，灌以海上薔薇水，供養踰月而歸之。詳見翰林知制誥王珪〈三朝御讚佛牙舍利序〉。」

又，徽宗崇寧三年（一一〇四年）條：「夏五月五日，帝迎三朝御讚釋迦佛牙於大相國寺入禁中供養，帝展敬次，舍利隔水晶匣出如雨點，帝讚以偈。」

宋人筆記亦有述及佛牙故事者，沈括《夢溪筆談》卷二十〈神奇門〉載：「熙寧中（一〇六八—一〇七七年），余察訪過咸平。是時劉定子先知縣事，同過一佛寺，子先謂余曰：『此有一佛牙，甚異。』予乃齋潔取視之，其牙忽生舍利，如人身之汗，颯然湧出，莫知其數，或飛空中，或墮地，人以手承之，即透過，著床榻，摘然有聲，復透下，光明瑩徹，爛然滿目。予到京師，盛傳於公卿間。後有人迎至京師，執政官取入東府，以次流布士大夫之家，神異之蹟，不可悉數。有詔留大相國寺，創造木浮圖以藏之，今相國寺西塔是也。」

《宋朝事實類苑》卷四十四〈仙釋僧道門〉有同樣記載，而不注出處，則文中所謂「余」者何人？其實乃沈括自謂。括為宋朝著名博物家，其言值得注意。劉定先官咸平縣，後官戶部侍郎，《宋詩紀事》卷三十五有劉定詩。相國寺之有佛牙，不自神宗熙寧始，太祖時已移奉神授道宣之佛牙於相國寺。沈括所見之佛牙，初不在相國寺，蓋另一佛牙，其後乃歸併於相國寺的。

王鞏《聞見近錄》亦載有咸平縣佛牙事，云：「咸平縣僧藏佛牙一株，其大兩指許，淡金色。予嘗請而供之，光彩炳然。後神宗迎之禁中，遂御封匣而歸之，今人罕得見者。」王鞏字定國，宰相王旦孫，《宋史》三二〇附其父〈王素傳〉。鞏所見佛牙，與沈括同，不屬於神授道宣佛牙統系。

元代佛牙故事，有耶律楚材〈題西庵所藏佛牙詩〉，見《湛然居士集》卷二：

殷勤敬禮辟支牙，緣在西庵居士家，
午夜飛光驚曉月，六時騰焰燦朝霞。

又云：

旃檀龕裡貯靈牙，來自中天尊者家，
瑩色冷侵秋夜月，真光明射晚晴霞。

西庵似指楊果，祁州蒲陰人。金正大甲申（一二二四年）進士，《元史》一六四有傳，《元詩選》

有《西庵集》。西庵所藏佛牙，從何處得來？曰「來自中天尊者家」，似指道宣一脈。

明代佛牙故事，有見於《大唐西域記》者。《西域記》卷十一：「今之錫蘭山，即古之僧伽羅國也。王宮側有佛牙精舍，飾以眾寶，暉光赫奕，累世相承。大明永樂三年（一四〇五年），皇帝遣中使太監鄭和，奉香華往詣彼國供養，禮請佛牙至舟，靈異非常，光彩照曜，如前所云，歷涉巨海，凡數十萬里，風濤不驚，如履平地。舟中之人，皆安穩快樂。永樂九年（一四一一年）七月初九日至京師，皇帝命於皇城內莊嚴旃檀金剛寶座貯之。」

唐人著述，何能有明代年號？其為後人加入無疑。此節《四庫總目．地理類四》曾指出其中有三百七十字為明人附注，刻本誤入正文，但因未得古本對照，不能確定其起止。今以古本《西域記》對照，附注誤入正文者，實五百十六字，此五百十六字中所說佛牙靈異及鄭和帶回佛牙事，《明實錄》、《明史》均未載，賴有此附注，足補史文所闕。初不料明代佛牙史料，乃在唐代著述中得之。

《圖書集成．神異典．釋教部．紀事二》引《諸寺奇物記》云：「天界寺有佛牙，闊寸，長倍寸之五。萬曆中，僧人真淳獻之尚書五臺陸公，公因具金函檀龕盛之，迎供於寺之毗盧閣，牙得之天台山中。」五臺陸公指陸光祖，平湖人，《明史》二二四有傳，萬曆十五年（一五八七年）南京刑部尚書。天界寺的佛牙，傳自天台山，天台山得之何人，安得如《陳書．高祖紀》所載法獻帶歸佛牙傳授之詳，此節須待將來的發見。

以上所舉佛牙故事，說明來歷者十一：法獻、北魏、蕭梁、道宣、悟空、孟蜀、喹哩、清珦、宋三朝、鄭和、真淳。未說明來歷者七：孝琬、法喜、莊嚴寺、報恩山、可肇、咸平、西庵。有得之餽贈者：法獻、悟空；有得之貢獻者：北魏、蕭梁、後晉；有得之神授者：道宣；有得之傳授者：清珣；有得之禮請者：鄭和；亦有得之騙劫者：梁主帥；得之竊取者：明遠。其得之之方法不一，其感召亦不一，有得之而霆擊雹飛者：悟空；有得之而風平浪靜者：鄭和；有得之而以為徵祥者：陳霸先；有得之而得禍而受辱者：孝琬、明遠。古籍浩瀚，未能遍觀，續有所見，當再補記。

（載於一九六一年七月二十日《人民日報》）

耶律楚材父子信仰之異趣

耶律楚材是契丹的後裔，生長燕京。他的家就在玉泉、香山之間，故號玉泉。他〈寄妹夫人〉詩有「三十年前旅永安」之句（《湛然集》卷十），永安就是香山。他的墳墓在今萬壽山，本名甕山。

一千二百十五年，耶律楚材廿七歲，在燕京當金國的員外郎。元兵圍燕京，耶律楚材絕粒六十天。他平日本來好講佛，經過這番患難之後，他學佛的念頭更大了。他就再去訪聖安寺澄和尚。澄和尚說：你們官僚並沒有真心學佛，不過搜摘幾句語錄來作談柄罷了，所以我向來沒有和你深談。今看你有真心學佛的意思，如果照從前的敷衍你，實對你不起。但是我不通儒理，不能教你。萬松老人是儒釋兼備，宗說精通的，你可以去見他（《從容錄》序）。他因此就去見萬松，佩服的了不得，於是無間寒暑，無日不參，廢寢忘餐的三年。萬松給他起了一個法號湛然居士從源。到了三十歲的時候，元太祖在西域想起用契丹的遺族，聽見他名，就召他到西域去。

他到西域一二年後，元太祖又召長春真人丘處機到西域。長春去西域時，途中作了許多詩。耶律楚材雖然不喜歡道教，但因為在西域作詩的朋友少，所以見了丘長春之後，也未嘗不高興。他在邪米思干與丘長春倡和的詩，有好幾十首，都載在他《湛然居士集》裡。但是他一邊同丘長春倡和詩，一邊對於道教是不滿的。丘長春在燕京起行的時候，燕京士大夫都有贈行詩，這些士大夫多數是耶律楚材的舊友。中間有一卷〈瑞應鶴詩〉係丘長春在燕京傳戒時，有五鶴翔空，當時以為祥瑞，大家替丘長春題的。耶律楚材見了這卷詩，很不高興，所以他〈寄宣撫王巨川詩〉有兩句說：

> 昔日談禪明法界，而今崇道倡香壇。（《湛然集》卷六）

他的序說：王巨川本來喜歡談佛，現在又居然為道教作起〈瑞應鶴詩〉來了。他〈寄南塘老人張子真詩〉又有兩句說：

> 知來何假靈龜兆，作賦能陳瑞鶴祥。（卷六）

都是譏諷他好為丘長春題〈瑞鶴圖〉的意思。〈瑞鶴詩〉卷中，獨李子進一人無詩。耶律楚材大為歎賞，寄他的詩有四句說：

> 只貪滯酒長安市，不肯題詩瑞應圖。我念李侯端的意，大都好事不如無。（卷六）

據這三首詩看來，耶律楚材是根本同丘長春意見不投的。《湛然居士集》裡，又有一個邵薛村道士姓陳的求他詩，他答覆道：

玄宮聖祖五千言，不說飛昇不說仙。燒藥鍊丹全是妄，吞霞服氣苟延年。須知三教皆同道，可信重玄也似禪。趨破異端何足慕，紛紛皆是野狐涎。（卷七）

耶律楚材有一個朋友名劉子中，本來是出家入全真教（就是道教），後來還俗了。楚材贈他詩，中有六句云：

君子慎擇術，痛恨倍全真。調心正是妄，堪笑學鳥伸。一日錯下腳，萬劫含酸辛。（卷十）

耶律楚材又有一個朋友號清溪居士陳秀玉。在楚材沒有認得萬松時，陳秀玉曾勸楚材參萬松。到了楚材參萬松後，陳秀玉認得丘長春，極其推崇。楚材勸秀玉參萬松，秀玉總是不聽。楚材曾有〈戲秀玉〉詩說：

不見桃源路渺茫，清溪招引到仙鄉。湛然幸得齁齁飽，擘與些兒不肯嘗。（卷九）

以上所說，都是耶律楚材對道教不喜歡的話，但是還不至破裂。到了一千二百廿七年，他卅九歲時候，奉命回到燕京，正值道教極盛之時，好些佛寺，都被改為道觀。楚材見了，更為不悅。他經過太原南陽鎮紫薇觀，曾有題壁詩道：

三教根源本自同，愚人迷執強西東。南陽笑倒知音士，反改蓮宮作道宮。（《湛然集》卷六）

當時丘長春弟子尹志平有和他的詩，道：

三教雖同人不同，既言西是必非東。目前便是分明處，了一真通不二宮。

此詩見尹志平所著的《葆光集》卷上，也可見當時道教的氣焰。所以楚材到燕京後，就作了一部《西遊錄》，有四千九百餘字，前半截是說西域情形，後半截是攻擊全真教的。是時丘長春剛死不過一年，楚材明白與全真教宣戰了。現在《湛然居士集》裡，所有在西域與丘長春倡和的詩四十餘首，滿將長春的名字刪去。後人從他詩裡與《長春西遊記》所載的詩用韻相同者勘出來，才知道《湛然居士集》內有所謂「和人」者，就是和丘長春的，不過把長春名字改為「和人」而已。因不喜歡長春，又捨不得把自己的詩刪去，所以滿改為「和人」。

他所著《西遊錄》，本來有刻板的，但早就不傳了。前半截說西域情形的，約在一千二百九十五年的時候，盛如梓曾載在他所著《庶齋老學叢談》裡，他就說「此書人所罕見」了。計楚材成書在一千二百廿八年，至此不過六七十年，此書就說罕見，是什麼原故呢？《西遊錄》後半攻擊丘長春的話，一千二百九十一年，祥邁著《至元辯偽錄》時，曾詳引一千餘字，可見此書當時已經少見。不然他可以教人看原書便了，何必詳細引在《辯偽錄》呢？據我所知道的，一千六百零一年（明萬曆二十九年）嘉禾包衡著《清賞錄》，卷十一曾引用過《西遊錄》一段五十餘字，與盛如梓所引字句稍有不同；與前年日本宮內省圖書寮所發見的足本鈔本《西遊錄》完全一樣，可見包衡所引尚係原本。此書在中國萬曆時尚有流傳，不過明初修《永樂大典》時，已不見採入，即有流傳，亦極稀少了。

此書流傳稀少的原因，據我所研究，與耶律楚材的兒子極有關係，因耶律楚材父子信仰是不同的。

耶律楚材信仰佛教，排斥道教，既如上述。而他兒子耶律鑄是很喜歡道教的。他父親死後，此書當然禁止印行，或者是燬了板亦未定。因此書是他家刊行的，他兒子自然有銷燬的權。

耶律楚材死後，耶律鑄繼任為中書丞相，年才二十三歲。他很好飲酒，很好作詩。他詩集名《雙溪醉隱集》，可惜如今不全。乾隆間修《四庫全書》，在《永樂大典》裡零星採集，編為六卷。雖不完全，但我們在詩集裡就可以看出耶律鑄的信仰與他父親不同了。

上文說過，燕京士大夫為丘長春題〈瑞應鶴詩〉，是耶律楚材最不喜歡的。《湛然集》裡既有三首詩表示反對，他兒子不應該不知道。但是現在《雙溪醉隱集》裡，就有〈題長春宮瑞應鶴〉七律二首（卷四），這不是明白與他父親作對嗎？況且他題此詩時，丘長春早死了，一定是他在長春宮見了此圖才追詠的。

他父親不喜歡與道士來往，所以有「燒藥鍊丹全是妄，吞霞服氣苟延年」之句（卷七）。又有「茅山道士真堪笑，虛費工夫鍊五金」之句（卷四）。而耶律鑄的詩集裡，與道士來往的極多，今略舉其目於下：

〈泊白鱴江塵外亭高道士攜琴相訪〉一首（卷三）

〈永嘉周道人求詩〉一首（卷三）

〈奉寄郭仲益鍊師〉一首（卷六）

〈送田鍊師行〉一首（卷六）

〈重酬脩真宮鍊師〉一首（卷六）

〈讀書樓贈道士〉一首（卷六）

〈為閱俳優諸相贈優歌道士〉一首（卷六）

〈寄白雲庵趙鍊師〉一首（卷四）

〈贈坐竿道士因寄長春李真人〉一首（卷四）

他同道士來往甚多，而集中的和尚僅一人。一人為誰？就是一千二百五十五年（元憲宗五年）與道教首先發難的福裕和尚。集中有〈西園席上招雪庭裕上人〉一首（卷三）。余疑他的招待裕上人，與調和釋道之爭有關。何以見得？他集中又有〈西園春興，因贈雪庭上人兼簡張公講師〉一首（卷三）。當時福裕的對手，就是張志敬。志敬是李志常（即長春李真人）的副手，與福裕在和林蒙哥皇帝面前爭辯的。此段故事，《至元辯偽錄》言之甚詳。而耶律鑄詩兼簡二人，大有「杯酒息爭」之意。一千二百六十年，為元朝第一次焚燬道經後第二年。耶律鑄在今北海瓊華島廣寒宮讌會，著有〈雪賦〉一首（卷一），其中有「致靈景於明庭，延神光於清禁」二語。自注：「是日釋道會集，故有神光靈景之語。釋二祖慧可，初名神光。道書有靈景道君」云云。可見耶律鑄常常以一人之身，周旋於釋道二者之間也。鑄自號「獨醉道者」，又號「獨醉癡仙」。他詩集裡有〈答客問〉一首說：

是佛盡居安樂國，無仙不住莫愁鄉。聽教共獻天花供，更管清明分外香。（卷六）

序云：「客有調余者曰，閱君〈獨醉園賦〉，君自謂蓮社上流，又為獨醉癡仙。仙佛殊教，君之所謂，必有說矣。因以是答」云云。集中又有〈醉讀列子〉一首，云：

獨醉亭中獨醉仙，唯知仙道辨逃禪。等閒嚼蠟橫陳際，卻味沖虛立命篇。（卷六）

右所述都是耶律鑄調和釋道的話。因為他好道，他父親好佛，他不好意思明白反對佛，但他集中卻有明白表示他自己是慕道的，曰：「李隱卿名谷，與青城劉翁同舟至蘭溪，卿大夫脩生者館之。道侶贈李詩云：李郎涉世似虛舟，片帆來度楚江秋。又毗陵家弟季天和此篇云：夢蝶豈知真是蝶，騎牛何必更尋牛。老夫亦慕道者，次韻和之，記劉李事蹟。劉本書生，工詩奇異，飄然塵外也。」（卷四）「老夫亦慕道者」是他的明白表示。

他生在一個信佛的家庭，而自己獨好求仙，除上述諸詩外，集中關於遊仙宮觀等詩特多，不一一列舉。惟有〈奉答翠華仙伯〉一首，自述他當初不信扶乩，後來才信，亦可見他思想變遷之經過。〈奉答翠華仙伯詩〉序云：「張唐臣等諸公，夜祈大仙，仙批以詩云：玉皇香案晚朝回，小小星壇向夜開。一炷信香通鼻觀，翠鸞飛背酒仙來。或有問予行藏者，亦批以詩云：春來看取百花叢，粉白妖紅造化功。燕子鶯兒休調舌，花殘明日起熏風。祈求仙號，批以翠華仙伯。予平昔聞祈大仙，以為兒戲而不之信也。是夜更有詩數首，並〈滿江紅〉詞一闋，氣語豪邁，篇什可觀。後因醮者，以此為答」云云（卷四）。亦研究宗教思想史者一有趣問題也。而耶律楚材《西遊錄》之所以流傳極少的原故，亦可於此明白了。

〔為一九二九年九月三十日在燕京大學校舍落成典禮上宣讀之論文。載於《燕京學報》第六期（一九二九年十二月）〕

附・丘耶西遊倡和詩

至魚兒濼

丘處機

北陸初寒自古稱，沙陁三月尚凝冰。更尋若士為黃鵠，要識修鯤化大鵬。蘇武北遷愁欲死，李陵南望去無憑。我今返學盧敖志，六合窮觀最上乘。

過閭居河四首

耶律楚材

河冰春盡水無聲，靠岸釣魚羨擊冰。乍遠南州如夢蝶，暫遊北海若飛鵬。隋堤柳絮風何處，越嶺梅花信莫憑。試暫停鞭望西北，迎風羸馬不堪乘。

北方寒凜古來稱，親見陰山凍鼠冰。戰鬥簷楹翻鐵馬，窮通碁勢變金鵬。五車經史都無用，一鶚書章誰可憑。安得衝天暢予志，雲輿六馭信風乘。

一聖龍飛德足稱，其亡凜凜涉春冰。千山風烈來從虎，萬里雲垂看舉鵬。堯舜徽猷無闕失，良平妙算足依憑。華夷一混非多日，浮海長桴未可乘。

自愧聲名無可稱，賢愚混世炭和冰。竊鹽倉鼠初成蝠，噴浪溟鯤未化鵬。賣劍學耕食粗遣，買山歸老價難憑。秋江月滿西風軟，何日扁舟獨自乘。

灤驛路

丘處機

極目山川無盡頭，風煙不斷水長流。如何造物開天地，到此令人放馬牛。飲血茹毛同上古，峨冠結髮異中州。聖賢不得垂文化，歷代縱橫只自由。

感事四首

耶律楚材

富貴榮華若聚漚，浮生渾似水東流。仁人短命嗟顏氏，君子懷疾歎伯牛。未得鳴珂遊帝闕，何能騎鶴上揚州。幾時擺脫閒韁鎖，笑傲煙霞永自由。

當年元擬得封侯，一誤儒冠入士流。赫赫鳳鸞捐腐鼠，區區蠻觸戰蝸牛。未能離欲超三界，必用麾旄混九州。致主澤民元素志，陳書自薦我無由。

得不欣欣失不憂，依然不改舊風流。深藏鳳璧毋投鼠，好蓄龍泉侯買牛。山寺幽居思少室，梅花歸夢遶揚州。萱堂溫清十年闕，負米供親愧仲由。

人不知予我不尤，濯纓何必揀清流。良材未試聊耽酒，利器深藏俟割牛。舊政欲傳新令尹，新朝不識舊荊州。眉山云邁歸商路，痛和新詩寄子由。

南出金山臨河止泊三首

丘處機

八月涼風爽氣清，那堪日暮碧天晴。欲吟勝概無才思，空對金山皓月明。

金山南面大河流，河曲盤桓賞素秋。秋水暮天山月上，清吟獨嘯夜光毬。
金山雖大不孤高，四面長拖拽腳牢。橫截大山心腹樹，干雲蔽日競呼號。

過金山和人韻三絕

耶律楚材

金山萬壑鬥聲清，山色空濛弄晚晴。我愛長天漢家月，照人依舊一輪明。
金山前畔水西流，一片晴山萬里秋。蘿月團團上東嶂，翠屏高掛水晶毬。
金山突兀翠霞高，清賞渾如享太牢。半夜穹廬伏枕臥，亂雲深處野猿號。

陰山途中

丘處機

高如雲氣白如沙，遠望那知是眼花。漸見山頭堆玉屑，遠觀日腳射銀霞。橫空一字長千里，照地連城及萬家。從古至今常不壞，吟詩寫向直南誇。

過陰山和人韻

耶律楚材

八月陰山雪滿沙，清光凝目眩生花。插天絕壁噴晴月，擎海層巒吸翠霞。松檜叢中疏畎畝，藤蘿深處有人家。橫空千里雄西域，江左名山不足誇。

夜宿陰山葡萄園

丘處機

夜宿陰山下，陰山夜寂寥。長空雲黯黯，大樹葉蕭蕭。萬里途程遠，三冬氣候韶。全身都放下，一任斷蓬飄。

過陰山和人韻

耶律楚材

羸馬陰山道，悠然遠思寥。青巒雲靄靄，黃葉雨蕭蕭。未可行周禮，誰能和舜韶。嗟吾浮海粟，何礙八風飄。

南望陰山三峰贈書生李伯祥

丘處機

三峰並起插雲寒，四壁橫陳繞澗盤。雪嶺界天人不到，冰池耀日俗難觀（人云向此冰池之間觀看則魂識昏昧）。巖深可避刀兵害（其巖險固，逢亂世堅守則得免其難），水眾能滋稼穡乾（下有泉源，可以灌溉田禾，每歲秋成）。名鎮北方為第一，無人寫向畫圖看。

過金山用人韻

耶律楚材

雪壓山峰八月寒，羊腸樵路曲盤盤。千巖競秀清人思，萬壑爭流壯我觀。山腹雲開嵐色潤，松巔風起雨聲乾。光風滿貯詩囊去，一度思山一度看。

自金山至陰山紀行

丘處機

金山東畔陰山西，千巖萬壑攢深溪。溪邊亂石當道臥，古今不許通輪蹄。前年軍興二太子，修道架橋徹溪水（三太子修金山，二太子修陰山）。今年吾道欲西行，車馬喧闐復經此。銀山鐵壁千萬重，爭頭競角誇清雄。日出下觀滄海近，月明上與天河通。參天松如筆管直，森森動有百餘尺。萬株相倚鬱蒼蒼，一鳥不鳴空寂寂。羊腸孟門壓太行，比斯大略猶尋常。雙車上下苦敦攧，百騎前後多驚惶。天池海在山頭上，百里鏡空含萬象。縣車東馬西下山，四十八橋低萬丈。河南海北山無窮，千變萬化規模同。未若茲山太奇絕，磊落峭拔如神功。我來時當八九月，半山已上皆為雪。山前草木暖如春，山後衣衾冷如鐵。

過陰山和人韻

耶律楚材

陰山千里橫東西，秋聲浩浩鳴秋溪。猿猱鴻鵠不能過，天兵百萬馳霜蹄。萬頃松風落松子，鬱鬱蒼蒼映流水。天丁何事誇神威，天台羅浮移到此。雲霞掩翳山重重，峰巒突兀何雄雄。古來天險阻西域，人煙不與中原通。細路縈紆斜復直，山角摩天不盈尺。溪風蕭蕭溪水寒，花落空山人影寂。四十八橋橫雁行，勝遊奇觀真非常。臨高俯視千萬仞，令人凜凜生恐惶。百里鏡湖山頂上，旦暮雲煙浮氣象。山南山北多幽絕，幾派飛泉練千丈。大河西注波無窮，千溪萬壑皆會同。君成綺語壯奇誕，造物縮手神無功。山高四更才吐月，八月山峰半埋雪。遙思山外屯邊兵，西風冷徹征衣鐵。

再用前韻　耶律楚材

河源之邊鳥鼠西，陰山千里號千溪。倚雲天險不易過，驌驦踢蹙追風蹄。簽記長安五陵子，馬似遊龍甲如水。天王赫怒山無神，一夜雄師飛過此。盤雲細路松成行，出天入井實異常。王尊疾驅九折坂，此來一顧應哀惶。崢嶸突出峰峭直，山頂連天才咫尺。楓林霜葉聲蕭騷，一雁橫空秋色寂。西望月窟九譯重，嗟乎自古無英雄。出關未盈十萬里，荒陬不得車書通。天兵飲馬西河上，欲使西戎獻馴象。旌旗蔽空塵漲天，壯士如虹氣千丈。秦皇漢武稱兵窮，拍手一笑兒戲同。塹山陵海匪難事，剪斯群醜何無功。騷人羞對陰山月，壯歲星星鬢如雪。穹廬輾轉清不眠，霜匣閒殺昆吾鐵。

復用前韻唱玄　耶律楚材

天涯流落從征西，寒盟辜負梅花溪。昔年學道頗得趣，魚兔入手忘筌蹄。殘編斷簡披《莊子》，日日須當誦《秋水》。誰知海若無津涯，河伯源流止於此。人間醬缶紙數重，《太玄》強草嗤揚雄。高臥蒿萊傲唐室，清風千古獨王通。曲者自曲直者直，何必區區較繩尺。一筆劃斷閒是非，萬事都忘樂岑寂。功名半紙字幾行，競羨成績書太常。只知牢筴饗芻豢，不思臨刃心悲惶。何如打坐蒲團上，參透昇平本無象。一缾一鉢更無餘，容膝禪庵僅方丈。從教人笑徹骨窮，生涯元與千聖同。鳥道雖玄功尚在，不如行取無功功。來歸踏破澄潭月，大冶洪爐飛片雪。且聽石女鳴巴歌，萬里一團無孔鐵。

用前韻送王君玉西征二首

耶律楚材

湛然送客河中西（西域城名也），乘興何妨過虎溪。清茶佳果餞行路，遠勝濁酒烹駞蹄。結交須結真君子，君子之交淡如水。一從西域識君侯，傾蓋交歡忘彼此。當年君臥東山重，守雌默默元知雄。五車書史豈勞力，六韜三略無不通。詩詠珠璣無價直，青囊更有琴三尺。奉命西來典重兵，不得茅齋樂真寂。魚麗大陣兵成行，行師布置非尋常。先生應詔入西域，一軍駭異皆驚惶。武皇習戰昆明上，欲討昆明致犀象。吾皇兵過海西邊，氣壓炎劉千萬丈。先生一展才略窮，百蠻冠帶文軌同。威德洋洋震天下，大功不宰方為功。隱居自有東山月，風拂松花落香雪。退身參到未生前，方信秤鎚元是鐵。

其二

先生應詔將征西，湛然送客涉深溪。徘徊一舍未忍去，兵車暫駐天駒蹄。猶憶今春送君子，桃李無言映流水。寒暑推遷奈老何，秋風革律重來此。關山險僻重復重，西門雪恥須豪雄。定遠奇功正今日，車書一混華夷通。先生純德如矢直，詎為直尋而枉尺。功成莫戀聲利場，便好回頭樂玄寂。故山舊憶松千行，奇峰怪石元異常。前日盟言猶在耳，猿鶴思怨空悲惶。我擲直鉤魚不上，須信遊鱗畏龍象。冥鴻一舉騰秋空，誰羨文章光萬丈。道兮人作非天窮，區區何必較異同。語默行藏在乎我，退身奚論無成功。安東幸有閭山月，萬頃松風萬山雪。收拾琴書歸去來，修心須要金成鐵。

用前韻感事二首

耶律楚材

稱斤甘薺賣京西，誰信無人採五溪。鵬異眾禽全六翮，麟殊凡獸具五蹄。昔年學道宗夫子，盈科後進如流水。蟄龍猶未試風雷，萍泛蓬飄而至此。緼袍甘分百結重，不學亂世姦人雄。忘憂樂道志不窮，守窮待變變則通。歲寒松柏蒼蒼直，摩雲直待高千尺。桃李無言蹊自成，此君冷淡人何寂。生平恥與噲伍行，杜門養拙安天常。澤民致主本予志，素願未酬予恐惶。否塞未能交下上，何日亨通變爻象。不圖廊廟為三公，安得林泉參百丈。居士身窮道不窮，庸人非異是所同。筆頭解作萬言策，人皆笑我勞無功。流落遐荒淹歲月，贏得飄蕭雙鬢雪。謀生太拙君勿嗤，不如嗣宗學鍛鐵。

其二

金烏日日東飛西，滔滔綠水流長溪。流波一去不復返，逐日恨無八駿蹄。窮理達生獨孔子，歎夫逝者如斯水。歲不我與其奈何，兩鬢星星尚如此。曩時鑿破藩垣重，澤民濟世學英雄。風雲未會我何往，天地大否途難通。霜匣神劍蒼龍直，切玉如泥長數尺。利器深藏人未知，豐城埋沒神光寂。讀書一目下數行，金石其心學王常。學術忠義兩無用，道之將喪予憂惶。有意攀龍不得上，徒勞牙角拔犀象。唯思仁義濟蒼生，豈為珍羞列方丈。簞瓢陋巷甘孤窮，鴻鵠安與燕雀同。天與之才不與地，反令豎子成其功。安得光明依日月，功名未立頭如雪。問君此錯若為多，使盡二十四州鐵。

南望大雪山

丘處機

造物崢嶸不可名，東西羅列自天成。南橫玉嶠連峰峻，北壓金沙帶野平。下枕泉源無極潤，上通霄漢有餘清。我行萬里慵開口，到此狂吟不勝情。

過陰山和人韻

耶律楚材

陰山奇勝詎能名，斷送新詩得得成。萬疊峰巒擎海立，千層松檜接雲平。三年沙塞吟魂遯，一夜氈穹客夢清。遙想長安舊知友，能無知我此時情。

至回紇邪米思干大城

丘處機

二月經行十月終，西臨回紇大城墉。塔高不見十三級（以磚刻鏤玲瓏，外無層級，內可通行），山厚已過千萬重。秋日在郊猶放象，夏雲無雨不從龍。嘉蔬麥飯蒲萄酒，飽食安眠養素慵。

河中春遊有感五首

耶律楚材

西胡（沁斯斡有西戎索哩單故宮焉）構室未全終，又見頹垣遶故墉。綠苑連延花萬樹，碧堤回曲水千重。不圖舌鼓談非馬，甘分躬耕學臥龍。糲食粗衣聊自足，登高舒嘯樂吾慵。

異域河中春欲終，園林深密鎖頹墉。東山雨過空青疊，西苑花殘亂翠重。把欖碧枝初著子，葡萄綠架已纏龍。等閒春晚芳菲歇，葉底翩翩困蝶慵。

坎止流行以待終，幽人射隼上高墉。窮通世路元多事，藹險機關有幾重。百尺蒼枝藏病鶴，三冬蟄窟閉潛龍。琴書更結忘言友，治圃耘蔬自養慵。

西域渠魁運已終，天兵所指破金墉。崇朝馹騎馳千里，一夜捷書奏九重。鞭策不須施犬馬，廟堂良筭足夔龍。北窗高臥薰風裡，儘任他人笑我慵。

重玄叩擊數年終，大道難窺萬仞墉。舊信不來青鳥遠，故山猶憶白雲重。自知勳業輸雛鳳，且學心神似老龍。忙裡偷閒誰似我，兵戈橫蕩得疏慵。

司天臺判李公輩邀遊郭西歸作

丘處機

陰山西下五千里，大石東過二十程。雨霽雪山遙慘淡，春分河府近清明（邪米思干大城大石有國時名為河中府）。園林寂寂鳥無語（花木雖茂並無飛禽），風日遲遲花有情。同志暫來閒睥睨，高吟歸去待昇平。

壬午西域河中遊春十首

耶律楚材

幽人呼我出東城，信馬尋芳莫問程。春色未如華藏富，湖光不似道心明。土牀設饌談玄旨，石鼎烹茶唱道情。世路崎嶇太尖險，隨高逐下坦然平。（按：第一句知是和李公輩韻。）

三年春色過邊城，萍跡東歸未有程。細細和風紅杏落，涓涓流水碧湖明。花林啜茗添幽興，綠野觀耕稱野情。何日要荒同入貢，普天鐘鼓樂清平。

春雁樓邊三兩聲，東天回首望歸程。山清水碧傷心切，李白桃紅照眼明。幾樹綠楊搖客恨，一川芳草惹羈情。天兵幾日歸東闕，萬國歡聲賀太平。

河中二月好踏青，且莫臨風歎客程。溪畔數枝繁杏淺，牆頭千點小桃明。誰知西域逢佳景，始信東君不世情。圓沼方池三百所，澄澄春水一時平。

二月河中草木青，芳菲次第有期程。花藏徑畔春泉碧，雲散林梢晚照明。含笑山桃還似識，相親水鳥自忘情。遐方且喜豐年兆，萬頃青青麥浪平。
異域春郊草又青，故園東望遠千程。臨池嫩柳千絲碧，倚檻妖桃幾點明。丹杏笑風真有意，
白雲送雨太無情。歸來不識河中道，春水潺潺滿路平。
四海從來皆弟兄，西行誰復歎行程。既蒙傾蓋心相許，得遇知音眼便明。金玉滿堂違素志，
雲霞千頃適高情。廟堂自有夔龍在，安用微生措治平。
寓蹟塵埃且樂生，垂天六翮斂鵬程。無緣未得風雲會，有幸能瞻日月明。出處隨時全道用，
窮通逐勢歎人情。憑誰為發豐城劍，一掃妖氛四海平。
不如歸去樂餘齡，百歲光陰有幾程。文史三冬輸曼倩，田園二頃憶淵明。賓朋冷落絕交分，
親戚團圞說話情。植杖耘耔聊自適，笑觀南畝綠雲平。
襄翁老矣倦功名，繁簡行軍笑李程。牛糞火熟石坑煖，蛾連紙破瓦窗明。水中漉月消三毒，
火裡生蓮屏六情。野老不知天子力，謳歌鼓腹慶昇平。

復遊郭西二首

丘處機

二月中分百五期，玄元下降日遲遲。正當月白風清夜，更好雲收雨霽時。匝地園林行不盡，
照天花木坐觀奇。未能絕粒成嘉遁，且向無為樂有為。（按：此和王君玉韻。）
深蕃古蹟尚橫陳，大漠良朋欲遍尋。舊日亭臺隨處列，向年花卉逐時新。風光甚解留連客，

夕照那堪斷送人。竊念世間酬短景，何如天外飲長春。（按：此和耶律楚材韻。）

遊河中西園和王君玉韻四首

耶律楚材

萬里東皇不失期，園林春老我來遲。漫天柳絮將飛日，遍地梨花半謝時。異域風光特秀麗，幽人佳句自清奇。臨風暢飲題玄語，方信無為無不為。

清明出郭赴幽期，千里江山麗日遲。花葉不飛風定後，香塵微斂雨餘時。彫鎸冰玉詩尤健，揮掃龍蛇字愈奇。好字好詩我獨得，不來賡和擬胡為。（按：第二首第一句知是君玉作主。）

異域逢君本不期，湛然深恨識君遲。清詩厭世光千古，逸筆驚人自一時。字老本來遵雅淡，吟成元不尚新奇。出倫詩筆服君妙，笑我區區亦強為。

風雲佳遇未能期，自是魚龍上釣遲。巖穴潛藏難遯世，塵囂俯仰且隨時。百年富貴真堪歎，半紙功名未足奇。伴我琴書聊自適，生涯此外更何為。

河中遊西園四首（按：第一首第一句知是楚材作主）

耶律楚材

河中春晚我邀賓，詩滿雲牋酒滿巡。對景怕看紅日暮，臨池羞照白頭新。柳添翠色侵凌草，花落餘香著莫人。且著新詩與芳酒，西園佳處送殘春。

河中風物出乎倫，閒命金蘭玉斝巡。半笑梨花瓊臉嫩，輕顰楊柳翠眉新。銜泥紫燕先迎客，偷蕊黃蜂遠趁人。日日西園尋勝概，莫教辜負客城春。
幾年萍梗困邊城，閒步西園試一巡。圓沼印空明鏡瑩，芳莎藉地翠茵新。幽禽有意如留客，
野卉多情解笑人。屈指知音今有幾，與誰同享甕頭春。
金鼓鑾輿出隴秦，驅馳八駿又西巡。千年際會風雲合，一代規模宇宙新。西域兵來擒偽主，
東山詔下起幽人。股肱元首明良世，高拱垂衣壽萬春。

丘處機與耶律楚材宗教不同，而嘗同客西域。其始倡酬無虛日，耶和丘之作，動輒數疊韻。後以道不同故，積不相能，終至割席。耶著《西遊錄》，詆丘甚力。惟其子與父異趣，獨黨丘，刪詆丘之言，故今所傳《西遊錄》有二本。其詩集則凡和丘之作，悉署「和人韻」、「用人韻」，而深沒其名，褊心至為可哂。幸丘弟子亦著《西遊記》，對耶不出惡言，所記詩詞則每與耶同韻，可考見兩家倡酬之蹟。茲特輯為一卷，以便勘證。其異韻者尚無從知為和作否也。

（一九二五年四月十一日新會陳垣識）

中國基督教史講義目略

前編

一、中國基督教史之分期

第一期　唐景教
第二期　元也里可溫教
第三期　明天主教
第四期　清耶穌教　東正教附

二、史料之搜集

史部史料

正史類　如《舊唐書》、《新唐書》、《元史》之屬

編年類　如《通鑑》、《續通鑑》之屬

詔令奏議類　如《大唐詔令集》之類

地理類　如《兩京新記》、《長安志》之類

職官類　如《元祕書志》之屬

政書類　如《通典》、《唐會要》之屬

金石類　如《石墨鐫華》、《金石萃編》之屬

子部史料

藝術類　如《書史會要》之屬

雜家類　如《能改齋漫錄》、《西溪叢語》之屬

小說家類　如《揮麈前錄》、《山居新語》之屬

釋家類　如《貞元釋教目錄》、《至元辯偽錄》之屬

道家類　如《長春真人西遊記》之屬

集部史料

詩類　如《李太白集》三〈上雲樂〉、杜甫〈石筍行詩〉注、蘇軾〈遊大秦寺詩〉注之屬

文類　如舒元輿〈重巖寺碑〉、李德裕〈賀廢毀佛寺德音表〉之屬

三、唐景教史料

〈景教碑〉之發見

清人對於〈景教碑〉之考證

錢謙益氏考證最先　見《有學集》，人多誤為錢大昕作

朱一新氏考證最詳　見《無邪堂答問》

教外人考證多偏於感情，不承認景教為今基督教：杭世駿誤為回回，《道古堂集》有〈續景教考〉。《四庫提要》誤為祆教，〈雜家類存目・西學凡〉。朱一新誤為火教，而又誤祆教為婆羅門。其他謬誤準此。

教中人考證多注重教義而略於史事：陽瑪諾有〈景教碑頌正詮〉（天主教）。楊榮誌有〈景教碑文紀事考正〉（廣州）。近人有〈景教碑文注釋〉，讀法多誤（聖公會）。

〈景教碑〉史料之內容

太宗朝阿羅本東來（六三五年）

波斯寺之敕建（貞觀十二年，六三八年），天寶間改為大秦寺（四載，七四五年）

高宗朝諸州各建寺

武后時教爭

羅含及烈之中興

玄宗朝之優禮

肅宗朝靈武五郡重建寺

代宗朝之禮遇

僧伊斯之豪舉

〈景教碑〉著者之佛經翻譯

武宗朝景教受毀佛之影響（《會昌一品集》廿、《唐會要》四七、《新唐》五二〈食貨志〉、《通鑑》二四八）

佛教史中之大秦教　《貞元釋教目錄》、《僧史略》、《釋門正統》（宋）、《佛祖統紀》（元志磐）、《佛祖通載》（元）

成都大秦寺之存疑（杜詩〈石筍行〉，《分類集注杜詩》十三）

盩厔大秦寺之易主（《金石萃編》百四十有〈草堂寺題名〉，章惇題與蘇軾同遊終南大秦寺）

燉煌石室之新發見

譯經目錄（已譯卅部卷，《宣元至寶經》、《至玄安樂經》）

語體經論

四、元也里可溫教史料

宋末元初塞外之也里可溫教

黑龍江　乃顏汗國（《蒙兀兒史》第五冊〈乃顏傳〉）

汪古部　亦稱雍古，今內蒙四子部落

怯烈部　亦稱克烈，今外蒙土謝圖部（《蒙兀兒史》五〈鎮海傳〉）

和林　今西庫倫（《蒙史》二〈斡歌歹本紀〉）

乃蠻部　亦稱乃馬真，今外蒙三音諾顏部（《蒙史》三〈塔陽罕傳〉）

高昌　今新疆（《揮麈前錄》）

輪臺　今新疆（《長春西遊記》）

奉也里可溫之兩皇后

太宗后脫列哥那　乃馬真氏

睿宗顯懿莊聖皇后　怯烈氏

鎮江杭州之也里可溫寺（至元十八年，一二八一年建，《至順鎮江志》）

揚州甘州之十字寺（《元典章》、《元史》）

也里可溫依僧例給糧

也里可溫免租稅

也里可溫免徭役

也里可溫停止軍籍

也里可溫設專官掌管（《元史百官志》、《元典章》）

與道教之爭論（祝讚先後：一和尚，二先生，三也里可溫）

與佛教之爭論（金山寺：雲山、聚明，《至順鎮江志》）

也里可溫人數之比例（六十三人中一人，一六七戶中一戶，《至順鎮江志》）

關於也里可溫之語體法令

五、綜合研究

景教單獨史料絕稀

也里可溫單獨史料亦稀

景教名稱並不通行

也里可溫名稱之解釋

景教之異名　大秦法，見杜環《經行記》。彌尸訶教，見《貞元釋教錄》。波斯教，見《唐會要》天寶詔書。

宋人對大秦教之觀念　宋敏求、趙抃、吳曾、張邦基、姚寬

以醫傳道之先例

杜環謂大秦善醫眼及痢　波斯有景教醫學修道院極有名

僧崇一醫愈唐玄宗弟（《舊唐書》九五。《全唐文》七〇三，李德裕疏南詔寇成都，掠去九千人，中有「醫眼大秦僧一人」，此太和三年，八二九年事）

聶只兒醫愈元駙馬（《山居新語》）

奇巧豪侈之印象

及烈進奇器　見《冊府元龜》（五四六諫諍部）
成都大秦寺真珠樓（杜甫〈石筍行〉）
和錄罘思進遼大珠
兩代教運之早衰
歷史上所得之鑑戒
文化上影響少
社會上毀譽少
信徒中名士少
貴顯信徒改宗　如馬祖常父子
漢譯經論淺陋
名山寺宇闕乏

六、餘論

景教之起源
景教與希羅兩派鼎峙之形勢

在東亞命運千年　南齊末至明初，五〇〇至一四〇〇年

在唐命運二百年　貞觀至會昌，六三五至八四五年

在遼元命運三百年　遼咸雍間至西遼末百三十年，元一百七十年，一〇七〇至一三七〇年

景教衰滅之兩大原因

回回勢力之壓迫　教會政治之集權

中編

第三期　天主教

一、耶穌會之起源

二、沙勿略謀傳教中國

三、利瑪竇　路德卒後六年生

大西利先生行蹟

萬曆九年一五八一入粵　萬曆廿三年過贛至南京　萬曆廿八年一六〇〇至京　萬曆卅八年卒

（馬禮遜一八〇七年到粵，即嘉慶十二年，後利瑪竇二百二十六年。至今民十三年，一百十七年）

利瑪竇生平

奮志漢學　贊美儒教　結交名士：李贄、李日華、葉向高等均有贈利瑪竇詩

排斥佛教　介紹西學　譯著華書：《交友論》等為利自著有據

四、教中三傑

徐光啟　近人輯有《徐文定公集》

李之藻　拙著有《李之藻傳》

楊廷筠　丁志麟有《淇園楊公行實》

五、為聖教作序之名士　僅舉《天學初函》諸書為例

（印刷書籍悉用漢裝或佛經裝）

許胥臣　熊士旂　王家植　周炳謨　馮應京　瞿汝夔　彭端吾　陳亮采　曹于汴　鄭以偉　葉向高　瞿式穀　樊良樞　周子愚　孔貞時　王應熊　周希令　汪汝淳　劉胤昌　崔淐　汪元泰　程廷瑞

六、南京教難　萬曆四十四年，一六一六

發難者南禮部侍郎沈漼　沈漼三〈參遠夷疏〉：均見《南宮署牘》　南禮部移都察院咨　會審王豐肅等案

平民奉教之熱誠　會審鍾鳴禮等案　會審鍾鳴仁等案

士夫保教之毅力　徐光啟〈辨學疏〉

七、名士攻教

虞淳熙《利夷欺天罔世》：《虞德園集》有〈畸人十篇序〉 林啟陸〈誅夷論略〉 鄒維璉《闢邪管見錄》 王朝式〈罪言〉 鍾始聲《天學初徵》及《再徵》 許大受《聖朝佐闢》 李生光〈儒教辨正〉

八、《景教碑》發見 天啟三年，一六二三

陽瑪諾詮釋碑文 卜彌格介紹歐陸 《景教碑》效力：投榮古虐今之見 合言文行遠之旨 樹上好下效之型

九、艾儒略入閩（天啟四年）與閩人攻教

施邦曜示禁傳教 黃問道《闢邪解》 陳侯光《辨學芻言》 李維垣等〈上蔣德璟公揭〉 黃貞《不忍不言》 黃貞〈請顏茂猷闢天主教書〉 黃貞輯《破邪集》 左光先示勸進教

十、名僧辨教

袾宏即雲棲〈天說〉四篇：利瑪竇有〈辯學遺牘〉，張廣湉有〈證妄說〉　圓悟即密雲〈辨天說〉三篇　通容即費隱〈原道闢邪說〉四篇　如純〈天學初闢〉九篇　右四僧著述甚富，見《續藏經》　普潤輯《誅左集》

十一、明季教徒之事功

徐光啟講農田水利：有《農政全書》、《泰西水法》

韓霖講守圉：有《守圉全書》、《慎守要錄》

王徵講製器：有《奇器圖說》、《諸器圖說》

孫元化守登萊

金聲守徽州

瞿式耜守桂林：右四人皆死節

諸西士修曆：有西洋新法曆書

湯若望鑄炮：有《則克錄》

十二、永曆宮廷之奉教：兩太后、皇后、太子　永曆太后〈上羅馬教皇書〉：宣統二年《東方雜誌》八卷五號有影片

永曆太監龐天壽〈上羅馬教皇書〉

十三、名媛奉教之誠篤

金聲女道炤　許纘曾母徐氏：徐光啟孫女

十四、明季教士之分工

湯若望留守北京　畢方濟活動南明

世祖〈御製天主堂碑記〉：見《日下舊聞考》

廷臣贈湯若望七十壽序

諸名士贈湯若望詩：余刻湯著《主制群徵》末有贈言一卷

十五、康熙三年之獄

發難者楊光先略歷：見《明季北略》

楊光先《闢邪論》及《不得已書》

利類思《不得已辨》

李祖白等五人處斬

佟國器、許之漸、許纘曾等罷官

此獄之平反：康熙八年

王士禎、阮元之公論：見《池北偶談》及《疇人傳》

十六、名士晚節信仰之疑問

金聲著述有信教之據：但熊開元力為金聲洗刷

瞿式耜著述無信教之徵

許纘曾文集多違教之作：余近得許文集抄本

十七、康熙中葉教務

南懷仁見用（治十六年至，傳教陝西，十七年召入京修曆，康熙八年授欽天監） 修曆：有《靈臺儀象志》等 鑄炮：有《神威圖說》

康熙帝留心西學：見《庭訓格言》（有康熙《幾暇格物編》二卷）

御製天主堂扁聯：見《日下舊聞考》

吳歷晚年學道：吳為名畫家，號漁山（《小石山房叢書》有《墨井集》）

中國人主教：羅文藻

法教士東來：張誠、白進等康熙廿六年至（由法王路易十四派遣，不由教皇） 法國保護遠東教務權之創始

中俄畫界事件：徐日昇、張誠等，康熙廿八年

十八、清初諸儒對天教之評論

黃宗羲論上帝：見黃著〈破邪論〉

張爾岐論利瑪竇：見《蒿庵閒話》

應撝謙論天主：見姚椿《國朝文錄》

邱嘉穗論天主教：見《切問齋文集》

張鵬翮示禁傳教：浙江巡撫，康熙三十年（傅山論登天堂：見《霜紅龕集・敘靈感梓經》）

十九、尊孔敬祖之爭議

耶穌會主張之分歧：向分利瑪竇、龍華民兩派　羅馬查辦員不諳漢學　各會反對耶穌會

一七〇四年（康熙四三年）查辦員鐸羅（故宮有諭多羅硃諭）

一七一五年（康熙五四年）查辦員嘉樂（康熙五九年十一月到京，故宮有〈嘉樂來朝一月記〉）

一七四二年（乾隆七年）並禁稱上帝或單稱天（故宮有教皇上諭。舊著不肯發行）

康熙帝意見與羅馬不相容（故宮有康熙諭西洋人）

萄商不喜教士牽累

二十、各省輿圖之測繪：康熙四七年始，五八年止，派教士九人，為中國前此所未有（中間十二年）

二十一、康雍間教難迭起

御史樊祚紹之奏：康熙五十年

廣東總兵官陳昂之奏：康熙五十六年

奉教宗室被戮：雍正元年蘇努諸子

閩浙總督滿保之奏：雍正元年

閩浙總督李衛之奏：雍正八年　李衛〈改天主堂為天后宮記〉，見《經世文編》

二十二、乾隆後教務不振

戴進賢、劉松齡撰《儀象考成》：乾隆十九年

郎世寧（義大利）、艾啟蒙（奧地利）以畫見召

羅馬解散耶穌會：一七七三年乾隆卅八年解散，一八一四年嘉慶十九年恢復（中間四十二年）

欽天監西士停止：自順治元年湯若望入監始，至道光十七年高守謙回葡國止，欽天監用西士者一百九十四年

二十三、綜論天主教與中國文化

人倫道德：《交友論》一種，教外書籍選錄者至四五家

天文算法：以下兩類著述均採入《四庫》

輿地學

美術：西洋畫

音樂：鐵絲琴、風琴等

醫藥：金雞納等

製造：自鳴鐘、火器等

論理學：有《名理探》

物理化學：有《寰有詮》、《主制群徵》

中學西傳

二十四、天主教前盛後衰之總因

前百年耶穌會士深通漢學：一六〇〇年萬曆廿八年至一七〇〇年康熙卅九年

後二百年各會士不講漢學：一七〇四年禁尊孔敬祖後至今

附錄

明末清初教士小傳　即《聖教信證》附錄

明末清初教士譯著現存目錄：說教之部

（約作於一九二四年）

基督教入華史略

余夙擬著《中國基督教史》，現尚未成功，因此項史料甚難蒐集，今只就現有史料說明而已。灄口某學院出版《路得改教始末》有後漢馬援征交趾時，基督教已入中國之說。北京天主教某主教著《燕京開教略》有三國時關雲長奉基督教之說。此種說法，太無根據，吾人不能相信，故今說基督教入華，仍自景教始。

前人對於景教之解說，甚不一致。例如：清代考證家杭世駿[1]誤認景教為「回回」。朱一新[2]強認景教為「火祆教」，謂「景」即「丙」字，避唐高祖父諱「昞」，改丙為「景」，丙丁屬火，故景教即火教云云，見朱所著《無邪堂答問》。朱所據者為明時錢謙益之〈景教考〉，而誤認為清乾隆時錢大昕作，因錢謙益文集在前清為禁書，後人引用避其名，稱之曰「錢氏〈景教考〉」，故朱一新氏有此誤。

1 一六九六－一七七三年，字大宗，號堇浦，清代學者，擅長史學與小學，曾校勘《十三經》、《二十四史》。

2 一八四六－一八九四年，字蓉生，號鼎甫，清代學者、官員，在治史、考據、詞章等方面皆有成就。

其實錢大昕所作〈景教碑文跋尾〉，考證甚略，遠不如錢謙益〈景教考〉之詳也。《四庫提要》批評《景教碑》，即根據錢謙益所引，然亦誤認為「拜火教」。

以上錯誤，有兩原因，一因當時史料太少，一因著者偏於感情，不願認景教為基督教。現經種種考證，景教實即基督教。不過非近時之基督教，亦非羅馬教，乃當時所稱為異端者，元時譯為聶思脫里派 Nestorian，見《黃金華文集》。此派之歷史，非今日研究所及，故不具論。

景教於唐貞觀九年（六三五年）至中國今陝西省城，傳教者為阿羅本。彼時中華與波斯大食交通頻繁，伊大約由海路來也，《景教碑》有「望風律以馳艱險」句。

《景教碑》發現於天啟三年（或云五年），或言長安民掘地而得，或言西安守埋葬死兒時所獲。此碑在景教考證上最有價值，明季天主教士目為至寶。碑文係唐代文字，上列詔文語句，與他書如《唐會要》、《冊府元龜》等相符，不過稍改過幾個名詞而已。細玩碑文，即可見當時景教之盛，如「寺滿百城」、「法流十道」等句是也。

碑建於唐建中二年（七八一年），距來華時已一百四十六年，其傳教之效果，不如今日之速。因馬利遜[3]入華至今不過一百十七年也。

景教之衰滅，在唐武宗會昌五年（八四五年），因當時禁止佛教，毀寺殺僧（佛教在華有三武之

---

3 Robert Morrison (1782–1834)，又譯為馬禮遜、摩理臣等，蘇格蘭傳教士，一八〇七年抵達中國，為基督新教中首位來華傳教的傳教士。

厄，此其一），連累外來諸教。故摩尼教、大秦教（即景教）、拜火教同時皆被禁止，而景教即由此滅跡。

計景教在華有二百一十年歷史，只遺下一碑文足供考證。近年始於敦煌石室發現《大秦景教三威蒙度讚》寫本，內有「譯得三十部卷」等語。又有《宣元至本經》、《志玄安樂經》、《一神論》、《一天論》、《世尊布施論》等。前二種存贛人李盛鐸手，余未得見。後三種為日人所藏，余獲有副本，均唐代白話文，現不易句讀，故譯經淺陋，亦其不能傳諸久遠之一原因也。此外景教竟無他種史料可見，即有之亦在前人筆記中零星小段而已。惟佛教史中尚有可借鏡者，如《僧史略》、《佛門正統》、《佛祖統紀》、《貞元釋教目錄》等，均有排斥大秦教之記載。

景教於當時文化，無何等影響，惟以醫傳道之例，由來甚久，《唐書．諸王傳》有僧崇一醫愈唐玄宗兄之事。余承認此僧為景教僧，有種種證據。杜環《經行記》亦云：「大秦善醫眼及痢，或未病先見，或開腦出蟲」，聶思脫里派固以醫學著名也。

此外景教留遺於世人印象者，有「豪侈」一事。《冊府元龜》載：「波斯僧及烈進奇器，被劾」，此及烈即《景教碑》之及烈，為景教高僧。宋人註杜甫〈石筍行〉，有成都大秦寺以珍珠為簾之語。遼時聶思脫里貴族又有進遼大珠九粒之語。雖此等傳說不足據，然可見當時景教徒豪侈之一斑，故以此印象留遺於後世。

又有一可紀念之事，為吾人所不能忘者，即著《景教碑》之景淨與和尚同繙譯《六波羅密經》，事見《貞元釋教目錄》。惜未譯畢而稿被毀，亦景教與佛教史中一段趣聞也。

以上為基督教入華之第一期。

景教滅後，至元代有稱也里可溫教者復盛於時。也里可溫（即拜上帝者之意），為基督教各派之總名，不能如景教之確指為何宗也。

也里可溫何時入華無考。唯元太宗五年（一二三三年）詔令中已見有也里可溫之名，與「和尚」、「先生」並稱。先生者道士也。可知也里可溫於元世祖未下江南時，已盛行於北地。元后有乃馬真氏與怯烈氏均奉也里可溫教。也里可溫有專官掌管，官名崇福司。

元時文學大家馬祖常[4]，其先世亦奉也里可溫教。始吾誤認為回教，後由種種考察，始知其為也里可溫教，有馬氏家譜可據。

元代各地如甘州、揚州等，均有也里可溫寺，或稱十字寺。最著名者鎮江也里可溫寺，其一乃奪佛寺改建者，後又被佛教收回，有趙孟頫、潘昂霄碑文可證，見《至順鎮江志》。即今金山寺對面之銀山，銀山之名即由當時也里可溫教徒所命，以與金山對峙者。

又有寺，名大興國寺，其碑三四十年前猶在北固山下，聞今已沒入江灘，碑文猶見《至順鎮江志》，亦也里可溫寺，為馬可孛羅遊鎮江時所見。據《至順鎮江志．戶口》，僑寓戶六十三人中有也里可溫一人，一百六十七戶中，有也里可溫一戶，其盛可想。杭州有謝三太傅祠，現已改為市場，

4 一二七九—一三三八年，字伯庸，色目人，元代官員、文學家，擅長作詩、碑誌等。

其先亦一極大之也里可溫寺也，見《西湖遊覽志》。

《元典章》中有也里可溫與道士爭論祝讚先後事，甚有趣。也里可溫至將道士毆打，結果和尚在前，次道士，也里可溫在後。

元亡，也里可溫即絕跡於中國。蓋也里可溫皆色目人，現尚未發現有中國人為也里可溫教者，更講不到本色教會也。

以上為基督教入華之第二期。

第三期入華者，為明時天主教。先是耶穌會有沙勿略者，謀傳教中國，卒於廣東台山縣屬之上川島（一五五二年）。至萬曆九年（一五八一年）利瑪竇來廣東，先住肇慶天寧寺，學華語華文，服華服，後居韶州。萬曆二十三年過贛至南京，又五年至北京，交結天下名士，深通漢學，著作典雅，書均線裝，如中國式。《四庫提要》謂利文為士夫潤色，並舉《交友論》為王肯堂所改為證。余近得王肯堂改本《交友論》，正可見現在所通行之《交友論》為利自作，而王所刪改者另一本也。兩本相較，王所改未必優，利原本未必劣，《四庫提要》之說，實不足據。利之得力弟子有徐光啟、楊廷筠、李之藻（稱教中三傑）等，皆一時名士，首先奉教，故從者如雲。其所刻《天學初函》，一半論道，一半論當時科學，為作序者二十餘人，皆士大夫表表一時者。綜論利氏生平，可分六項。1.奮志漢學，2.讚美儒教，3.結交名士，4.排斥佛教，5.介紹西學，6.譯著華書。

利氏卒後六年（一六一六年），南京發生教案，主動者為南禮部侍郎沈漼，有三〈參遠夷疏〉（見

《南宮署牘》）。此外名士攻教者亦復不少，如虞淳熙著《利夷欺天罔世》，林啟陸著〈誅夷論略〉，鄒維璉著《闢邪管見錄》，王朝式著〈罪言〉，鍾始聲著〈天學初徵〉及〈再徵〉，許大受著《聖朝佐闢》，李生光著《儒教辨正》等，指不勝屈。其所攻擊者皆論道之言，無有挖人眼睛等事。蓋挖人眼睛之說，起於雍乾以後，天主教初來百年，無此攻擊也。

天啟四年（一六二四年）艾儒略[5]入閩，閩中官紳，攻教者有施邦曜《示禁傳教》，黃問道《闢邪解》，陳侯光《辨學芻言》，李維垣等〈上蔣德璟公揭〉，黃貞〈請顏茂猷闢天主教書〉，又著《不忍不言》，並輯《破邪集》。而同時東林黨首領葉向高則介紹艾儒略於搢紳間。左光斗之弟左光先為建寧縣知縣，則示勸進教。一迎一拒，真奇觀也。

至佛教高僧攻教者，先則有袾宏和尚（即雲棲）著〈天說〉四篇，後則有圓悟（即密雲）著〈辨天說〉三篇，通容（即費隱）著〈原道闢邪說〉四篇，如純著〈天學初闢〉九篇，普潤至輯為《誅左集》。蓋當時佛教徒視天主教為勁敵，不得不下總攻擊也。

當時名士高僧攻教雖烈，而天主教並不因此少衰。明季教徒事功，其足稱者，除天文、算法、地理外，徐光啟講農田水利（有《農政全書》），韓霖講守圉（有《守圉全書》、《慎守要錄》），王徵講製器（有《奇器圖說》、《諸器圖說》），皆有裨實用之學。其盡瘁國事者，則孫元化之守登萊，金聲之

5 Giulio Aleni (1582–1649)，耶穌會義大利傳教士，精通漢語、數學、地理、天文等，透過出版書籍、結交士人等方式傳教，為利瑪竇後最重要的來華傳教士之一。

守徽州，瞿式耜之守桂林，皆所稱忠臣義士者也。至西士方面，則修曆外，德人湯若望[6]鑄炮最有名（有《則克錄》）。明亡，教士乃分工，湯若望留守北京，畢方濟[7]則活動於南明。永曆兩宮皇太后皇后及皇太子，均奉教受洗。有永曆太后、永曆太監龐天壽〈上羅馬教皇書〉可證。

其名媛奉教者則有金聲之女道炤，許纘曾之母徐氏（徐光啟孫女）。金聲為有名之八股大家，許纘曾則雲南按察使，曾為楊光先所劾者也。

清初甚重用西士，清世祖有〈御製天主堂碑記〉，清聖祖有〈御製天主堂詩〉及楹聯（見《日下舊聞考》），清初廷臣贈湯若望壽序及諸名士贈湯若望詩者甚眾，余刊湯著《主制羣徵》，末附有贈言一卷，足見當時聲氣之廣。

其後有南懷仁等見用於康熙，戴進賢[8]等見用於乾隆，大抵任修曆（有《靈臺儀象志》）、鑄炮（有《神威圖說》）、測繪各省輿圖等職務，本與傳教無關。最可誌者康熙間名畫家漁山吳歷五十一歲始往澳門學道，後為神甫二十餘年。又有福建人羅文藻以中國人立為主教。皆前此所未有也。

---

6 Johann Adam Schall von Bell (1591–1666)，耶穌會傳教士，擅長天文、曆法等科學，明代崇禎年間曾奉旨鑄造火炮。清人入關後投歸清廷，頗受多爾袞與順治皇帝信任。

7 Francesco Sambiasi (1582–1649)，耶穌會傳教士，精通天文、數學等，曾在澳門、北京、南京、上海等地傳教。著有《靈言蠡勺》（由徐光啟記錄其言）、《天學略義》等書。南明永曆帝時受封為太師。

8 字嘉賓，原名 Ignaz Kögler (1680–1746)，耶穌會傳教士，曾任清代欽天監監正、禮部侍郎。

顧何以康熙以後，天主教大不如前，則有原因在。先是利瑪竇派以為中國人尊孔敬祖，與崇拜偶像不同，可以通融辦理。而龍華民[9]派則反對甚力。其後他會教士至者漸眾，大都不通漢學，力斥耶穌會士之非，遂以其事訟於羅馬。教皇先後派欽差鐸羅[10]（一七〇四年）、嘉樂[11]（一七一五年）來華查辦。二人皆不諳漢語，何論漢學，故貿然判定尊孔敬祖為異端，不許通融。而是時康熙帝則堅持不許尊孔敬祖即不准在中國傳教。羅馬與康熙兩方意見不能相容，傳教事業遂幾乎中斷。

康雍之間，教案迭起，疆吏奏禁天主教者紛至沓來。加以乾隆三十八年（一七七三年）羅馬解散耶穌會，耶穌會士絕跡。所有從前利瑪竇等著述，他派會士之不諳漢學者，多疑其中含有異端之道，不甚願意刊行，而教務遂一蹶不振。計天主教在華命運，只有百年可稱為極盛時代（一六〇〇—一七〇〇年），後此不足道矣。

以上為基督教入華之第三期。

至耶穌新教之來華，則自馬利遜起，距今百十七年，可稱為第四期。今各省教堂林立，信徒號

---

9 龍華民，原名 Nicholas Longobardi (1559–1654)，耶穌會傳教士，在利瑪竇過世後接替他的職務。龍華民對中國禮儀的觀點、傳教策略、神學認知等方面皆與利瑪竇頗有差異。

10 Charles-Thomas Maillard de Tournon (1668–1710)，教宗克萊孟十一世 (Clemens XI) 派遣的特使。鐸羅抵達南京後，於一七〇七發布禁止中國天主教徒祭祖的教令。

11 Carlo Ambrogio Mezzabarba (1685–1741)，教宗克萊孟十一世 (Clemens XI) 派遣的特使。嘉樂在華期間受康熙帝接見多次，但雙方對禮儀問題仍無共識。

稱四十萬，其在華歷史，尚易考見，時間短促，不能具述。惟吾總覺得基督教文化未能與中國社會溶成一片。即以文學一端論，《舊約》詩篇及雅歌等，皆極有文學興味，何以百年來未見有以此為詩料者。如「寺」，如「僧」，如「禪」，皆可入詩，何以福音堂，牧師，神甫等，不可入詩。試將基督教與佛教比較。

佛教於漢明帝永平十年（六七年）入中國，至漢獻帝興平二年（一九五年）始有民間建造的佛祠，及民間所行的佛事，前此皆官家所立也。魏正元元年（二五四年）始有沙門朱士行受戒，前此中國僧人只剃髮，不能受戒也。晉惠帝末年（三〇〇年）始有中國人帛法祖自譯經論，前此皆西僧所譯也。

至於佛語入詩，則自晉人王齊之始有〈念佛三昧〉詩四首（見《廣弘明集》），東晉末支道林有〈四月八日讚佛〉詩一首，時佛教入中國，已二百餘年矣。至劉宋時，謝靈運、鮑照輩，唱酬漸盛，謝有〈過瞿溪山僧〉詩，鮑有〈秋日示休上人〉詩等，時佛教入中國已三百餘年矣。至唐，則「禪房花木深」、「僧敲月下門」、「姑蘇城外寒山寺」等句，俯拾即是。白居易詩中用佛語最多，然每以禪對酒，以妓對僧，亦可見其對於佛之觀念何如矣。

天主教入中國百年，詩人即有以入詩者，康熙初尤侗〈外國竹枝詞〉有「音聲萬變都成字，試作耶穌十字歌」、「天主堂開天籟齊，鐘鳴琴響自高低」等句，居然以天主、耶穌入詩，然猶可謂遊戲文章。若明時葉向高〈贈泰西諸子〉詩有云：「著書多格言，結交皆賢士，我亦與之遊，泠然得深旨」；李日華〈贈利瑪竇〉詩云：「蠲潔尊天主，精微別歲差」，則直出於至誠，非戲謔矣。明時更有以主禱文入詩者，沈光裕（崇禎庚辰進士）〈贈湯若望〉詩有云：「旨出爾行地，曆成吾道東，君糧不徒與，我信豈誠空」，此真可謂基督化的文學矣。必如此方見基督教與中國文化有關係。不然，如唐時之景教，及元時之也里可溫教，求人之贊許，固不可得，即求人之攻擊，亦不可得，又何怪其隨時代以俱滅耶。譚元春〈過利瑪竇墳〉有句云：「私將禮樂攻人短，別有聰明用物殘，行盡松楸中國大，不教奇骨任荒寒」，惟利瑪竇始有受教外人憑弔之價值也。

此單就文學一方面論，其他為時間所限，只好從略。古語云「前事不忘後事之師」，乾嘉以前，中國聲明文物，為西人所羡，故耶穌會士，通漢學者極多。道咸以來，中國國力暴露無遺，陵夷以至今日，欲求西國諸人，從事華學難矣。

〔作者在華北第十六次大學夏令會上的講演稿，登載於《真理周刊》第二年第十八期（一九二四年七月）〕

基督教入華史

限我一點鐘的功夫，要講這麼大的一個題目，實屬不易，如同以一張小紙，叫我寫全部基督教入華史，實在無法令人滿意，只好大略講講而已。

要講這個題目，最好分為四期講。第一期是唐朝的景教。第二期是元朝的也里可溫教。第三期是明朝的天主教。第四期是清朝以後的耶穌教。

在講基督教來到中國之前，應知中外交通是很早的。據古書，在漢末中國已有與羅馬交通的記載了。

關於基督教入華的記載，有好些說法。最可笑者是湖北灄口德國信義會出版的一本小冊子，書名《路得改教始末記》。書上說中國知道基督教是極早的。在馬援征交趾的時候，基督教已入中國。我看後覺得很奇怪，遍查中國書籍，沒有此項記載。最近，無意中在《神仙道鑑》找出來了。這本書是近代道教中人做的，用章回體，記載開天闢地以後的中外歷史，把回回教，耶穌教，佛教，道教一塊兒講。寫到漢朝時候，不知怎的把馬利亞生耶穌和馬援征交趾，並列為一章的回目，其實是沒有關係的。大概這位外國朋友就誤以為馬援和耶穌是有關係的，遂推測中國在馬援的時候已經知道基督教了。

另外有一位法國主教樊國樑，在光緒年間著了一本《燕京開教略》。他說三國時基督教已入中國，因為在廬陵——歐陽修的家鄉——發現一個作交叉狀的鐵十字架。這十字架是聖安得烈派[1]的徽號。十字架上有一個對子：四海慶安……，並且還有赤烏的年號。考用此年號者，只有三國時候的吳王，由此，遂以之證明三國時中國已有基督教傳來了。中間還說關雲長羽也是奉基督教的。這書原文是法文，已經譯出。以上這種傳說都沒有真實憑據，在作歷史學的人，遇見這種情形，最不可妄信，因為妄信的結果是十分危險。若是以所有的十字架代表基督教並且著書出版，照我看，這很難得到人們的信仰。

一、唐代之景教

要講基督教入華史，還是要從唐代的〈大秦景教流行中國碑〉講起。〈景教碑〉發現於天啟三年，現存西安省政府裡面，講景教何時來到此地，傳布情形如何……很詳細，現在不能費時多談。以前關於景教的解釋的爭論很多，現經種種考證，景教定即基督教無疑。然並非近時的基督教，亦

1 聖安得烈（Saint Andrew）為耶穌十二使徒之一，相傳他被釘在X形交叉狀的十字架上殉道。

非天主教，乃當時被天主教斥為異端的聶思脫里派而已。

關於〈景教碑〉中的文字，大半都可解釋。「景」字解釋作「大」也、「光明」也。最近在敦煌發現的經文中有「景通法王」四字，不知指何人。「景通」二字，尤費解說。我假定景通即基督之不同繙法，景教即基教。最近我見唐代抄的《志玄安樂經》，文章極好，寫的字卻不很好。我所見的景教經不多，約有五六種，但以此本的文章最好。經中有一段說景通法王對眾說法事，並涉及景通法王乃拿撒拉人，由此我斷定景通法王就是耶穌。關於這點，我尚未以文字發表，現在我只表示我的意思。至於這個解釋能否站得住，就靠將來繼續的發現了。

關於景教的命名，因為找不出第二個解釋，我想大概是譯音的。〈景教碑〉中有這麼一句話：「真常之道，妙而難名，功用昭彰，強稱景教。」到底景教是否聶思脫里派不是呢？據種種考據，景教就是聶思脫里派。第一，要是景教是天主教，我們一定能在羅馬找出記錄。然而羅馬教廷中並無一點關於這種的記載，所以絕對不是羅馬派來的天主教。第二，在唐代聶思脫里派對東方傳教的勢力極大，由此又可推測景教就是聶思脫里派。第三，景教是從波斯來的，而當時聶思脫里派的大本營是在波斯，於此又可證明景教就是聶思脫里派。

聶思脫里派初入中國，就叫做波斯教，寺叫做波斯寺。同時自波斯傳入者還有摩尼教，拜火教等，也叫做波斯教，惟不盛；因此名容易混淆不清，過了相當時期以後，就改為大秦教。〈景教碑〉中引用貞觀十二年詔書，原文是「波斯」寺，而刻碑時改為「大秦」寺。〈景教碑〉旁邊的文字都是波斯文，但波斯文當時只有聶思脫里派使用。所以也可證景教就是聶思脫里派。

在別部書上，沒有載景教之字樣者，有者只是稱大秦教、大秦法、彌賽亞教、波斯教等等，所以景教二字的通用是很後的，刻碑時只有教中人用之而已。敦煌藏經發現之後，在《三威蒙度讚》中始見大秦景教等詞，然都是本教中人用的。

碑文中所載之寺滿百城，法流十道，有自誇沒有，我們不得而知，無法證明，但我們總可相信它盛極一時是無可疑的。

唐貞觀九年，景教傳至今陝西省城。這樣興盛的教，同時中國大詩人杜甫、李白，對這樣的事，無論贊成、反對或批評，總應有意見發表才對，然而他們沒有，這是很奇怪的一件事。

最近在《李白集》第三卷中，有一篇叫〈上雲樂〉裡，蛛絲馬跡，不無發現。這裡是講異教外人替皇祝壽事。所描寫外人則眼深鼻高，我想這指的是景教僧，然無確實證據。

杜甫亦是如此。沒有什麼清楚的記載。杜詩中有一篇〈石筍行〉，述四川有一石筍，其起處不可考，下雨後有帶眼小珍珠出現。有人說這是海眼；又有人說西域胡人在此蓋有大秦寺，寺奢甚，以珍珠作簾，後不知為何寺毀，日久埋沒地下，天雨後，所以就有帶眼珠露出。然此說並非出自杜甫口，乃宋人所解釋者，故確否不可知也。

〈景教碑〉中又載唐明皇信景教，然這乃指唐明皇亦贊成景教之傳布，並非領洗入教也。唐明皇曾命諸兄弟來寺，有一次且詔大秦僧佶和等於興慶宮做功德（按即做禮拜也）。又據《唐書．諸王傳》，明皇長兄名憲，患病，請僧崇一醫之。病霍然愈，乃大賞之。我在《高僧傳》中，找不著一僧名崇一者。考僧中一字輩極少。唐代曾有以一置之名上者，如一行等，然以一列下者，則遍找不得。由此我想崇一乃景教僧。

另外一個證據，唐天寶年間有將名杜環者，乃著《通典》杜佑之同族。他隨了高麗人高仙芝征西域，不幸大敗而被俘。後釋放，經海道回國，著《經行記》，述沿途所見所聞，及各教情形，講教最詳；中有一段說大秦法善醫。的確，聶思脫里派是負有醫名的。我們看凡在教堂旁，總有醫院一所，至今猶然。由此我們決定，僧崇一乃景教僧無疑。然設有人能證明崇一乃佛家中人，則我可收回我的話。

以前〈景教碑〉中有好些人名，無從考其傳略，現在新的發現日多一日，但大都為外人於中國書內所發現，希望國人努力才好。碑中有一人名及烈，今乃為日本博士在中國書《冊府元龜》中發現其名，「波斯僧及烈」，並發現其來華是為進貢奇器云。

至作碑之僧景淨，以前不知道他是什麼人，最近日人高岸博士在《貞元釋教目錄》中發現其名。當時景淨曾同佛僧般刺若同譯《六波羅密經》，工作已過十之六，然為人在皇前指摘其不當，遂燒其所譯經卷。《貞元釋教目錄》一書，十年前中國尚無此本，最近才轉抄。然書本中國者也，今既在高麗宮中發現，則不能稱之為中國的發現。諸君勿自得，以為中國文化古遠，中國人不但不能看書，且不會看書，更無論保存古書也。

關於景教的記載，除了〈景教碑〉之外，就要算敦煌藏經了。法國巴黎圖書館中，藏有《大秦景教三威蒙度讚》，此經乃一讚美詩，末尾附有尊經及法王名號，摩西、馬太等等，都載入其中；這類人名，大都可以證明，所不可解者，只景通法王一名，但考證的結果，也很滿意。

除此之外，還有《一神論》三種，也出自敦煌，所述大都為《馬太》中材料，字很好。談起寫字，近來我看見一本經，名《序聽迷詩所經》，我見的經不多，有幾千本。此經文字之美，在唐經中，可算數一數二。字之美否，雖不能代表其國學程度，然非高級儒人，焉克臻此。《序聽迷詩所經》的字，與《志玄安樂經》之文，可稱雙絕。以前我以為景教之不發達，乃不與士大夫交往所致。現在見了這兩本經，觀念為之一變。因為唐經是手寫本，並不是請人代寫的。〈景教碑〉的字很好，可以請別人代寫，並不能代表景教中人的字好；然在經文中如能找出好字，我們可以相信寫經的人能寫好字的。

景教傳至中國約二百年後，至唐會昌五年，為中國宗教史上一可紀念之年。在這一年，無論那個宗教，全毀了一次。原來那時李德裕當國，他痛恨外教，凡非中國的教，全加以壓迫，佛典中稱之為三武之厄。景教當然也遭了一劫。雖然如此，黃巢亂時，據阿拉伯人遊記所載，廣府（廣州）外人被殺者，仍有十二萬，由此可知那時還有如許外人在廣東，景教也未全絕，所謂毀教，只毀教堂而已，信教者不能全滅也。

經此一劫，中國本部的景教，彷彿消沉下去了。然當時聶思脫里派在中亞細亞的權力卻極大。在中國雖被禁止，而在長城以外，凡中國命令不能到達之處，還非常之發達。

二、元代之也里可溫教

講到這兒，一二期已混合而不可分了。

北宋的命運同遼的一樣，為金所滅。當時曾有南宋在今之浙江，遼亦有西遼。中國的聲名能達到歐洲，西遼有極大的功勞，且慢慢的說來。遼為金所滅後，在一一二四年，即西遼一年，西遼王耶律大石帶兵過蔥嶺，克回回，在沙末耳城建都，傳八十八年。其在中亞細亞的戰功，使歐洲各國驚異不置，因此中國的名得以大傳。那時回教正和聶思脫里派戰爭，回教忽遭此意外打擊，乃大敗。聶思脫里派卻以為耶律大石特來幫助，乃封之為葛兒罕。此事在《遼史》中並無記載。關於耶律大石是否基督徒，無法證明，不得而知。然聶思脫里派在西北中亞細亞勢力極盛一事，乃無疑的。據元初記載，西遼末年，外蒙古一帶幾全信聶思脫里派之基督教。一一七七年，羅馬教廷中聞耶律大石助基督教平回事，曾派使臣至葛兒罕處，勸其歸正宗之基督教，勿信異端之聶思脫里派。

第二次，元太祖成吉斯汗大敗回回，歐洲各國，也引為同志。然實則成吉思汗並非基督徒也。此錯誤的由來，是因蒙古有好幾個部落，如外蒙之克烈、外蒙之乃蠻、貝加爾湖東部之蔑里乞等等，全是信奉基督教者。克烈及乃蠻的王和后，甚至成吉斯汗的后和好些親戚，都領過洗，由此可知蒙古一帶，大都是聶思脫里派的信徒。

至新疆一帶，則畏吾兒雖轉過好幾次教，也曾有一時信奉過聶思脫里派的基督教。今日北平城外白雲觀的祖師長春真人曾去西域求經，傳記中載有一次迭屑的頭目來迎他。至迭屑之解釋，有人說是《景教碑》中的「大速」。據佛教書籍《至元辯偽錄》述佛道之爭，謂爭論達於皇帝面前，皇帝乃下詔勸之曰，道士說道教好……迭屑人奉彌賽亞教的說彌賽亞好。於此可以證明長春真人所說的迭屑，乃基督教。於此又可知聶思脫里派已達西部之新疆一帶。

稍後，元世祖忽必烈的姪子乃顏封在契丹故地，即遼東，今之黑龍江。一日忽叛，舉十字大旗為號。由此可見北部之黑龍江亦已奉聶思脫里派矣。

在內蒙汪古部，元時名人傳中，多半用基督教中名字，如「約翰」、「安挪」等，這些名字除了基督教中人，決不用它，因為《舊約》中名字如摩西等，也許在回教中有人用之，至《新約》中之名字，則除了基督教中人，以外沒有用它的。

由此可見外蒙、內蒙、黑龍江、新疆，全有聶思脫里派的腳蹤了。不過以上所得，全部是書上所載之考據，最近尚陸續有新發現。最近聖公會在大同之西北挖出好些銅十字架。此種十字架乃十一二世紀聶思脫里派祭司所用者。至此，可以總括一句說，自唐後中國內地的基督教勢力，雖日漸消沉，而內外蒙古一帶，則還是繼續興盛著。

在琉璃河，車站旁有一寺，名曰十字寺，內有好些石十字架，還有敘利亞的名字，然不知如何轉為佛寺，想當時亦一景教的禮拜堂也。

聶思脫里派在蒙古一帶叫做也里可溫教，尤其是在元書上見的時候多。於也里可溫的碑，我所蒐羅的不多，約有十四五方之譜，最古的乃太宗五年的。當時因教派很多，為保護教堂及教民起見，都請求保護，結果則官府出示保護，就好似現在總司令出告示保護教堂一樣，教中人勒之於碑，樹於堂旁。

所發現之聖旨碑中，最早者，太宗五年，在趙州之柏林禪寺。其中有：凡是也里可溫與道教……一律不得騷擾等語。在河南林州之寶巖禪寺，有太宗九年同樣的碑。陝西之汧陽縣萬壽宮及鳳翔之長春觀，則有太宗十年之聖旨碑及公據。這些碑專為保護道教者。北平之護國寺大殿迤西有至正十四年的聖旨碑一方，然比較前數碑已後百餘年矣。此碑亦以之保護也里可溫教的。聖旨碑之流落於海外者不少，荷蘭國就存有十餘方，不過年代都是很後的。

江蘇鎮江有也里可溫廟一所，中有十字碑，原碑馬相伯先生曾親見之，今碑已失，而文則錄入《至順鎮江志》中。碑文中有「忽木剌」七個，作何解不知。最近在鳳翔長春觀碑中，發現有也里可溫的胡木剌，先生的觀與院，和尚的寺，一律不許騷擾等詞，於是我乃斷定「忽木剌」即教堂也。

鳳翔長春觀碑中又有一新名詞，寫的是「也立喬」，也不易了解。其實以廣東音念「也立喬」就是也里可溫。

由此可以證明，也里可溫在元代一定很興盛，不然，何必憑空與和尚、先生之寺觀同樣保護呢？講到這裡，已完全入第二期了。至於也里可溫教的解釋，則極為雜亂。無論其為聶思脫里派、羅馬教、希臘教，一律名之為也里可溫教。

三、明代之天主教

元代之基督教，以後無甚驚人之造就，現在轉入明代之天主教。一提到天主教，則吾人腦中就想到利瑪竇。他名聲雖然這樣大，然而他不是第一位來華的，更不是在教中占第一職位的。他以前已有天主教正式派來的使臣。在元定宗時（一二四五年）教廷已派使臣名柏朗嘉賓者[2]來華，此乃羅馬正式使臣之第一人。至馬可孛羅乃商人而已，並非傳教者。以後為協商抵抗回回，乃被派來華。教廷之代表，連續不斷，如隆如滿[3]、羅柏魯[4]等，都在馬可孛羅以前。

2 Giovanni da Pian del Carpine (1180–1252)，天主教方濟各會傳教士，十三世紀時奉教宗依諾增爵四世 (Innocentius IV) 之命出使蒙古帝國。

3 André de Longjumeau，天主教道明會傳教士，曾兩次分別為教廷及法國出使過蒙古帝國。

4 Rubruquis (1220–1293)，全名 Guillaume de Rubrouck，又譯為魯不魯乞，天主教方濟各會傳教士，曾受法王路易九世派遣出使蒙古帝國，所著《遊記》記述了許多旅行途中的見聞與民族文化。

一二九〇年正式派蒙高未諾來[5]，後授為駐北京的總主教。他在中國三十六年，享壽八十三，死於中國，據其著作，中國當時有六萬多教徒。然因蒙主教不與士大夫往來，故其名幾無人知悉。他有三封很有歷史價值的信：一在印度發的，二在北京發的，所述皆關教務上的事，現在都保存在巴黎圖書館。

另外還有安德肋、阿多理（在華十幾年）等等，都在馬可孛羅之先。他們二人都寫遊記。在湖北有人已為之作傳，而譯其遊記。此二人之後，另有一位接任者，未抵中國而死於途。

一三三六年元順帝曾託羅馬教人帶信到羅馬，羅馬也有回信。至今元順帝的信還在羅馬保存著。這事都在利瑪竇之前二百多年。

元末至明初，教廷代表曾中斷一時，在一五六八年，羅馬又派加爾內略[6]為駐華總主教，駐在澳門，專管西人與中國和日本的教徒。沙勿略曾傳教於廣東，後死於台山之上川島。以後又有一位非正式的代表來華，此後才是利瑪竇。

利瑪竇之所以成功，係於六個條件，這六個條件可以定其成功，也可以定以後來華之外人成功與否。1. 奮志漢學。他喜歡漢文，知道真正的中國文學。以前外人來華習漢文者大半始自《三字經》等等。利瑪竇能另闢途徑，而得中文之精華，這是他了不得的地方。2. 結交名士。他所結交的，並

5 Giovanni da Montecorvino (1247–1328)，天主教方濟各會傳教士，為首任中國天主教總主教。

6 Melchior Carneiro (1516–1583)，又譯為賈耐勞，葡萄牙人，耶穌會傳教士。

非鄉人或下級社會的人，要結交士大夫。然第一他要有與士大夫往來的願望；第二要名士肯與之往來。兩者缺一不可。事實上名士既願與之往來，可以想見他中國話中國文之高深。3.介紹西學。當時在文藝復興時代，利瑪竇介紹算學、地理等學來華。4.譯著漢書。利瑪竇肯將西書譯華，其文筆亦非凡雅致，有文學意味。5.尊重儒教。他對於儒教，特別的尊敬。對中國的舊俗，如拜祖先、尊孔子，都認為與天主教義一無衝突。因此而外人皆譏之為屈學阿習。6.排斥佛教。他一面交結儒教中人，一面極力攻擊佛教。因非難佛教的文字而引起辯論，儒教中人都幫助他，他的地位，於是漸漸的增高起來。

在一六〇〇年到一七〇〇年的西學，差不多全受他的影響。然而他死後，天主教在中國，漸漸的衰落下去。所以如此的緣故有二：1.利瑪竇屬耶穌會派，當時另外有教士名龍華民者，資格和利瑪竇相若，然極不贊成儒教，所以就攻擊利瑪竇，因自相搗亂而天主教漸漸的站不住。2.以後耶穌會解散一次。所有耶穌會的書籍，全交俄國教堂保存。現在俄國教堂又將此項書籍轉交西什庫天主教堂保存。

清初對教中人猶極重視，自順治元年至道光十七年，欽天監要職，向由西人充任。西人之任此職，相續計一百九十四年之久。

四、清代之基督教

嘉慶時（一八〇七年）馬利遜來華，造成現今的基督教，距今亦已百二十餘年矣。以前是很沉悶的，到近二十年才有生氣。至今各省教堂林立，信徒四十萬，其在華歷史，尚易考見。對之有研究者極多，現在時間不早，我也不再往下講述。

至傳教文字方面，以前外人不甚注重，大都用白話文，但對中國文學界，不生若何影響。最近胡適之博士等，一再鼓吹白話文而大盛。白話文經教會之提倡不興，經另一般新文化運動者提倡而大興特興。這點我解答不了，諸君去想吧。

（作者在一九二七年左右的講演記錄稿，湯理勝、彭清愷記錄。）

附　明末清初教士譯著現存目錄

只錄說教之部，其天文曆算地理藝術之部從略

（一）現有刊本通行者

天主實義	利瑪竇	萬曆三一年	津滬港蜀
畸人十篇	利瑪竇	萬曆三六年	港蜀滬
辯學遺牘	利瑪竇	萬曆三八年	京
受難始末	龐迪我	萬曆四二年	
闢釋氏諸妄	徐光啟	萬曆	港蜀滬
天主聖教約言	蘇如望	萬曆	蜀滬
代疑篇	楊廷筠	天啟元年	港滬
性學粗述	艾儒略	天啟四年	滬
靈言蠡勺	畢方濟	天啟四年	閩蜀港滬
三山論學記	艾儒略	天啟七年	

滌罪正規	艾儒略	天啟	滬港
彌撒祭義	艾儒略	天啟	滬港
萬物真源	艾儒略	崇禎元年	閩津京港鄂蜀
萬有真源	艾儒略	崇禎元年	閩
聖體要理	艾儒略	崇禎三年	滬
聖母行實	高一志	崇禎四年	港蜀滬
聖記百言	羅雅谷	崇禎五年	滬
哀矜行詮	羅雅谷	崇禎六年	滬
主制群徵	湯若望	崇禎一一年	
口鐸日鈔	李九標	崇禎一四年	滬
天主降生言行紀略	艾儒略	崇禎一五年	港津滬
聖經直解	陽瑪諾	崇禎一五年	港滬
欽主孝親禮義	陽瑪諾	崇禎一五年	
十誡直詮	陽瑪諾	崇禎一五年	滬
七克	徐光啟	崇禎一六年	滬港
景教碑頌正詮	陽瑪諾	崇禎一七年	滬

答客問	朱宗元	崇禎	港京滬
拯世略說	朱宗元	崇禎	京滬
輕世金書	陽瑪諾	崇禎	滬
輕世金書直解	朱宗元	崇禎	京
天主教四字經	艾儒略	崇禎	港京閩滬
天主聖教百問答	柏應理	崇禎	滬
教要解略	高一志	崇禎	滬
天主降生引義	艾儒略	崇禎	蜀滬
天階	潘國光	順治七年	滬
提正編	賈宜睦	順治一六年	滬
天神會課	潘國光	順治一八年	滬
十誡勸論聖跡	潘國光	順治	滬
不得已辨	利類思	康熙四年	滬
教要序論	南懷仁	康熙九年	閩津京港鄂蜀
善惡報略說	南懷仁	康熙九年	滬
真福直指	陸安德	康熙九年	滬

永福天衢	利安定	康熙一三年	滬
四末真論	高一志	康熙一四年	滬
聖教要理選集	陸安德	康熙一五年	滬
聖教明徵	萬濟國	康熙一六年	港
初會問答	石鐸琭	康熙一九年	閩京蜀港鄂
人罪至重	衛方濟	康熙三七年	滬
默想神功	石鐸琭	康熙三九年	京港閩
逆耳忠言	殷弘緒	康熙三九年	滬
四終略意	白多瑪	康熙四四年	滬港
醒世迷編	郁　蓀	康熙五三年	滬
聖教淺說		康熙五四年	閩京
真道自證	沙守信	康熙五七年	閩津京港蜀滬
哀矜鍊室說	石鐸琭	康熙	滬
主經體味	殷弘緒	康熙	滬
濟美編	巴多明	康熙	滬
訓慰神編	殷弘緒	康熙	滬

聖教總牘撮要	萬濟國	康熙	閩
德行譜	巴多明	雍正四年	滬
聖教切要	白多瑪	雍正一二年	港京閩滬
崇修精蘊	林安多	乾隆三年	滬港
聖年廣益	馮秉正	乾隆三年	渝
盛世芻蕘	馮秉正	乾隆五年	閩津京港鄂蜀
聖經廣益	馮秉正	乾隆五年	滬港津京
性理真詮	孫　璋	乾隆一八年	滬
性理真詮提綱	孫　璋	乾隆一八年	滬
易簡禱藝	沈若瑟	乾隆二三年	滬
照永神鏡	林德瑤	乾隆三四年	京
家學淺論		乾隆四五年	京港
善生福終正路	陸安德	乾隆五九年	港津
婚配訓言		乾隆	京

（二）現無刊本通行者

交友論　利瑪竇著　萬曆二十七年

二十五言　利瑪竇著

西學凡　艾儒略著　崇禎

代疑續編抄本　楊廷筠

天主聖教小引　范中述龐天壽校梓　崇禎六年

勵修一鑑　李九功撰　崇禎己卯

天學傳概抄　在〈欽命傳教約述〉中　壬辰進士福建黃鳴喬撰　崇禎十二年

超性學要　利類思著　全部共二十一本　順治甲午版

億說　耶穌會陸修士思默著　康熙丁卯版

永暫定衡抄　石鐸琭著　康熙三十五年

天學本義抄　有韓菼序　康熙四十二年

天儒同異考抄　張星曜撰　集經書典故以證公教之合儒道　康熙乙未

宗元直指抄　葉宗賢著　內釋聖教要理末解十誡缺第十誡　康熙癸巳

徐啟元先生行實抄　陸丕誠著　康熙四十年

崇正必辨抄　何世貞撰吳漁山閱　康熙壬子版

御覽西方要紀刻版　利類思安文思南懷仁三人同上　康熙八年

息妄類言抄　方燻纂上下二卷　乾隆三十一年

歸真集抄　教友徐依納爵輯撰闢異端之書也　乾隆十二年

御史黃恩彤奏請刪禁天主教之條文　道光二十八年

易經本旨　以《易經》通於教理解說

格致奧略　羅明堯著

辨學抄　靜樂居士撰

天釋明辨抄　楊廷筠著

炤迷鏡抄　孟儒望著

詮真指妄抄　無名氏　辨道勸世書

真福訓詮抄　湯若望撰　殘字不少

譬學警語抄　高一志撰古絳段袞參閱　寓意頗有味趣

欽命傳教約述抄　無名氏編輯　內有諭旨及士大夫褒獎之文

瞻禮日鐸抄上下二本　道理頗佳抄版似古

東國教友上教皇書抄　高麗國教友奏明教友致命被難情形此書頗寶貴

性理參證抄	無名氏辨道論說
主教緣起	湯若望著
龐迪我熊三拔具揭抄	
代疑論	陽瑪諾譯
畢方濟奏摺抄	
天學雜選抄	內選公教論十七篇
指迷小引抄	教友施鑑儀撰
物元實證抄	利類思著
身心四要	周志撰
寰宇始末抄	高一志撰上下
道學家傳	
經書精蘊抄	以經書典故引證教理
上古真傳抄	無名氏　小說體共二卷古史
天學略義抄	孟儒望著張賡序
則聖十篇抄	高一志撰孫元化序
天主精義抄	沈宗彥撰　與〈瑣言分類〉同本一卷

補儒文告　耶穌會士著　五卷

求說　羅雅各著

天主聖教豁疑論　朱宗元述

祭祖答問　教友徐慕義著

正學鏐石抄　方濟各會利安當述

天主聖教實錄　羅明堅述　萬曆甲申版

齋旨抄　利瑪竇撰

妄占辨　南懷仁著　駁楊光先之〈妄占〉

西學答問抄　艾儒略述　第一次版崇禎十年第二次重印崇禎十五年此為雍正六年

抄本

性學醒迷抄上下二卷

聖洗規儀　穆迪我撰畢嘉潘國良閱訂　康熙已巳

英居凶惡勸　殷弘緒繼宗著戴進賢鑑定

聖若撒法始末述略　龍華民譯張賡訂

人類真安　歐加略撰漳州嚴謨序　千七百年

聖教撮要　康熙丙戌

十慰	高一志撰
龐子遺詮四卷	龐迪我著
聖水紀言	楊廷筠撰孫學詩述張文燾校
鴞鸞說	正教奉傳福建建寧縣告示　崇禎十四年六月
用夏解	
聖母堂記抄	湯若望
西學十誡注解	楊廷筠　楊公行實
廣放生說	楊廷筠　〈代疑篇〉十八頁
或問	〈代疑篇〉十八頁
彌撒解	〈代疑篇〉二十九頁
同文紀	〈代疑篇〉三十四頁
古今敬天鑑抄	
聖人行實七卷	高一志　崇禎間　《宗徒列傳》序
艇燈開論	郁　蓀　《醒世迷編》劉序　康熙五十三年前
悔罪要指	聖體要理
改過良規	聖體要理

神慰奇編	言善錄		
告解原義一卷	南懷仁		
聖體答疑	南懷仁		

（附錄）

徐文定公集	徐光啟	宣統元年	京
墨井集	吳　歷	康熙	滬
聖教史略	蕭若瑟	光緒卅一年	津
正教奉褒	黃伯祿	光緒九年	滬
萬松野人言善錄	英　華	民國四年	

〔作者在師範大學講授宗教史時印發之講義，《青年會季刊》第二卷第二期（一九三〇年六月）曾登載〕

從教外典籍見明末清初之天主教

上編

一、可補教史之不足

欲研究教史，有教會典籍在，何須教外典籍？其理由：一可補教史之不足。教史多譯自西籍，故詳於西士，而於中國修士或略焉。例如鍾鳴仁、鍾鳴禮兄弟，廣東新會人，自幼隨父念山在澳門入教。鳴仁從利瑪竇最久，萬曆廿八年復隨利瑪竇進京，在京七八年；又往南京佐王豐肅傳教三年；又往浙江佐郭居靜傳教一年。鳴禮則先在江西佐羅如望，後往南京佐王豐肅。萬曆三十八年利瑪竇死，鳴仁兄弟同往北京會葬，葬畢仍至南京。萬曆四十五年南京第一次教案，鳴仁兄弟被逮，南京禮部認嗚仁為登壇執牛耳者，又認嗚禮為謀主，故二人受刑獨酷。沈漼《南宮署牘》有二人供詞，共八百餘字，余嘗據此為二人補一小傳。嗚仁長嗚禮廿一歲。嗚仁與香山人黃明沙同時入耶穌會，艾儒略撰〈利先生行蹟〉，稱為粵中有志之士。《聖教史略》則稱鍾念江、黃明沙為熱心少年，念江當即嗚仁。艾儒略弟子丁志麟撰〈楊淇園先生事蹟〉，稱粵中會士鍾念江與公論道，即嗚仁也。父名念山，子字念江，不以為嫌。此可補教史之不足者也。

又休寧金正希先生聲，《明史》有傳，英歛之先生認為天主教徒，而教史無名。余嘗據熊開元所撰〈金文毅公傳〉，為君作一小傳，論曰：「金君以時文名一世，其死節又甚著，故其學道之名為死節及文名所掩。《明史》徒敘其死節，熊魚山為君傳，則極力援君入禪。然吾據君集〈上徐玄扈書〉，及〈葉氏世譜序〉，知君所服膺者為耶穌。魚山亦述君休妾，及率子弟從事泰西，不禮佛菩薩像，並謂一時學者咸詆君闌入異道，則君之信仰皎然矣。既謂君不數月廢然返，又述君晚年與海門不合，與徹和尚不契，與悟和尚亦不契，則又何耶？君女道炤不嫁，從父清修，耶耶？釋耶？喪葬用古禮，儒耶？耶耶？雖無明文，然古禮云云，其不狥俗延僧禮懺可知也。此皆魚山所親記，愈洗濯而愈顯，愈掩飾而愈明。夫士各有志，不能強同，信仰為尤甚。魚山不應以後死之故，誣其死友。吾故將魚山所為君傳改作之，以俟後之君子論定焉。」此又可補教史之不足者也。

至於歷年教案，自雍正以來，有軍機處舊檔可據，近故宮文獻館陸續在《文獻叢編》發表。余嘗注意廣東教務，有雍正十年六月廣東巡撫鄂彌達奏廣東省城設立教堂情形一摺，於教堂所在地及堂主，入教人數，均詳細敘明；並知當時男女分堂，為一極新史料。其文過繁，今改列為表，以便省覽。

雍正十年廣東省城天主堂調查表

街名	堂主西洋人	副堂	同堂	入教人數
西門外揚仁里東約	安多尼	西洋人艾色		一千四百餘人
揚仁里南約	戈寧	順德人劉若德		一千餘人
濠畔街	謝德明		增城人歐歌 山東人魏若韓	一千二百餘人
蘆排巷	方玉章	西洋人朱耶芮		一千一百餘人
天馬巷	羅銘恩	順德人劉伊納爵	順德人梁家相	一千三百餘人
清水濠	彭覺世 卜如善	西洋人張爾仁 赫蒼碧	江南人王弘義	二千餘人
小南門內	閔明我	新會人汪四	始興人黃紹興 張瑪略 南海人劉若敬 增城人勞贊成 番禺人郝若瑟 區良祐何伯衍	一千四百餘人
花塔街	華姓	西洋人卞述芳		三百餘人

右男天主堂八處，入教男子約萬人。

地名	堂主	入教婦女
清水濠	順德人譚氏劉氏	四百餘人
小南門內	順德人陳氏	三百餘人
東朗頭鹽步兩堂	順德孀婦梁氏	六百餘人
西門外變名聖母堂	順德孀婦何氏	二百餘人
大北門天豪街變名聖母堂	正藍旗人余氏	三百餘人
小北門內火藥局前	順德孀婦蘇氏	二百餘人
河南滘口	南海人唐瓊章妻戴氏 同堂孀婦盧氏唐氏	三百餘人

右女天主堂八處，入教女子二千餘人。

閱者注意！此表所列人數，係廣東省城附近一隅，且在雍正二年嚴厲禁教之後，教史希有之史料也。

又乾隆十一年，廣州海防同知張汝霖，以澳門有諸夷寺外，別立天主堂，名唐人廟，專引內地民人入教，特密揭臺院封閉之。其文見張所撰《澳門紀略》，曰：「澳門一處，唐夷雜處，除夷人自行建寺奉教不議外，其唐人進教者有二種：一係在澳進教；一係各縣每年一次赴澳進教。其在澳進教者，久居澳地，漸染已深。其各縣每年一次赴澳進教者，緣澳門三巴寺下，建有天主堂，名進教寺，專為唐人進教之所。建於康熙十八年，五十八年重修闊大；係蕃僧倡首，而唐人醵金建之。每年清明前十日，各持齋四十九日，名曰封齋。至冬至日，為禮拜之期。附近南、番、東、順、新、香各縣赴拜者接踵，間有外省之人；惟順德縣紫泥人為最多。禮拜之後，有即行返棹者，有留連二三日者。既經進教，其平時因事至澳，亦必入寺禮拜。」

余為廣東人，且略研究教史，此種進教之法，實未之前聞。因不往各鄉傳教，而鄉人反往澳門進教，頗合禮聞來學不聞往教之旨；非植基甚固，不能得此結果。凡此皆可補教史之未及者也。

二、可正教史之偶誤

凡人撰述，鮮能無誤，教史譯自西籍，於官名地名年月，尤易舛訛，史以傳信，不能不慎。余撰〈雍乾間奉天主教之宗室〉一文，據官書及檔案，於蘇努諸子傳後，附一教會史載蘇努事勘誤表，凡二十餘事，亦為此也。例如《聖教通考》卷二〈新經鑑略〉，末附〈聖教傳入中國始末〉，謂：

大臣學士中領洗奉教者，江南松江府有徐光啟閣老，浙江杭州府有楊淇園尚書，湖州府有朱宗元解元，福建有葉相國、李之藻等。

葉相國當指葉向高。向高好與西士往來，是否奉教，尚為疑問。李之藻係杭州人，蒙上文福建二字似不妥。幸而李之藻名甚著，讀者易知其誤。惟楊淇園是御史，非尚書，朱宗元係寧波府順治五年舉人，非湖州府，亦非解元。是年浙江解元係王嗣皋，慈谿人，均有教外典籍可據，不能信筆寫來，以訛傳訛也。

光緒八年，徐匯益聞館，譯柏應理司鐸所撰〈許太夫人傳〉為漢文。許太夫人者，徐文定女孫，許遠度室，許纘曾母也。傳謂太夫人年三十，夫卒，前後守節四十三年。余據許纘曾殿試策所填三代腳色，稱父遠度，存，不仕云云。纘曾係順治六年進士，時遠度尚未卒。又據許纘曾自序，順治十年年二十七，丁父憂。始知漢譯〈許太夫人傳〉，誤以順治十年（一六五三年）為崇禎十年（一六三七年），相差凡十有六載。當云太夫人年四十六，夫卒，守節二十七年。未知係柏司鐸原文之訛，抑譯者之訛也。《聖教史略》謂許太夫人與夫偕居十四年，其誤與漢譯〈許太夫人傳〉同，應作與夫偕居三十一年。

又太夫人之子許纘曾，教史所稱為熱心奉教者，其實大不然。余有〈許纘曾傳〉，其傳論曰：「余曩讀《江南傳教志》，知崇禎順治間，江南教務之興，甘弟達實與有力。既又稱其子巴西略熱心聖教，有聲於時，余心識之。後於京師得許纘曾原本殿試策，以為瑰寶。壬戌秋南返省親，道出海上，攜以見馬相伯丈，轉贈徐匯藏書樓。甲子夏，復得許纘曾手定《寶綸堂稿》原寫本，稿與陳洪綬齊召南集同名，大喜。細讀之，知許君善人也，孝子也，能吏也，名士也，然與天教無與。天教禁祀鬼，而許君入蜀，有重建巫山縣漢前將軍祠及城隍廟祭文。天教禁蓄妾，而許君自序謂房中執巾櫛者數人。余嘗以示亡友英斂之，斂之始驚喜而終愕然。余因有感於幼年知識未定之人，其領洗不盡足恃也。夫李之藻楊廷筠輩，其信教均在中年以後，用能終始不渝，為世法則。許君雖受母太夫人之煦育，而終不能敵世俗之薰陶。觀其專心致志所輯之《勸戒圖說》，取舍已與太夫人相左，則其晚年之徵歌選色，放任不羈，無足異已。上海、華亭諸志，方以君母熱心天教故，對於君母子事蹟，黜而不書，而孰知君固未嘗與世俗違也。西士柏應理撰〈許太夫人傳〉，年月頗有訛舛，君所撰〈鶴沙自序〉，宜可信據，今此傳多採之。」〈遺葬侍兒詩〉五首，今錄其一如後。集為君所手定，君固未嘗以此為諱也。

丁卯臘月遣葬清河侍兒五首之一　許纘曾

生綃圖畫寫相思，窄袖纖腰似舊時。一片煙雲迷蝶夢，五更風雨葬花枝。螟蛉宛轉隨人泣，
女伴叮嚀絮語遲。屈指傷心寒食近，紙錢斜帶綠楊絲。

丁卯為康熙廿六年，時許君年六十一。曰螟蛉宛轉隨人泣，此妾似已生子；曰紙錢斜帶綠楊絲，然則墓祭亦用紙錢也。

又康熙四年，因楊光先之劾，與許君同時罷黜之許之漸，教史亦稱為奉教大員。然據楊光先與

許書，則謂其為《天學傳概》作序耳。許纘曾自序，記此事云：

> 徽人楊光先，修舋於遠西湯道未，波連都御史佟，御史許，與余三人：或係作序，或係捐銀，同時罷官。

未云因奉教也。夫作序不能為奉教之證，只可謂與教表同情。惟康熙廿八年釋紀蔭撰《宗統編年》，亦有許之漸序。末稱：

> 皈依三寶弟子，七十八老人許之漸，法名濟霈，頓首謹撰。

據此，則許之漸又佛教徒矣。凡此種種，皆可證教史之偶誤也。

三、可與教史相參證

有教史未必誤，而教外典籍無法證明者。如瞿式耜[1]之奉教，教史言之鑿鑿，而吾人至今尚無法

1 一五九〇－一六五〇年，字伯略，一字起田，號稼軒，明末官員。明亡後擔任南明官員堅守桂林，城中

在教外典籍證明之，頗疑其後人彌縫之密也。熊開元[2]力為金聲[3]辯護，而金聲奉教之跡愈彰；張縉彥為〈王徵墓誌〉，有公通西學，與利瑪竇之徒羅君善，造天主堂以居之，著《畏天愛人論》，為前人所未發等語，見康熙《陝西通志》，康熙《涇陽志》引此文刪之。吳漁山歷晚年入教，漁山不自諱，而《蘇州志》謂其晚年絕人逃世，浮海不知所之。然則瞿式耜奉教之跡，為其後人所削，亦或有之。然終無法證明也。

有教史不著其名，而可以教外典籍證明者。如清簡親王德沛，據吾人所考證，即教史中之宗室若瑟，毫無疑義。此教外典籍可以與教史相參證者也。

永曆太后奉教，人皆信之。崇禎奉教，當時有此謠言，教史言之，教外典籍亦言之。《烈皇小識》云：

> 上初年崇奉天主教。上海徐光啟，教中人也。既入政府，力進天主之說，將宮內供養諸銅佛

守軍全逃仍不降，遂就義。有關瞿式耜入教的說法，初多見於西文典籍，而未記載於明清之際的漢文資料中。

2 一五九九—一六七六年，字玄年，號魚山，明末官員。與金聲為好友，曾為之立傳。

3 一五九八—一六四五年，一名子駿，字正希，號赤壁，明末官員。明末曾力抗清軍，兵敗被俘後堅不投降，遭斬。金聲早年篤信佛教，後對天主教產生濃厚興趣，但明清之際的中西文資料均未見其入教之事，直到清末民初方有此說。

> 像，盡行毀碎。至是悼靈王病篤，上臨視之。王指九蓮花娘娘現立空中，歷數毀壞三寶之罪，及苛求武清云云。言訖而薨。上大驚懼，極力挽回，亦無及矣。

此崇禎十一二年事也。悼靈王慈煥，崇禎第五子。九蓮花娘娘者，萬曆母李太后，好佛，宮中像作九蓮座，故云。武清為后父李偉封號，時誅求后父家助餉，《明史．李偉傳》，疑中人搆乳媼教皇五子言之。此可與教史相參證者也。

其他檔案足與教史相參證者尤夥。乾隆四十九年十一月十一日上諭：西洋天主教，於雍正年間，即奉嚴禁，不許內地人傳習。乃呢嗎、方濟各等，初則為內地人勾引至廣，繼則紛紛潛至各省傳教。時閱二十餘年，地則連及數省，各該地方官何竟毫無知覺。現在陝省已將呢嗎、方濟各、馬諾及延請該犯等在家居住之徐宗福等拿獲。至山西、山東、湖廣、直隸各省，據供俱有西洋及內地人輾轉傳教，著劉峨、農起、明興、特成額、陸燿，一體嚴密查拏。

又乾隆五十年二月，兼署四川總督，成都將軍保寧，奏拏獲西洋人來川傳教一案，於乾隆十九年以後，五十年以前，四川傳教歷史，最為詳悉。其中有云：「該犯等攜貲遠出，究係何所圖謀？再歷年遣人赴粵取銀，係何項銀兩？有無騙人財物，及私立主教神甫名目，藉以勾引煽惑之處？嚴加究詰，據供西洋國向重天主教，以傳教為行善，如能在中國行教，更以為榮。是以情願遠來，並無別有圖謀。其來時攜帶及節年接濟銀兩，俱係彼國同教會中公捐，及親友幫助之項，遇便寄存十三行，繼續支取供用，並無騙人財物情事。又供西洋傳教之人，向來俱稱神甫，馮若望、李多林，眾人俱呼為神甫，並無主教之名。其川省從教之人，從無神甫名目」等語。據《聖教史略》，則明明稱四川馮主教，係法國人，何以云並無主教之名？此又可與教史相參證者也。

又嘉慶十年四月，刑部奏：「據江西巡撫盤獲廣東民人陳若望，搜有西洋字及漢字各書信，併山東登州等處地理圖一張。經軍機大臣訊明地理圖係天主堂西洋人德天賜託寄。臣等查天主教曾于乾隆四十九五十等年，節次嚴查懲辦，聖諭煌煌，自宜共知感畏，何以迄今仍有各處傳教之事？雖此時傳惑已眾，勢不能逐名究辦，亦應將聽從西洋傳教，如號稱神甫等項，嚴行究懲，俾愚民各知例禁。當向德天賜詳細訊問，供認天主堂共有南北東西四堂，德天賜在西堂辦事。四堂共有先生八人，現在各堂講經講道，管理一切傳教事宜。又於嘉慶七年間，將海甸楊家井地方舊有西洋人寓所，改為聖母堂，分男女兩堂」等語。可知雍正乾隆以來，對於天主教，禁者自禁，傳者自傳，並未停止。皆可與教史相參證也。

四、可見疑忌者之心理

佛教入中國，雖嘗遭中國學者之排斥，然皆因習俗思想之不同，未嘗牽涉國際也。天主教入中國，何以獨遭疑忌？其原因：一，明人久怵於外患；二，奇技利器可畏；三，明末畢方濟等實曾助明拒清；四，清初南懷仁實曾為清人鑄炮。有此諸因，疑忌遂起。民國八年，余撰〈靈言蠡勺序〉，謂畢方濟卒於杭州，實循抄本《聖教信證》之誤。畢方濟自永曆元年，以洋兵三百，拒清人於桂林後，越二年即卒於廣州。民國十一年，余南返省親，在廣州小北門外流花橋，訪明紹武君臣冢，復在大北門外，訪畢方濟墓，低徊留之不能去。其為清人疑忌宜也！

疑忌有由於習俗思想之不同者。算學家梅文鼎有〈寄懷青州薛儀甫先生詩〉可以代表之。薛鳳祚儀甫，從穆尼閣司鐸習算術，在清初有盛名；或謂其已奉教，或謂其未奉教。康熙十九年，梅文鼎年四十八矣。其〈寄懷薛先生詩〉第二首有云：

竊觀歐羅言，度數為專功。思之廢寢食，奧義心神通。唯恨棲深山，奇書實罕逢。我欲往從之，所學殊難同。詎忍棄儒先，翻然西說攻。或欲暫學曆，論交患不忠。立身天地內，誰能異初終。晚始得君書，昭昭如發蒙。曾不事耶穌，而能彼術窮。乃知問郯者，不墜古人風。安得相追隨，面命開其矇！

梅氏之意，以為須奉教乃能習算，後知不奉教亦能習算，其言可代表當時一般學者心理。然其第三首對徐文定，又極表同情，云：

> 乃若兵家謀，亦復資巧思。我讀《守圉》書，重下徐公淚。神威及曠遠，良哉攻守器。當時卒用公，封疆豈輕棄。執轡果何人，歷險失騏驥。國論歸黨同，嘉謨阻深忌。

其所以與徐公表同情者，羨其攻守之器也。攻守之器可羨，反言之自必可畏。故國際間疑忌之心理，仍不能除。乾隆初全祖望有〈二西詩〉，其一西為歐羅巴，詩云：

> 五洲海外無稽語，奇技今為上國收。別抱心情圖狡逞，妄將教術釀橫流。天官浪詡龐熊曆，地險深貽閩粵憂。夙有哲人陳曲突，諸公幸早杜陰謀。

此直國際間之疑忌耳，與教何異！然必牽涉及教，此教之不幸也。全祖望此詩，亦可代表當時一般心理。

軍機處檔案有乾隆四十九年十月十四日上諭：「據特成額奏拏獲焦振綱、秦祿各犯，並查出天主經一本，洋字書信十封。西洋字內地無人認識，焦振綱、秦祿由西安赴湖南廣東，何以帶有西洋字書信？是西安必先已有西洋人在彼潛住，且必不止一人。況西洋人即欲傳教，亦當在廣東附近之廣西、福建、湖南、江西等省，何必遠赴西安？此皆關係案內緊要情節，必須徹底根究。已交軍機大臣存記，俟案犯解到時，務究出西洋字十封，係何人所寫，寄與何人之信。至畢沅覆奏，西安天主堂自飭禁後，舊存房屋，現係同教之杜興智居住，中五間係劉義長賃居，屋內供有十字架。秦祿往來西安，亦於此作寓。上年秦祿與焦振綱商議，欲請西洋人來陝念經，託劉義長修葺等語。杜興智本係私習天主教之人，劉義長屋內又供有十字架，則於焦振綱延請西洋人傳教之事，該犯等斷無不預同商議之理。該犯等雖已就獲解京，而西安省城內似此私習天主教者必多，恐尚有西洋人在彼藏匿。並因何西洋人俱欲遠赴陝省傳教，又有洋字書信寄往之處，俱著畢沅留心嚴密訪查，據實具奏。」

乾隆時考證之風極盛，此諭旨亦饒有考證家風味。特成額係湖廣總督，畢沅時任陝西巡撫，亦乾隆間有名學者，然不明教士往陝西傳教理由，只成為一種不解之謎而已。

軍機處檔又有乾隆五十年正月陝甘總督福康安附片一件，云：「臣接奉廷寄諭旨：『近聞西洋人與回人本屬一教。今年甘省逆回滋事，而西洋人前往陝西傳教者，又適逢其會。且陝甘兩省，民回雜處，恐不無勾結煽惑情事。著傳諭福康安、畢沅務須不動聲色，留心防範，嚴密訪查，欽此。』仰見聖明遠慮，杜漸防微之至意。伏查此案拏獲潛來內地傳教之西洋人，適值甘省逆回滋事之時，臣竊恐西洋人與回教相通，當查辦之始，即留心察訪。隨訪得天主教中人均食豬肉，其過年與漢民無異。茲審訊劉多明我各犯，嚴加究詰，據供天主教每七日內持齋二日，其餘日子，葷酒豬肉，都是吃的。除持齋持戒外，一切與眾百姓無異。我們敬的是天主神，誦的是十戒，並不認識回經等語。臣隨閱其所誦十戒，止係勸人行善之詞，尚無荒誕不經之語，似可信其不與回人一教。」

此摺亦饒有考證家風味，並可見乾隆時對於外來宗教之知識，如此幼稚，殊可異也。乾隆四十九年十二月初五日上諭，有西洋人向不奉佛，何以劉二彪家又藏有金佛？是否即係十字架銅像？並著特成額一併查明覆奏等語。知西洋人向不奉佛，此考證亦未為大誤。

然此種疑忌，利瑪竇初來時已有之。沈德符《萬曆野獲編》曾特為利瑪竇解釋，云：「利瑪竇，字西泰，以入貢至，因留不去。近以病終於邸，上賜賻葬甚厚。往時予遊京師，曾與卜鄰，果異人也。初來即寓香山嶴，學華言，讀華書者，凡二十年。比至京，已斑白矣。今中土士人授其學者遍宇內，而金陵尤甚。蓋天主之教，自是西方一種釋氏所云旁門外道，亦自奇快動人。若以為窺伺中華，以待風塵之警，失之遠矣。」是必當時有此疑，然後沈德符有此解釋，皆可於教外典籍求之也。

五、反對口中可得反證

或謂教外典籍，有時詆毀教會，教中人不宜閱看，似也。然欲研究教史，則不能不參考教外典籍，要視其能善用之否耳。能得人推許固佳，能得人攻擊，亦必須有攻擊之價值，且每每可利用此攻擊，以警惕內部，或固結內部。孟子所謂入則無法家拂士，出則無敵國外患者，國恆亡。崇禎間蘇州人鍾始聲著《天學初徵》，攻擊天主教。後薙髮為僧，即世所稱蕅益大師是也。曾寄稿與際明禪師。際明復書曰：

接手教，兼讀《初徵》，快甚。居士擔當聖學，正應出此手眼。山衲既棄世法，不必更為辯論。若謂彼攻佛教，佛教實非彼所能破。且今時釋子，有名無實者多，藉此外難以警悚之，未必非佛法之幸也。刀不磨不利，鐘不擊不鳴，三武滅僧而佛法益盛。山衲且拭目俟之矣！

際明態度，即欲利用天主教之攻擊，以警惕佛家內部者也。康熙間粵東詩僧跡刪和尚，有〈詠澳門三巴寺詩〉云：「相逢十字街頭客，盡是三巴寺裡人。」又云：「年來吾道荒涼甚，翻羨侏離禮拜頻。」澳門天主堂，當時稱三巴寺，天主教名畫家吳漁山，晚年曾學道於此；吳漁山詩有《三巴集》。跡刪見天主教禮拜之頻，而深慨當時佛教之荒涼，亦欲借天主教以勵佛教也。

有極口詆毀，可視為極口推崇者。東林黨有名人物鄒維璉，於崇禎間著《闢邪管見錄》，攻擊天主教，曰：「昔人有言，莊周道家之儀秦，王通孔門之王莽。若乎利妖，電光之舌，波濤之辯，真一儀秦；拔佛家之幟，登素王之壇，真一王莽！」其言是詆毀利瑪竇，其實推崇利瑪竇已極。鄒維璉何人？《東林點將錄》所號為地走星飛天大聖者也。

康熙四年六月，楊光先《辭監正疏》有云：「皇上因星變地震，大赦天下，非為湯若望一人而赦也。今民間訛傳，稱若望是真聖人，其教是真天主，故於若望將刑之時，天特為之星變，地特為之震動，朝廷乃不敢殺，仍令其主天主堂，可見真聖人真聖教之不可滅。小民不知大義，易為邪言煽惑。此言一行，即傳天下，將見天下人民盡化為邪教之羽翼，是臣以攻異端之法語，反為邪教增重其聲價。」

吾人在教史中知有人稱艾儒略為西來孔子，未聞稱湯若望為真聖人也。有之，得於反對湯若望者楊光先之口，此亦可謂極力推崇者矣。

康熙三十六年，錢塘郁永河撰《裨海紀遊》云：「有利馬豆者，能過目成誦，終身不忘。明季來中國，遍交海內文士，於中國書無不讀。多市典籍，教其國人，悉通文義，創為《七克》等書。所言雖孝悌慈讓，其實似是而非。又雜載彼國事實以濟其天主教之邪說。中國人士被惑，多皈其教者。今各省郡縣衛所，皆有天主堂，扃閉甚密，不耕不織，所用自饒。以誘人入教為務，謂之化人。」其言雖不滿天主教，然實不啻為天主教宣傳也。

六、旁觀議論可察人言

不獨此也，同是一種稱許天主教史料，如果出於教外之書，其價值亦比見於教內書者為大。曾記《正教奉傳》有崇禎十四年福建建寧縣左光先告示，勸人崇奉天主教。左光先為名臣左光斗之弟，事蹟見《明史》本傳。如果此告示出於教外之書，可為天主教一極有價值之史料。

又如順治十八年，湯若望七秩壽辰，朝士贈言者，有金之俊、魏裔介、龔鼎孳、胡世安、王崇簡等，其文均見《正教奉褒》，而各家文集皆不載。近年龔氏後人重刊《定山堂集》，始將此文加入。

蓋自雍乾禁教後，刻集者或將此等文刪去，或原本即不載此文。總之此等稱揚天主教史料，以得之教外為更有價值；孔子稱：「孝哉閔子騫，人不間於其父母昆弟之言。」亦是此意。

又如《天學初函》諸書，各家序跋，不下數十篇，皆當時名人推許天主教之作。若並其他各書序跋，彙而輯之，可以作天主教之《弘明集》。《弘明集》者，係晉宋齊梁同情於佛教者之作品，宣揚佛教之利器，亦佛教史上之重要史料也。天主教之《絕徼同文紀》，即倣此。然《天學初函》諸序，有見於各家文集者，有不見於各家文集者，其原因非為後人刪去，即原本未載。偶爾逢之，不啻空谷足音，如曹于汴《仰節堂集》之載〈七克序〉是也。然與利瑪竇辯論之虞淳熙《德園集》，亦有〈畸人十篇序〉，為今《畸人十篇》所無。蓋利好結納，請虞作序，虞序而詈之，故《畸人十篇》不載，而《德園集》反載之也。凡為人作序，不作則已，作多推崇，虞淳熙反之，亦明知為利所不取，特借以伸其攻擊之說耳。

又《聖教史略》載宣武門內天主堂，有康熙御書「萬有真元」扁額，及「無始無終」一聯。如果《聖教史略》注明此等扁聯，並見《日下舊聞考》，豈不更可表明此非一家之私言乎？今將明末清初學者批評天主教議論，不見於教中典籍者，略舉一二，以察人言。

鄒元標《願學集》，有〈答西國利瑪竇書〉云：「得接郭仰老，已出望外，又得門下手教，真不啻之海島而見異人也。門下二三兄弟，欲以天主學行中國，此其意良厚。僕嘗窺其奧，與吾國聖人語不異。吾國聖人及諸儒發揮更詳盡無餘，門下肯信其無異乎？中微有不同者，則習尚之不同耳。

門下取《易經》讀之，乾即曰統天，敝邦人未始不知天，不知門下以為然否？」鄒元標為理學名臣，《明史》有傳，《東林點將錄》號為天傷星武行者。郭仰老係郭居靜，字仰鳳。

謝肇淛[4]《五雜俎》云：「天主國在佛國之西，其人通文理，儒雅與中國無別。有利瑪竇者，自其國來，四年方至廣東界。其教崇奉天主，亦猶儒之孔子，釋之釋迦也。其書有《天主實義》，往往與儒教互相發，而於佛老一切虛無苦空之說，皆深詆之。余甚喜其說為近於儒，而勸世較為親切，不似釋氏動以恍惚支離之語愚駭庸俗也。與人言恂恂有禮，詞辯扣之不竭。異域中亦可謂有人也已！」

沈德符《野獲編》[5]云：「利西泰發願力以本教誘化華人，最誹釋氏。曾謂余曰：君國有仲尼，震旦聖人也。然西狩獲麟時已死矣。釋迦，亦蔥嶺聖人也。然雙樹背痛時亦死矣。安得尚有佛？余不謂然，亦不以為忤。性好施，能緩急人，人亦感其誠厚，無敢負者。其徒有龐順陽，名迪峨，亦同行其教，居南中，不如此君遠矣。」

4 一五六七—一六二四年，字在杭，號武林、小草齋主人，晚號山水勞人。明代官員、作家。著有《五雜俎》，內容包含天文、地理、草木、器物、經濟文化、政治軍事等。書名原應作《五雜組》，意為各色交織的絲帶之意，因唐人段成式著有《酉陽雜俎》，遂被後人訛誤。

5 《野獲編》即《萬曆野獲編》，為沈德符仿唐人歐陽修《歸田錄》體例所作之隨筆，記萬曆以前典章制度、軼事奇聞、山川風土等事，亦有保存戲曲小說相關資料，可補充正史未記之事。

支允堅[6]《異林》云：「大西洋國利瑪竇，入中國來，日夜觀經史，因著《友論》，多格言。所挾異寶，不可縷數。最奇者有方金一塊，長尺許，起之則層層可披閱，乃天主經也。」

張爾岐《蒿庵閒話》云：「利瑪竇萬曆辛巳來貢，上命馮琦叩所學，惟嚴事天主，精器算耳。瑪竇初至廣，下舶，髡首袒肩，人以為西僧，引至佛寺，搖手不肯拜，譯言我儒也。遂僦館延師讀儒書。未一二年，四子五經皆通大義。乃入朝京師。所言較佛氏差為平實，大指歸之敬天主，修人道。寡慾勤學，不禁殺牲。專以闢佛為事，見諸經像及諸鬼神像，輒勸人毀裂。」

張爾岐者，顧炎武〈廣師篇〉所謂「獨精《三禮》，卓然經師，吾不如張爾岐」，即此人也。右所舉諸人，皆負時望，其批評天主教如此，可見當時士論之一斑。雖然，反對口中，每造謠言，旁觀議論，或出誤會。然正可由謠言之所由起，或誤會之所由生，而得事實之真相。此教外典籍之所以有裨於教史也。

6 字子固，號梅坡居士，明代人。所著《異林》又名《梅花渡異林》，內容包含軼史隨筆、時事漫記、藝術評論等。

下編

七、教士之品學

今試從教外典籍，窺當時教士之品學。李日華，《明史．文苑傳》有傳，撰《紫桃軒雜綴》，有云：「大西國在中國西。世廟末年，國人利瑪竇航海入廣東，居廣二十餘年，盡通中國語言文字。瑪竇紫髯碧眼，面色如桃花，見人膜拜如禮；人亦愛之，信其為善人也。余丁酉秋，遇之豫章，與劇談，出示國中異物。瑪竇年已五十餘，如二三十歲人，蓋遠夷之得道者。汗漫至此，已不復作歸計。余贈之詩云：浮世常如寄，幽棲即是家。彼真以天地為階闥，死生為夢幻者。較之達磨流沙之來，抑又奇矣。」

丁酉為萬曆廿五年。曰善人，曰得道者，可見利瑪竇之品；曰盡通中國語言文字，可見利瑪竇之學。《明史．意大里傳》亦云：「其國人東來者，大都聰明特達之士，意專行教，不求祿利。其所著書，多華人所未道，故一時好異者咸尚之。」又曰：「公卿以下重其人，咸與晉接。」

西甌李王庭著《誅邪顯據錄》，詆教之書也。有云：「記函一件，其鄙夷不屑我輩，莫此為大。

夫天生聰明，將自我作古，即一目十行，一覽無遺，何代無之。乃託名倒記背誦，既使下愚之夫希其捷，即中材之士認為真，孰知此萬萬無有之理。」

三山陳侯光著〈辨學芻言自敘〉云：「近有大西國夷，航海而來，以事天之學倡。其標號甚尊，其立言甚辨，其持躬甚潔。闢二氏而宗孔子，世或喜而信之，且曰聖人生矣。」

仁和應撝謙，學者稱潛齋先生，著《天主論》，闢天主教云：「萬曆間有利瑪竇者，與其徒浮海而來，傳其國宗天主之教。自竇來後，其國人往往有至者，大抵聰明才辯，多有俊士。竇初入中國，一字不識，數年之後，能盡通經史之說。」

凡此皆明季至康熙初年之議論也。天主教初來，教士多喜讀漢籍，如利瑪竇、艾如略、龐迪我、陽瑪諾、湯若望、利類思等[7]，皆注意中華文字。惟故宮懋勤殿有羅馬使節嘉樂《來朝日記》，記康熙五十九年十二月廿二日康熙諭旨，謂在中國之眾西洋人，並無一人通中國文理者，惟白晉一人，稍知中國書義，亦尚未通云云。使利類思當時尚在，康熙必不能為是言。可見康熙末年教士之風氣，與前已不盡同矣。

7 Lodovico Buglio (1606–1682)，漢名利類思，字再可，耶穌會傳教士。陸續在澳門、成都、北京等地傳教，並翻譯及撰寫大量與宗教有關的作品。

八、教徒之流品

今又試從教外典籍窺當時教徒之流品。《聖教史略》引《南宮署牘．參遠夷第一疏》云：「臣初至南京，聞其聚有徒眾，營有室廬，即欲擒治驅逐。而說者或謂其類實繁，其說浸淫人心，即士君子，亦有信向之者。臣不覺喟然長歎。」此教徒流品，由沈㴶疏中見得，實為教史最佳史料。《明史．沈㴶傳》亦云：「西洋人利瑪竇入貢，因居南京，與其徒王豐肅等倡天主教，士大夫多宗之。」曰士君子，曰士大夫，其為知識階級可知也。

袾宏和尚撰〈天說〉云：「一老宿言，有異域人為天主教者，子何不辨？予以為教人敬天，善事也，奚辨焉。老宿曰：彼欲以此移風易俗，兼之毀佛謗法，賢士良友，多信奉故也。」又云：「現前信奉士友，皆正人君子，表表一時，眾所仰瞻以為向背者，予安得避逆耳之嫌，而不一罄其忠告！」奉教者為賢士良友，正人君子，此反對者之言也。

黃貞《闢天主教書》云：「邇來有天主教中人利瑪竇會友，艾姓，儒略名，到吾漳，而鈍漢逐隊皈依，深可痛惜。更有聰明者，素稱人傑，乃深惑其說，堅為護衛，煽動風土，更為大患。」皈依有鈍漢，深惑其說者有人傑，亦反對者之言也。

雖然，明末天主教，是否偏於士大夫，而忽略一般民眾？曰，不然，不然，有《南宮署牘》鍾鳴仁、鳴禮兩案所載逮捕人犯之供詞在。文繁改製為表，可以窺見當時教徒職業之一斑，未嘗忽略一般民眾也。

萬曆四十五年第一次南京教案人名表一

姓名	年歲	籍貫	職業	進教緣由	判案結果
鍾鳴禮	三四	廣東新會	修士	其父入教	送法司定罪
張寀	二三	山西曲沃	推水	因同鄉稱說	同
余成元	二九	南京衛 原籍江西	種園	因表叔曹秀勸	同
方政	三二	安徽歙縣	描金	其叔入教	同
湯洪	三二	上元	未詳	其兄舅皆入教	同
夏玉	三三	南京衛	賣糕	因曹秀勸	同
周用	六八	江西東鄉	刷印	因王豐肅勸	釋放
吳南	二四	羽林衛	刷印	未入教	

萬曆四十五年第一次南京教案人名表二

姓名	年歲	籍貫	職業	進教緣由	判案結果
鍾鳴仁	五五	廣東新會	修士	其父入教	送刑部定罪
曹秀	四〇	江西南昌	結帽	因妻疾祈福	同
姚如望	六一	福建莆田	挑腳		同
游祿	五三	江西南昌	髭頭	因羅儒望勸	同
蔡思命	二二	廣東新會	書童	投王豐肅家	同
王甫	三一	浙江烏程	看園	因余成元勸	遞解回籍
張元	三二	江西瑞州	結帽	因仰慕王豐肅	發縣看管
王文	三〇	江西湖口	補網	因姐夫曹秀勸	釋放
劉二	三九	江西都康	木匠	因王豐肅勸	同
周可斗	二七	江西湖口	結帽		同
王玉明	二九	福建邵武	煮飯		同
三郎	一五	上海	孤兒	祖父送入天主堂	遞解回籍
仁兒	一四	直隸保定		由父賣與龐迪我	發僧錄司收養
龍兒	一四	直隸淶水	孤兒	伯父賣與龐迪我	同
本多	一四	廣東東莞	父當軍		交伊父領回
熊良	一四	江西南昌	父木匠		同

其中姚如望者，乃一六十老人，以挑腳為生。案作，手執黃旗，口稱願為天主死，遂被獲。教徒流品，在清人中有一特別階級，旗人是也。宗室中如蘇努諸子，簡親王德沛等，足為其代表。嘉慶十年五月廿日上諭有云：「前因京師西洋堂人有與旗民往來習教，並私刊清漢字書籍傳播之事，當交軍機大臣將檢出書籍查看。旋據簽出各條，如婚配訓言內，稱外教者如同魔鬼奴才等語。又稱當時有一貝子，終日行非禮之事，福晉極力勸之不從等語。貝子福晉之稱，西洋人何從知悉，自係與旗人談論，知此稱號，妄行編載。」此考據並不誤，嘉慶十年發見旗人奉教之案多起。

四月刑部奏審明德天賜託寄地圖案內，有「旗人佟恒善，雖非先生會長，而蠱惑尤深，並有雖奉諭旨，亦不敢違悖天主之語。又有佟瀾，身係旗員，諭以如願出教，尚可仰邀格外天恩，免其治罪。乃再三開導，該員執迷不悟，堅稱不願出教」等語。又有「副參領李慶善，事任職官，膽敢違禁，潛習洋教。經臣等面加訓誨，多方開導，竟仍執迷不悟」等語。

九、教徒之安分

至於當時教徒之是否安分，亦可從反對者口中見之。民國十四年，余在故宮懋勤殿發見康熙親筆刪改諭西洋人摺一件，中述康熙五十九年十一月十八日，上召西洋人蘇霖等十八人至乾清宮西暖閣，上面諭「爾西洋人自利瑪竇到中國，二百餘年，並無貪淫邪亂，無非修道，平安無事，未犯中國法度」云云。貪淫二字，係康熙硃筆所加，寥寥數言，勝於教會史自說百句。

雍正二年十月，兩廣總督孔毓珣奏，亦有云：「臣思西洋人在中國，未聞犯法生事，於吏治民生，原無大害。然曆法算法各技藝，民間俱無所用，別為一教，原非中國聖人之道。」

乾隆四十三年正月，陝西巡撫畢沅奏，查獲陝省商州天主教人犯一摺，稱「四十二年冬至後，趙金城正欲聚會念經，即被訪聞拿獲。再四刑詰，堅供並無別項邪術，煽惑不法，以及藉名斂錢治病等事。查天主教久奉例禁，趙金城輒敢攜帶祖遺圖像，聚集念經。雖究無書符咒水，夜聚曉散等事，亦屬不法。」

乾隆五十年二月，護理江西巡撫李承鄴奏在萬安縣劉桂林山寮內，拏獲傳教西洋人李瑪諾，搜出經卷圖像，念珠十字架洋錢等物。別無不法字跡。

同年五月，福建巡撫雅德，奏在邵武縣拏獲原有天主教犯案之吳永隆等，搜出破舊經本，並不全十字架，查無別樣不法字跡等情。又拏獲自江西貴溪縣來閩之西洋人方濟覺一名，並先經容留方濟覺之伊益德等，又於該犯等家起出十字架齋單等物，亦無別樣不法字跡。

乾隆五十年十月初八日上諭：「前因西洋人吧哋哩㖟等，私入內地傳教，經湖廣省查拏，究出直隸、山東、山西、陝西、四川等省，俱有私自傳習之犯。業據各該省陸續解到，交刑部審擬，定為永遠監禁。第思此等人犯，不過意在傳教，尚無別項不法情事。」

嘉慶十年十一月，大學士管理刑部事務董誥等奏：「內閣抄出兩廣總督那彥成等奏，拏獲接引西洋人欲赴山西傳教之李如，審明定擬一摺。臣等提犯嚴詰，李如等堅供伊等學習天主教，只係禮拜吃齋，悔過勸善，並無不法別情。質之若亞敬，亦稱伊等西洋人習教，不過勸善改過，是以隨同接引，前往傳教，實無別項情弊。矢口不移，似無遁飾。查核譯出番字經卷，只係鄙俚虛誕之詞，誘人傳習，尚無違悖字句。」

曰未聞犯法生事，曰並無別項邪術，曰別無不法字跡，曰尚無不法情事，曰實無別項情弊，曰尚無違悖字句，此等證明，比任何宣傳為有力。此當時教徒之安分，可從歷朝檔案證明之者也。

十、奉教之熱誠

至論人民奉教之是否熱誠，則頃所說奉教旗人，雖奉諭旨，亦不敢違背天主，可謂極奉教之熱誠矣。此與蘇努諸子，甘願正法，不肯改易，志節正同。明末建溪魏濬撰《利說荒唐惑世》云：「利瑪竇以其邪說惑眾，士大夫翕然信之。竇既死，其徒所至譸張，南宗伯參論驅逐，始散去。然惑于其說者，堅而不可破。人情之好異如此。」

又《破邪集》有崇禎十年十一月初一日福建巡海道施邦曜告示，施邦曜《明史》有傳，其示略云：「天主教自利瑪竇航海而來，闡揚其說，中國之人，轉相慕效，莫覺其非。本道細閱其書，大概以遵從天主為見道，以天堂地獄為指歸，人世皆其唾棄，獨有天主為至尊。巧詞深辨，足新好異之聽聞；細小伎能，足動小民之嗜好。於是窮鄉僻壤，建祠設館，青衿儒士，投誠禮拜，堅信其是而不可移。如生員吳伯溢，以縉紳之後，甘作化外之徒；黃尚愛等，田野匹夫，堅為護法之眾。本道諭令尚愛等悔悟徙教，免其戒責，彼則寧受責而不肯悔，但云秀才不從，則某等亦不從矣。是何異教之令人信從，牢不可破如此。最可異者，方具詳間，有生員黃大成、郭邦雍，忿忿不平，直赴本道，為夷人護法，且以本道為古怪不近情者。此等情狀，似不普天下而入夷教不已。」

所謂縉紳之後者，指寧德吳國華，萬曆四十四年進士，兵科給事中。天啟間閹黨曹欽程，父事魏忠賢，為十狗之一，國華劾之，朝右為之動色。奉教之吳伯溢，即其後也。

軍機處檔案有乾隆十三年八月福建巡撫潘思榘密奏一件，略稱「臣等留心傳察，福寧府屬福安縣民人陷溺蠱惑於天主一教，既深既久，自查拿之後，稍知儆懼。然革面未能革心。節次密訪各村從教之家，凡開堂誦經，及懸掛十字架念珠等類，彰明較著之惡習，雖已屏除，而守產不嫁，不祀祖先，不拜神佛，仍復如故。本年閏七月內，司府各官，訪有省城居民李君宏、李五，兄弟二人，向係崇奉天主教。今西洋夷人華敬等，監禁省城，伊等復為資送物件進監，並代為傳遞消息。隨飭提拿嚴究，訊之李五等，其送食物進監，並有福安縣民繆上禹等，浼其轉送物件，已直供不諱。由此以觀，是民間堅心信奉天主教之錮習，終始不能盡除。華敬等夷人，向係伊等奉為神明之教長，在閩一日，伊等繫念邪教之心，一日不熄。」

又乾隆五十年五月，福建巡撫雅德奏：「在邵武縣拿獲原有天主教犯案之吳永隆等，前奉天主經教，已於二十四年獲案治罪。乃猶不知改悔，尚敢私自奉行。此等怙惡匪徒，若不嚴加懲創，無以端風俗而正人心。」

又嘉慶二十年三月二十六日上諭：「常明奏拏獲傳習天主教人犯一摺，此等傳教民人，煽惑鄉愚，執迷不悟，甚至以身罹王法為得昇天堂。陷溺人心，愍不畏死，實屬可惡。此案傳教為首之朱榮、童鰲，均著即處絞，其抗不悔教之唐正玒等，三十八犯，均應發新疆給額魯特為奴。內張萬效一犯，雖年已八十，但曾因傳教案內發遣收贖。茲怙惡不悛，著與犯婦楊曾氏、夏周氏，均不准收贖。」常明係四川總督。諭旨所科之罪愈重，其人奉教之烈愈彰，此由教外典籍可以見之也。

十一、教勢之興盛

至明末清初教勢之盛衰，可以奉教之人數，及傳播之地域覘之。《聖教史略》敘明末教友數目云，崇禎末年，教傳十三省，教友約十五六萬。而教外典籍，則每張大其詞，不止此數。

《南宮署牘．參遠夷第二疏》云：「每月自朔望外，又有房虛星昴四日為會期。每會少則五十人，多則二百人。蹤蹤如此，若使士大夫峻絕不與往還，猶未足為深慮。然而二十年來，潛住既久，結交亦廣，今且習為故常，玩細娛而忘遠略，比比皆是。」此萬曆間南京教務情形，從反對口中見得者也。而禮科給事中余懋孳則謂留都王豐肅、陽瑪諾等，煽惑群眾，不下萬人，朔望朝拜，動以千計。此張大其詞也。

崇禎間山陰王朝式撰〈罪言〉云：「查《南宮署牘》，狡夷入中國者才十三人耳，今則指不勝屈矣。建事天堂，聚眾惑民，止留都洪武岡一處耳，今則延及數省矣。擦聖油，淋聖水者，特八九擔豎，今則縉紳先生，且為其書弁首綴尾，頌功揚德，加吾中國聖人數等矣。向使當日諸公及見如是，其痛哭流涕又可勝道耶！」

又黃貞《闢天主教書》云：「今南北兩直隸、浙江、湖廣、武昌、山東、山西、陝西、廣東、河南、福建福州興泉等處，皆有天主教會堂，獨貴州、雲南、四川未有耳。而今日縉紳大老士君子，入其邪說，為刊刻《天主教書義》，為撰〈演天主教序文〉，目睹所及甚多，可患可憤。」此崇禎間教務情形也。

康熙間楊光先與許之漸書云：「天主教開堂於京師宣武門之內，東華門之東，阜成門之西。山東之濟南，江南之淮安、揚州、鎮江、江寧、蘇州、常熟、上海，浙之杭州、金華、蘭谿，閩之福州、建寧、延平、汀州，江右之南昌、建昌、贛州，東粵之廣州，西粵之桂林，蜀之重慶、保寧，楚之武昌，秦之西安，晉之太原、絳州，豫之開封，凡三十窟穴。」

其為天主教鼓吹，不亞於教會史，且可為教傳十三省之說，作一注腳。康熙時教勢之興盛，可於楊光先口中見之。

萬斯同著《明樂府》，有句云：

天主設教何妄怪，著書直欲欺愚昧。流入中華未百年，駸駸勢幾遍海內。

序云：「歐羅巴去中華十萬里。其國人利瑪竇輩，始泛海而來。善天文曆數諸技藝。所設天主教，怪妄特甚，其徒相繼而來，幾蔓延於中國。中國人亦多惑其教者。」萬先生為《明史》主撰人，其言如此，可見當時學者心目中之天主教矣。萬先生同鄉全祖望，〈詠湯若望日晷歌〉亦有句云：

為憶利生初戾止，一枝托跡擬微禽。香山旅舍聽夜雨，北平墓樹泣秋霖。如何所學頓昌大，不脛而走且駸駸。

全先生所見，在乾隆初年。時雖禁教，而其勢且駸駸，與康熙時同。吾人可根據兩先生之詩，而知康乾教勢之盛矣。

十二、教徒之教外著述

至於教徒之教外著述，關係教徒之學問品格，教史每不記載，亦可於教外典籍求之。如李之藻之《頖宮禮樂疏》，徐光啟之《詩經六帖》等，雖與教旨無關，近亦有人注意。《頖宮禮樂疏》，採入

《四庫全書》，原本流傳間有。惟《詩經六帖》則久已不存。去年徐公三百周年紀念，余曾為上海耶穌會徐司鐸抄得殘本一部，寄藏徐匯藏書樓。此外如楊廷筠之《易顯》六卷，見於《經義考》及《明史．藝文志》，《楊氏塾訓》六卷，見於《千頃堂書目》。張星曜之《通鑑紀事本末補後編》五十卷，其手稿同治間為丁禹生日昌所得，見莫友芝《宋元舊本書經眼錄》。此等書籍，教會似應收集。張星曜字紫臣，仁和人，曾輯《天教明辨》二十卷，據其自序，謂康熙十七年領洗，時年四十六。序作於康熙五十年，時年七十九矣。《通鑑紀事本末補後編》，作於康熙廿九年庚午，亦清初教徒中之能述作者也。

乾隆初宗室德沛，著《周易補注》，余曾見八卷本，去年輔仁大學圖書館收得一部，十一卷，知余前所見本實缺三卷。

余嘗謂教徒應與教外發生關係。然欲與教外發生關係，必須有教以外之著述。利瑪竇諸西士之所以能與教外人士接近者，亦以其天文地理之著述也。利瑪竇以西說著《友論》，除單行本外，教外人翻刻者，以予現在所知，有：《寶顏堂祕笈》、《一瓻筆存》、《廣百川學海》、《小窗別紀》、《山林經濟籍》、《續說郛》、《堅瓠祕集》、《鬱岡齋筆麈》等八本。教士著述，為教外人所翻刻者，鮮有若是之眾者也。其他天文地理之書，《四庫全書》亦不能不著錄。清人考據之風極盛，考經書算學天文者，為《尚書》釋天者，言觀象授時者，皆不能不引用利瑪竇、湯若望之說。非然者，一部經解，何能與天主教發生關係。憶民國十一二年間，英斂之先生介紹余與鮑潤生司鐸相識，云鮑正翻譯《楚辭》。余甚為驚訝，以天主教與《楚辭》不易發生關係。惟明末西士陽瑪諾著《天問略》，後刊入《藝海珠塵》，天問二字，實本《楚辭》。雍正間《山帶閣注楚辭》〈遠遊〉、〈天問〉諸編，引用利瑪竇、陽瑪諾、傅汎際、湯若望之說，為天主教與《楚辭》發生關係之始，蓋已二三百年於茲矣。其引利瑪竇說，稱為利山人，因利亦曾自號為大西域山人也。余有〈題鮑潤生司鐸譯楚辭〉二絕，今錄如下，以博一粲：

屈子喜為方外友，騫公早有《楚辭音》。如今又得新知己，鮑叔西來自柏林。

演西也是西來客，〈天問〉曾刊《藝海塵》。此日若逢山帶閣，引書定補鮑山人。

隋釋道騫《楚辭音》，最有名。陽瑪諾，字演西，故云。

〔載於《北平圖書館館刊》第八卷第二號（一九三四年三、四月）〕

浙西李之藻傳

李之藻者，杭州仁和人也，字振之，又字我存，萬曆二十六年會魁。二十九年，義大利耶穌會士利瑪竇至京，瑪竇精通儒術，一時名士均樂與之遊，之藻過從尤密，間商以事，往往如其言則當，不如其言則悔，遂大傾服而問道焉。萬曆三十一年，瑪竇著《天主實義》，即與之藻等質疑送難而成者也。論道之餘，兼及理數，明季學者，喜言心性，而之藻於天文、地理、幾何、算術、美術、音樂、工藝諸學，皆能致精思。楊廷筠嘗曰：「往余晤西泰利公京邸，與譚名理數日，頗稱金蘭，獨至幾何圜弦諸論，便不能解。公歎曰：自吾抵上國，所見聰明了達，惟李振之、徐子先二先生耳。振之夙稟靈心，兼容武庫，而復孜孜問學，意有所向，輒屏營一氣，極慮研精，以求至當，故獨至之解，每不可及，用志不分也。」徐光啟亦亟稱之藻，曰：「吾友李水部振之，卓犖通人，生平相與慨歎算術之書，大都古初之文十一，俗傳之言十八。既而相與從西國利先生遊，其言道言理，皆返本蹠實，絕去一切虛玄幻妄之談。惜余與振之出入相左，振之兩度居燕，譯得算術如干卷，既脫稿，余始間請而共讀之共講之，大率與舊術同者，舊所弗及也；與舊術異者，則舊所未有也。」之藻居燕數年，與瑪竇譯成《乾坤體義》，復自著《渾蓋通憲圖說》、《圜容較義》等。其序《渾蓋通憲圖說》曰：「昔從京師識利先生，示我平儀，其制約渾為之，刻畫重圜，上天下地，得未曾有，耳受手書，頗亦鏡其大凡，旋奉使閩之命，往返萬里，測驗無爽，不揣為之圖說，間亦出其鄙謭，會通一二。」其序《圜容較義》曰：「昔從利公研窮天體，因論圜容，拈出一義，次為五界十八題，譯旬日而成編，名曰《圜容較義》，殺青未竟，被命守澶，時戊申十一月也。」之藻雖交瑪竇十年，而未嘗領洗。領洗者，奉教時一種典禮，用以滌蕩前愆者也。其未受洗時所著，尚有《頖宮禮樂疏》十卷，清《四庫》著錄〈史部．政書類〉，盛稱其因數制律，自成一家，為宋以來所未有。其書言歷代崇祀孔子之禮，並孔廟禮器樂器，圖繪工細，參西洋畫法。之藻於音樂，不獨明其理，且習其法，故疏解特詳，而終於鄉飲酒鄉射禮，稽古證今，考辨賅博，其〈樂舞疏〉持論尤精，謂：「人生而成童，血氣筋骨，漸以充盈，有所不容遏，聖人因而導之以舞，迨身心性命之學興，而此道遂絕，已逾千載。」蓋有慨乎言之也。是書不知撰自何年，其論射儀，有「二百五十年來，文盛教洽，士夫漸思復古」之說，所謂二百五十年者，當為萬曆四十五年，然觀其從祀沿革，則止於萬曆二十二年從祀啟聖祠之周輔成，而不及四十二年從祀兩廡之羅從彥，是此書必成於萬曆四十二年以前，明二百四十年以後，為之藻未受洗前一二年所著也。萬曆三十八年二月，之藻忽患病，京邸無眷屬，瑪竇躬為調護，親切如家人。及病篤，自忖必死，立遺言，請瑪竇主之。瑪竇慰藉備至，之藻幡然，參徹於生死之際，遂受洗禮，聖名良，因號涼庵居士，並捐百金為聖堂用。已而病愈，語人曰：「此後有生之年，皆上帝所賜，應盡為上帝用也。」之藻病愈未久，而瑪竇卒，乃為瑪竇經紀其喪，復為瑪竇同會龐迪我、熊三拔疏請於朝，賜瑪竇葬地。時南京、上海，久已開教，而杭州尚付闕如。三十九年，之藻丁父憂，告歸，乃邀郭居靜、金尼閣二司鐸，及修士鍾明仁入越，館於家，喪葬儀式，悉從教禮。其後別僦一屋為聖堂，一六一一年五月八日，行第一次彌撒禮於杭州，之藻招致二司鐸之力也。之藻里人楊廷筠，字仲堅，萬曆二十年進士，閩人丁志麟嘗記其事蹟，附刻楊所著《代疑編》後。之藻父喪，廷筠往弔，因晤郭、金二司鐸，與論道，娓娓不倦，繼請領洗，司鐸以廷筠有妾，靳弗予。廷筠謂之藻曰：「泰西先生奇甚，僕以御史事先生，詎不能容吾一妾耶！」之藻歎曰：「惟其如是，乃可以挽頹俗。」廷筠感悟，終屏妾異處而受洗焉，時年五十五矣。洗之日，朝服入堂，以之藻為其代父。是時武林佛教正盛，袾宏和尚，說法雲棲，聲氣遍東南，而《天主實義》、《畸人十篇》等，適以是時先後至杭，之藻一一序而行之。廷筠故禮佛，今亦以之藻之紹介，逃佛歸真，遂大惹佛教人之側目，居士虞淳熙有〈天主實義殺生辯〉，袾宏和尚有四〈天說〉，皆浙人對於當時天教下攻擊者也。袾宏並云：「現前信奉士夫，皆正人君子，表表一時，眾所仰瞻以為向背者，予安得不辯。」即指之藻、廷筠輩也。初，欽天監推三十八年十一月壬寅朔日食不驗，禮部奏精通曆法如邢雲路、范守己，請改授京卿，共理曆事，翰林院檢討徐光啟、南京工部員外郎李之藻，精心曆理，可令同譯西法，疏入留中。未幾，雲路、之藻皆召至京，參預曆事，雲路據其所學，之藻則以西法為宗。四十一年，之藻已改銜南京太僕寺少卿，奏上西洋曆法，言：「監官推算日月交食，每多差謬，有大西洋國陪臣龐迪我、熊三拔、龍華民、陽瑪諾等，慕義遠來，讀書談道，俱以穎異之資，洞知曆算之學，攜有彼國書籍極多，久漸聲教，曉習華言，在京仕紳，樂與講論。其言天文曆數，有我先賢所未及道者。迪我等不徒論其度數而已，又能明其所以然之理，所製窺天窺日之器，種種精絕。昔年利瑪竇最稱博覽超悟，其學未傳，溘先朝露，士論惜之。今迪我等年齡向衰，失今不圖，政恐後無人解。乞敕下禮部亟開館局，首將陪臣龐迪我等所有曆法，照依原文，譯出成書，其於鼓吹休明，觀文成化，不無裨補也。」事詳《明史．曆志》。其時庶務因循，未暇開局。之藻復演利瑪竇之旨，著《同文算指》十卷，曰：「往遊金臺，遇西儒利瑪竇先生，精言天道，旁及算指。其術不假操觚，第資毛穎，喜其便於日用，退食譯之，久而成帙。僕性無他嗜，自揆寡昧，遊心此道，今廟堂議興曆學，通算與明經並進，傳之其人，儻不與九執同湮也。」先是之藻等既以講道招武林沙門之謗，今復以修曆引京朝監官之嫌，忌者愈多，巨禍遂作。四十四年八月，南京教案，主之者為之藻里人吳興沈㴶，㴶事蹟具《明史》本傳，世所傳《南宮署牘》，即㴶署南禮部時公牘也。中有《參遠夷疏》三篇，其第一疏有曰：「臣初至南京，即欲修明本部職掌，禽治逆夷，而說者或謂其類實繁，其說浸淫人心，即士君子亦有信向之者，況乎閭左之民，臣不覺喟然長歎。」其第二疏有曰：「若使士大夫峻絕，不與往還，猶未足為深慮。然而二十年來，結交既廣，搢紳且習為故常，玩細娛而忘遠略，比比皆是。」所謂士君子、士大夫，亦指之藻、廷筠輩也。之藻、廷筠、㴶，皆浙人，曩嘗同官京朝，相知極稔。㴶既有意與教士作難，又有大學士方從哲為其內應，從哲亦浙人，以故不候朝旨，遽興大獄，王豐肅、鍾明禮、鍾明仁等三案，逮捕至二十六人。王豐肅者，意大利司鐸；二鍾兄弟，廣東新會人，修士也。王後更名為高一志，明仁曾與於杭州開教之役，出獄後卒於廷筠家。當是時護教最力者，內則有徐光啟，傳誦一時之〈辯學疏〉，即為漼疏而辯者也；外則為之藻與廷筠，辛苦艱難，年餘其禍始熄。天啟元年三月，瀋、遼繼陷，京畿籌戰守甚急，之藻素研銃術，以光啟之薦，授光祿寺少卿，兼管工部都水清吏司郎中事。五月，之藻疏請取澳商西銃來京，曰：「香山西商所傳大銃，臣向經營有緒。其銃大者長一丈，圍三四尺，口徑三寸，中容火藥數升，雜用碎鐵碎鉛，別加精鐵大彈，亦徑三寸，重三四觔，火發彈飛，二三十里之內，攻無不摧，其餘鉛鐵之力，可及五六十里。其製銃或銅或鐵，每銃約重三五千觔。其放銃之人，明理識算，祿秩甚優，不以厮養健兒畜也。臣在籍時，少詹事徐光啟奉敕練兵，欲以此銃在營教演，託臣與原任副使楊廷筠合議，遣臣門人張燾往購，得大銃四門，此去年十月間事也。值光啟謝事，諸人回澳，臣與光啟、廷筠，慚負西商報效之志。今光啟奉旨召回，而臣不才，又適承乏軍需之事，反復思惟，此器不用，更有何器。近聞張燾將銃運至江西廣信地方，尤宜馳取。原議澳工頭目，每名每年安家銀一百兩，日用衣糧銀一百三十六兩，餘人每名每年銀四十兩，緣此善藝澳工，非此無以致之也。如謂廩費太重，則今各處所養無能之將，無用之兵，歲糜若干，寧堪查覈。」疏上，沈漼復入相，陰尼之藻等，不能盡用所長也。而南京部員徐如珂、余懋孳等，迎合漼意，復劾之藻與光啟、廷筠三人，為邪教魁首，氣焰更張。諸西士咸被放逐，其竄杭州者，分匿於之藻、廷筠家，始獲免。二年七月，沈漼罷，外患日亟，內亂乘之，紅丸移宮，黨禍迭起。明年，之藻復告歸，廬居靈、竺間，名其園曰存園，自號存園寄叟。專心譯著，不聞外事，自天算輿地以外，更及物理名理諸書。艾儒略《職方外紀》成，之藻序之曰：「萬曆辛丑，利氏來賓，余從僚友數輩訪之。其壁間懸有大地全圖，畫線分度甚悉，利氏曰：『此我西來路程也。』因為余說地以小圓處天大圓中，度數相應，俱作三百六十度。余依法測驗良然，迺悟唐人畫方分里，其術尚疏，遂為譯以華文，刻為萬國圖屏風。居久之，有瀆呈御覽者，旋奉宣索，因其版已攜而南，中貴人翻刻以應。會閩稅璫又馳獻地圖二幅，皆歐羅巴文字，得之海舶者。時利已即世，龐、熊二友留京，奉旨繙譯。龐附奏言地全形凡五大洲，今闕其一，不可不補。乃先譯原幅以進，別又製屏八扇，楷書貼說甚細。余以甲寅赴補，幸復睹焉。此圖延久未竟，龐、熊旋卒，余友楊仲堅氏與西士艾子，增輯為《職方外紀》，吾欲引伸其說，作《諸國山川經緯度數圖》十卷，《風俗政教武衛物產技藝》又十卷，以當職方之一鏡，有志未及也。」是年長安居民，掘地得碑，題曰〈大秦景教流行中國碑〉，碑稱唐貞觀九年，景教已至長安，宰臣郊迎，翻經內殿，法流十道，寺滿百城。岐陽張賡虞搨一紙寄之藻曰：「此教未之前聞，其即利氏西泰所傳聖教乎！」之藻得碑，讀之果與聖教悉合，大喜，為之書後，力表之，載《陽瑪諾景教碑頌正詮》。恆情是古非今，至是而數十年來學者疑信參半之聖教，乃得一有力之佐證，天下翕然向風矣，惜乎瑪竇不及見也。修士傅汎際者（《明史》「汎」作「兆」，誤），波爾杜曷[1]學士也，以天啟元年至中國，入杭州。之藻與譯希臘古賢亞利斯多特勒[2]之書，已成者有《寰有詮》[3]六卷，《名理探》[4]十卷，其價值不在歐幾里得《幾何》下，而不甚見稱於世，則以讀者之難其人也。《寰有詮》序曰：「余自癸亥歸田，即從修士傅公汎際，結廬湖上，形神並式，研論本始，每舉一義，心眼為開，遂忘年力之邁，矢佐繙譯，誠不忍吾當世失之。惟是文言夐絕，喉轉棘生，屢苦困難閣筆，乃先就諸有形之類，摘取形天土水氣火所名五大有者，而創譯焉。諸皆借我華言，翻出西義而止，不敢妄增聞見，致失本真。是編竣，而修士於中土文言，理會者多，從此亦漸能暢所欲言矣。於是乃取推論名理之書而嗣譯之。」書刻於崇禎元年，《明史．藝文志》列之〈道家〉，彼蓋以物理化學諸端，為鑪鼎丹鉛之屬也。《名理探》譯筆比《寰有詮》尤邃奧，其論愛知學原始，曰：「愛知學者，西云斐錄鎖費亞（近譯哲學），乃窮理諸學之總名，譯名則知之嗜，譯義則言知也。古有大知者三人，一索加德[5]，一霸辣篤[6]，一亞利斯多特勒。亞利為歷山大王[7]之師，所著書四百卷，物

1 即葡萄牙 (Portugal)。

2 Aristotle（西元前 384– 前 322），今譯為亞里斯多德，古希臘哲學家，柏拉圖的學生，並曾擔任亞歷山大大帝的導師。其思想與著作包含形上學、倫理學、邏輯、政治等。

3 原為葡萄牙科英布拉大學 (Coimbra University) 出版的教科書，內容主要有關亞里斯多德的天文學說，並提出支持或否定其觀點的論證。

4 同為科英布拉大學出版的教科書，內容是中世紀經院哲學中所述亞里斯多德的邏輯學。其中部分邏輯學用語的翻譯頗能傳達概念，至今仍沿用。

5 Socrates（西元前 470– 前 399），今譯為蘇格拉底，古希臘哲學家，擅長用對話的方式進行哲學辯證，被

物之性，性性之理，無不備解。其設教必務透明義理，因人識力有限，首作此書，引人開通明悟，辨是與非，辟諸迷謬，以歸一真，名曰絡日伽（近譯邏輯）。此云推論名理，大旨在於推通，而先之十倫以啟其門，博斐略又為五公稱之論，以為十倫先資矣。」此學在中國今日，尚未有一正名，豈知三百年前，已譯有此巨帙。此二書成，而之藻鬚髮俱白矣。始譯至訖事，蓋五易寒暑云。崇禎二年五月，乙酉朔日食，大統回回所推食分時刻，又與禮部侍郎徐光啟所推互異，而光啟法驗。朝旨切責監官，禮部再請開局修改，曰：「臣於萬曆四十等年，疏舉五人，為史臣徐光啟，臬臣邢雲路，部臣范守己、崔儒秀、李之藻，今三臣俱故，獨臣光啟現任本部，臣之藻以南京太僕寺少卿丁憂服滿在籍，似可效用。」報可。九月設局於宣武門內東城根首善書院，顏曰「曆局」，光啟為監督，之藻佐之，召西洋人龍華民等參其事。《新法算書》百卷，即當時所修，未成而之藻卒，時崇禎三年十一月，之藻奉教後二十年也。之藻未卒之前年，尚刻《天學初函》二十種，曰「初函」者，擬續刻也。而畢方濟《睡答》、《畫答》，楊廷筠《聖水紀言》等，亦均之藻梓行之。之藻博學多通，時輩罕

視為西方哲學的奠基者。

6 Plato（西元前 429– 前 347），今譯為柏拉圖，古希臘哲學家，師從蘇格拉底，著有《理想國》等書，其著作大多採對話錄形式。柏拉圖在形上學、倫理學、政治學、語言哲學、知識論等方面都有深遠影響。

7 Alexander the Great（前 356– 前 323），今譯為亞歷山大大帝，馬其頓國王，從二十歲繼位後開始征戰四方，創造了橫跨歐、亞、非三洲的亞歷山大帝國。

有其匹。其為文汪洋浩瀚，才氣四溢，時西士寓書羅馬者，無不稱之藻為此間才士，以故之藻於西士，殊有名。瑪竇本記憶學專家，之藻序《畸人》，稱瑪竇經目能逆順誦，之藻效之，相傳二人偶過一碑，共讀已，瑪竇背誦如流，之藻逆誦誤一字，瑪竇歎服，其聰穎有如此。其於聖教，未信時，不輕信，既信後，則拳拳服膺而弗失。其後半生精力，更盡瘁於譯書刻書，輸入西洋學術，以弘聖教，業亦偉矣，後人僅以疇人視之，淺乎哉！之藻子某，亦以傳教著，崇禎八年釋圓悟《辨天二說》，有「我存李先生公子引人入教」之語，可知也。夫杭之有基督教，不始於明。據《馬可孛羅遊記》，元時杭州第二市區，已為基督教徒所住。萬曆《杭州志》，元江浙行省左丞，有哈剌者，也里可溫人，並曾為浙西廉訪司僉事。也里可溫者，元稱基督教也。《書史會要》謂哈剌字元素，能文辭，工書，登進士第，官至中政院使。今年春，余遊西湖，閱《西湖遊覽志》，薦橋東有元也里可溫寺，地極宏敞，嘉靖間始改為謝三太傅祠，此寺之與哈剌，必與有關係者矣。哈剌之於杭州基督教，必與有鉅力焉者矣。然以哈剌問浙人，鮮知者，余深懼今後之視之藻，亦如視哈剌，因搜集其遺著並諸家記載而為之傳，時之藻卒後二百八十九年也。

〔作於一九一九年十月以前〕

湯若望與木陳忞

引　言

曩閱《乾隆東華錄》，載雍正十三年九月初四日諭，有昔年世祖章皇帝時，木陳忞大有名望，深被恩禮，而其所著《北遊集》，則狂悖乖謬之語甚多，已蒙皇考特降嚴旨，查出銷燬等語。《北遊集》固未見，即雍正嚴旨亦不見《聖訓》及《東華錄》，不知何以遺之也。民國十四年，在故宮懋勤殿硃改諭旨中發見關於佛教諭旨五通，一通題雍正十二年十一月廿二日，餘四通無年月，其中一通即為此旨，乃大喜，喜由此旨得窺《北遊集》內容，而乾隆之所以不將此旨載入《雍正實錄》及《聖訓》者，或因其引有《北遊集》原文也。諭雖無年月，然有御極已十年之語，又有茆溪森著追封為明道正覺禪師之語，據《清涼山志》，茆溪之封在雍正十一年五月，則此諭之發，正在其時。民國十九年曾將此諭在《文獻叢編》發表，惟《北遊集》求之累年不獲。前年四月，余無意中在平西某寺見之，凡六卷，顏曰《弘覺忞禪師北遊集》，因亟假錄，並以一部寄葉遐庵先生。卷首載敕書二，御札一，卷一為〈大內萬善殿語錄〉，卷二〈奏對機緣〉，卷三四〈奏對別記〉，卷五〈偈贊〉，卷六〈雜著〉，末附〈挽大行皇帝哀詞〉，無雕版年月。據《尤西堂集》，辛丑三月已得是集而讀之，則出版當在順治十八年春。木陳以順治十六年九月至京，十七年五月出京，此即其北遊日記。本題門人真樸編次，諭旨指為木陳撰者，恨之深故罪之也。今年暑假，楊丙辰先生視我新譯德人魏特著《湯若望傳》，凡十四章，四十餘萬言，余讀而善之，中所引《湯若望回憶錄》載順治朝軼事甚夥，足以補國史之闕略。嘗以與《北遊集》對讀，所言若合符節，間有差異，亦由宗教觀念之不同，事實並無二致，然後知雍正諭旨之強辯與矯飾，而世俗所傳順治時各種問題，亦可於此解答，至天主教與佛教當時勢力之消長，更可於此深切著明，茲特表而出之，宜亦談清初掌故及清初教史者所樂聞也。中華民國二十七年長至日新會陳垣識於北平李廣橋西街賃廬。

第一章　雍正諭旨之駁正

一、琇忞優劣問題

懋勤殿雍正諭旨第一段云：「昔我世祖章皇帝萬幾餘暇，留心內典，相傳國師玉林琇，禪師木陳忞，並蒙宣召，均荷眷注。而其實玉林琇之受知在先，恩禮優渥，及力辭告退還山時，皇祖留其徒茆溪森在京，欲令主席，玉林琇以森年齒尚少，遂轉薦木陳忞，如是始蒙召見。兩人之知遇，本自不同，厥後皇祖綸音再召，止及玉林琇，而不及木陳忞，是則玉林琇木陳忞之優劣，早已在聖心洞鑑中矣。」

以再召不再召定二人優劣，殊不察事實，因木陳順治十七年五月出京，七月再召玉林琇，十八年正月初七，帝已崩矣，雖欲再召木陳，豈可得哉？木陳〈挽大行皇帝哀詞〉第六首注云，忞歸山五月，上已二次遣官存問，故有「方辭鳳輦歸巖竇，又報山亭接玉音」之句。《天童寺志》載世祖賜道忞御書唐詩一幅，後識庚子冬日書，詩云：「洞房昨夜春風起，遙憶美人湘江水，枕上片時春夢中，行盡江南數千里」，此岑參〈春夢詩〉也。唐詩多矣，何獨書此以賜僧人，蓋是時董妃已卒，多情天子，念念不忘美人枕上，不覺遂於老和尚發之。然可見木陳歸後，帝眷未衰，不能以復召不復召定二人之優劣也。

至謂玉林受知在先，則玉林之先尚有憨璞聰，豈能以此謂憨璞優於玉林。又謂玉林還山時，皇祖留其徒茆溪森在京，玉林以森年齒尚少，轉薦木陳忞，夫茆溪入京，在玉林第一次還山之後，何得謂留。玉林悟道甚早，故門徒年長者多，茆溪與玉林同歲，順治十六年，師弟皆四十六，何得謂少。玉林轉薦木陳，兩方均無記載，出於臆測，亦未足為據。

惟木陳詞鋒，富排斥力，每有譚論，不問老輩同輩後輩，皆有微詞。如謂「雪嶠信作詩寫字，成得甚麼，湛然澄垛卒出身，一丁不識，漢月藏師心自用，鑿空見奇，覺浪盛下筆千言，稍欠精練，熊開元胸次未能灑然，達如不善用心，玉林上堂猶仍時套，寫真頭戴青帽，不合體制」等皆是。其後玉林子孫撰《玉林年譜》，反唇報之，並云師留供大內，恩蒙顧問者非一，然上如不問，則不敢強對，語不及古今政治得失，人物臧否。其言即為《北遊集》排斥眾人而發，以此論琇忞優劣，尚為近之。

二、弟子相待問題

雍正諭旨又謂《北遊集》述世祖諭旨，願老和尚勿以天子視朕，當如門弟子旅庵相待，此等尤為誕妄云云。旅庵名本月，隨木陳赴召，木陳還山，留住京師善果寺，此等是否誕妄，有《玉林年譜》可證。《年譜》載世祖請師起名，師辭讓，固謂師曰，要用醜些字眼，師書十餘字進覽，世祖自擇「癡」字，上則用龍池派中「行」字，後凡請師說戒等御札，悉稱弟子某某，即璽章亦有癡道人之稱，然師珍重世祖之深信，未嘗形之口吻楮墨，凡師弟子，俱以法兄師兄為稱。《年譜》所謂師珍重世祖之深信，未嘗形之口吻楮墨，蓋暗指《北遊集》而言，然既著之《年譜》，非形之楮墨而何。《年譜》非琇自撰，《北遊集》又何嘗為忞自撰，皆已託之門人編次，雍正之發覺與否，有幸不幸耳。《玉林年譜》有法孫超琦識語云，康熙十六年丁巳，今上皇帝命先師法嗣超崇至天目，請世祖皇帝宸翰回京。今上皇帝御覽後，復批云，世祖皇帝特賜老和尚御書，以光佛法，今遽收回，朕心甚為不忍，仍付住持和尚收存，惟皇壇請師說戒御諱法名拜帖，留存大內。則順治對玉林實有自稱弟子之事，對玉林如此，則對木陳之請以弟子相待，自屬可信，不得謂之誕妄也。

故友孟心史先生著《世祖出家事考實》，謂二十年庚午，遊浙東西諸山，至天童寺，讀奎煥樓壁嵌世祖與木陳敕及手札，札稱木陳師兄云云，似不可信。順治法名既取龍池派中「行」字，比木陳為下一輩，何能稱木陳為師兄，想是孟先生誤記耳。民國二十年是辛未，非庚午，亦偶訛也。《天童寺志》載世祖賜道忞御書唐詩，後識庚子冬日書，又御書「敬佛」二大字，未識為木陳老人書，御章曰體元齋，又曰太和主人，與平西法海寺石刻「敬佛」二大字所鈐御章相同。法海碑題庚子三月既望，癡道人為慧樞和尚書。慧樞名行地，玉林弟子，木陳法姪。慧樞稱和尚，豈有木陳反稱師兄之理，《寺志》載為木陳老人書，較可信。

三、龍性難攖問題

雍正諭旨又謂《北遊集》記載：「上龍性難攖，不時鞭扑左右，偶因問答間，師啟曰，參禪學道人不可任情喜怒，故曰一念嗔心起，百萬障門開者此也，上點首曰，知道了。後近侍李國柱語師云，如今萬歲爺不但不打人，即罵亦希逢矣。又萬歲爺極贊老和尚胸懷平坦，亦最慈和樂易云云。思此乃必無之事，明係憑空結撰者。蓋因木陳忞當日結交內侍，間中探問皇祖喜怒，而李國柱寺宦小人，本無知識，但見上意優待木陳忞如此，遂附會以答之。而木陳忞竟公然寫此一段，自以為功能，欲以盜竊名譽，似此世諦流布庸鄙之行，豈真抱道之人所為耶。」

夫《北遊集》應否記載此事，另一問題，然謂此乃必無之事，明係憑空結撰，則《湯若望回憶錄》記載此項事實尤眾，何以不約而同。魏特先生根據《回憶錄》所述順治性格有云：「他心內會忽然間起一種狂妄計畫，而以一種青年人們底固執心腸，堅決施行，如果沒有一位警告的人乘時剛強地加以諫止時，一件小小的事情，也會激起他的暴怒來，竟致使他的舉動如同一位發瘋發狂的人一般。」又云：「一個有這樣權威，這樣性格的青年，自然會作出極令人可怕的禍害，因為誰是敢來向這位火烈急暴的青年加以諫正的，他略一暗示，就足把進諫者底性命毀滅了。當時朝中惟若望有這膽量和威望，他不避一切，敢向皇帝指示所應走的道路。」

茲特錄其中最危險最出色之一次，以證明龍性難攖之問題。「順治十六年七月鄭成功陷南京，當這個噩耗傳至北京，皇帝完全失去鎮靜的態度，頗作逃回關外之想，可是皇太后向他加以叱責，他一聽太后底話，反而竟起了狂暴的急怒，拔出他的寶劍，宣言決不變更意志，要親自出征，用劍把一座御座劈成碎塊，皇太后枉然地用言詞來平復他底暴躁，另派皇帝以前的奶母勸誡皇帝，可是更增加了他的怒氣，他恐嚇著，要把她劈成碎塊，因此她就吃了一驚跑開了。各城門已經貼出布告，皇上要親自出征，登時全城內便起了極大的激動與恐慌，因為皇上的性格暴烈，在疆場上，一旦遇到不幸，極有可能的，那麼滿人的統治就要受危險了。

「在這時只有一個人可以幫忙，就是湯若望。各親王各部臣和許多官吏，列為一長隊，到若望館舍中，迫切地請求他援助，他良久拒絕不允，最後他竟讓步，順從他們的請求，他同傳教士蘇納和白乃心，暗自作一次會議，然後他又親自作了一封奏疏，到次日一早，他們三人先作了彌撒，禱告若望底舉動成功，然後若望就向他的兩位流著眼淚的同志作別。

「在宮殿門檻上，有一位同若望交好的內官，向他報告說，皇上已經有點安靜了。若望走至帝前，就把他的奏疏，呈遞上去，並且很深誠地懇求，不要使國家到了破壞地步，他不願有所見而不言。登時皇帝底情調就轉變過來，請若望立起，現在他知道瑪法底見解是好的。所以各城門上又貼出了一張新布告，皇上之出征已作罷論。因此若望便被稱為國家的救星，許多顯貴人物，都到他館舍來伏地叩頭向他和他的同志禮敬。」

此事《北遊集》亦有記載云：「上一日語師，朕前者因海氛之警，將親統六師，屆於南徐，會江寧捷至中止。若果南行，當親入天童見老和尚，不須法錫遠來也。」可見順治要親征之言不虛，不過未稱為湯若望諫止耳。然龍性難攖云云，經《湯若望傳》此次之描寫，而神情活躍矣，何得謂必無其事。

四、結交內侍問題

至謂木陳忞結交內侍，事無憑證，偶向內臣探問皇上消息，人情之常，湯若望亦不能免。惟《北遊集》有〈贈御用監承之楊居士〉一首云：「聖慮淵深詎易探，宸衷獨許智臣諳，知君自是儸陀客，索馬何曾卻奉鹽。」似不啻自招，然區區一詩，詎可據為定讞。《憨璞聰語錄》有贈太監詩十首，則甚可怪也，茲錄其目如下。

一、示內監澄寰何居士　二、壽司禮監弗二曹居士　三、贈太監總理振宇陳公

四、示太監明山李居士　五、示太監君弼謝居士　六、贈太監瑞雲馬居士

七、示太監珍宇程居士　八、示太監海藏李居士　九、示太監竹書王居士

十、示太監義山許居士

其只稱居士者，尚無從知其是否太監，其不見諸語錄者，又不知幾何也，其中另有〈贈弗二曹居士〉一首云：

玉柱擎天宰老臣，朝綱德政施仁民，珠璣滿腹飽儒業，心意朗明通教乘。昔日靈峰親囑付，今時法社賴維屏，毘耶不二默然旨，猶勝文殊多口生。

使無前〈壽司禮監曹居士〉一首，亦無由知此曹居士為太監也。曰「昔日靈峰親囑付，今時法社賴維屏」，護法而仰賴奄人，斯文掃地矣。其〈贈太監總理振宇陳公〉有云：「文華星斗蘸湖光，海宇扶風理總綱，信道歸心輔法社，施仁清政嚮朝堂。」又〈示太監海藏李居士〉有云：「佐佛如同常輔國，信心護念道心堅。」自古僧人與太監酬酢之多，恐鮮有如憨璞者也。順治十五年三月，有內監吳良輔等交通內外官員，作弊納賄，罪狀顯著一諭，正憨璞住持海會之時，今錄中獨無贈太監吳居士者，蓋此錄刻在吳伏誅之後矣。吳於順治十八年正月二日，曾在憫忠寺祝髮，見張宸《青瑣雜記》，其與佛有緣可知也。木陳贈憨璞詩云：

延平劍氣干牛斗，那更磨礱在帝旁，殺活從伊顛倒用，當鋒不犯一豪芒。

憨璞視木陳為猶祖，閩延平人，木陳稱之如此，亦以其常在帝旁歟，則結交內侍不在木陳而在憨璞也。

第二章　世俗傳說之解答

一、董妃來歷問題

董妃舊傳為秦淮名妓董小宛，故友孟心史先生著《董小宛考》已辨之。「董」本譯音，或作「棟鄂」，或作「董鄂」。順治《御製行狀》作董氏，滿洲人，內大臣鄂碩女，年十八入宮，順治十三年八月立為賢妃，九月晉皇貴妃，十二月初六日為冊皇貴妃頒恩赦。《實錄》略去九月一節，以冊貴妃與頒恩赦並書於十二月，今據《御製行狀》及金之俊撰傳，以見其承寵之驟也。

《湯若望回憶錄》述董妃來歷甚奇，當其未述董妃之先，先述順治十年復設內十三衙門之事云：

「順治自這個時期起，愈久愈陷入太監之影響中，這一種下賤人民，在朝代更替的時期，俱都被驅逐出宮，成千成百地到處漂泊，然而這時卻漸漸又一批一批收入宮中，照舊供職，這樣被收入宮中，而又從新紮根築巢的太監們，竟有數千名之多。這一些人們使那些喇嘛僧徒復行恢復他們舊日的權勢，還要惡劣的，是他們誘引性慾本來就很強烈的皇帝，過一種放縱淫逸生活。」

繼又云：「順治皇帝對於一位滿籍軍人之夫人，起了一種火熱愛戀，當這軍人因此申斥他的夫人時，竟被對於他這申斥有所聞知的天子，親手打了一個極怪異的耳摑，這位軍人於是乃因憤致死，或許竟是自殺而死。皇帝遂即將這位軍人底未亡人收入宮中，封為貴妃，這位貴妃於一千六百六十年產生一子，是皇帝要規定他為將來的皇太子的，但是數星期之後，這位皇子竟而去世，而其母於其後不久亦薨逝。」

據此所述，其為董妃無疑。〈御製行狀〉云：「后於丁酉冬生榮親王，未幾王薨，后意豈必己生者為天子始慊心乎，是以絕不縈念。」此與湯若望要規定他為皇太子之言相合，是為皇四子，康熙為皇三子，此子不殤，則繼承皇位者未必屬康熙也。

然所謂滿籍軍人者，究為何人，其夫人能接近皇帝，則非疏逖之臣可知，故有人疑此為順治之弟，名博穆博果爾，順治十二年十二月封襄親王者，太宗之第十一子也。治棲之俗，當時本不以為異，太祖第五子莽古爾泰死，其妻分給從子豪格及岳託，第十子德格類死，其妻給其弟阿濟格，順治五年豪格死，多爾袞又與阿濟格各納其福晉一人，此皆著之國史。博穆博果爾順治十三年七月初三日卒，年十六，二十七日服滿，即為八月，故董妃以八月冊賢妃，其時日適符也。

《實錄》載順治十年正月萬壽節，上問大學士陳名夏曰：唐朝家法何以甚醜。名夏奏曰：由太宗家法未善，致禍亂蔓延，然貞觀政治可比隆三代，惟能用人故耳。《北遊集》載：「上一日語師曰：『朕觀前代帝王，如唐之太宗，亦少年，雅能武戡亂，文經邦，今朕年齒不少，徒置身臣民之上，是以不敢自懷安佚。』噫，唐朝家法甚醜，帝知之，唐太宗之為人，帝亦極羨之；羨之可也，乃並巢王元吉之事亦效之耶，吾甚願有更新史料證明董妃之確非巢妃比也。」據初修《太宗實錄》，天聰時曾禁止婚娶繼母伯母嬸母嫂弟婦侄婦，諭曰：「明與朝鮮，禮義之國，同族從不婚娶。」今《太宗實錄》已刪此條。又順治十七年六月，內大臣伯索尼上言：「外藩法令宜寬，不許再醮同族之人為婚，太宗皇帝初定例時，因彼不能遵行，遂行停止，今如必令遵行定例，恐男女之間，反滋悖亂，請仍照舊例，以示寬容。」則此事在清初原不重視也。

二、宮人殉葬問題

殉葬之事，清初亦不以為諱，清太祖崩，遺令太妃從死，見初修《太祖實錄》。順治五年肅王豪格卒，以庶妃三人殉。順治六年豫王多鐸卒，以福晉二人殉。順治七年睿王多爾袞卒，以寵妾一人殉。皆見國史。乃懋勤殿雍正諭旨，謂玉林琇弟子骨巖行峰曾隨本師入京，作《侍香紀略》，荒唐誕妄之處，不可枚舉。如云端敬皇后崩，茚溪森於宮中奉旨開堂，勸朝廷免殉葬多人之死等語，我朝並無以人殉葬之事，不知此語從何而來云云。是真欲以一手掩盡天下目者也。

《湯若望回憶錄》，載貴妃薨逝，皇帝陡為哀痛所攻，竟至尋死覓活，一切不顧，人們不得不晝夜守著他，使他不得施行自殺。三十名太監與宮中女官，悉行賜死，免得皇妃在其他世界中缺乏服侍者。全國均須服喪，官吏一月，百姓三日。為殯葬的事務，曾耗費極巨量的國帑云云。與其後順治遺詔中所謂端敬皇后喪祭典禮，過從優厚，不能以禮止情，諸事踰濫不經，引為己罪之一者，足相印證。是骨巖所載未為誕妄也。

且〈御製董后行狀〉有云：「后天性慈惠，凡朕所賜賚，必推施群下，無所惜，故今宮中哀痛甚篤，至欲身殉者數人。」大學士金之俊奉敕撰〈皇后傳〉，稍易其詞，亦云：「后天性慈惠，平日宮中人均被賜予，咸懷其仁，故哀痛甚篤，願以身殉者多。」在〈御製行狀〉之意，不過欲明身殉者之出於自願而非強迫，並未嘗以殉為諱也。金之俊更將殉者數人改為願殉者多，則當日情事可知。順治不自諱，雍正何為而諱之。骨巖峰《侍香紀略》可禁，《湯若望回憶錄》又何從而禁之，只覺其欲蓋彌彰而已。

三、順治出家問題

順治出家之說，不盡無稽，不過出家未遂而已。順治之知有佛法，自憨璞聰始。憨璞聰者百癡元嗣，費隱容孫，容與木陳俱密雲悟嗣。密雲曾著〈辨天說〉，費隱曾著〈原道闢邪說〉，皆闢天主教，淵源所自，木陳與憨璞固與天主教夙不相容者也。

《憨璞語錄》載，順治十四年十月初四日，召對萬善殿。上問：「從古治天下，皆以祖祖相傳，日對萬機，不得閒暇。如今好學佛法，從誰而傳。」對云：「皇上即是金輪王轉世，夙植大善根，大智慧，天然種性，故信佛法，不化而自善，不學而自明，所以天下至尊也。」其說甚諛，為帝所喜。又能結納太監，有自作詩為證，已見前篇。木陳〈重修城南海會寺記〉云，海會寺創於嘉靖乙未，至順治丙申，歲久寺頹。都人士謀欲鼎新，乃請今憨璞聰公住持是刹，禪眾川趨，宗風大振。丁酉上狩南苑，因幸寺，廷見聰，復召入禁庭，問佛法大意，奏對稱旨，賜明覺師號。日昨上謂忞曰，朕初雖尊崇象教，而未知有宗門耆舊。知有宗門耆舊，則自憨璞始，憨璞固大有造於祖庭者也。

自是而後，玉林琇、茚溪森、木陳忞、玄水杲先後至京，有《三世奏對集》。三世者，琇、忞一世，森二世，聰、杲三世也。《北遊集》載上一日語師：「朕再與人同睡不得，凡臨睡時，一切諸人俱命他出去，方睡得著，若聞有一些氣息，則通夕為之不寐矣。」師曰：「皇上夙世為僧，蓋習氣不忘耳。」上曰：「朕想前身的確是僧，今每常到寺，見僧家明牕淨几，輒低回不能去。」又言：「財寶妻孥，人生最貪戀擺撲不下底。朕于財寶固然不在意中，即妻孥覺亦風雲聚散，沒甚關情。若非皇太后一人罣念，便可隨老和尚出家去。」師曰：「剃髮染衣，乃聲聞緣覺羊鹿等機，大乘菩薩要且不然，或示作天王人王神王及諸宰輔，保持國土，護衛生民。不厭拖泥帶水，行諸大悲大願之行。如祇圖清淨無為，自私自利，任他塵劫修行，也到不得諸佛田地。即今皇上不現身帝王，則此番召請耆年，光揚法化，誰行此事。故出家修行，願我皇萬勿萌此念頭。」上以為然。

此順治想出家之最初見於記載者也。時在順治十七年春夏之間，董妃寵方盛，何以忽萌此念。或疑其體力不支，故為此消極之言，亦頗有見。《北遊集》載上一日語師：「老和尚許朕三十歲來為祝壽，庶或可待。報恩和尚來祝四十，朕決候他不得矣。」師曰：「皇上當萬有千歲，何出此言。」上彈頰曰：「老和尚相朕面孔略好看。」揣懷曰：「此骨已瘦如柴，似此病軀，如何挨得長久。」師曰：「皇上勞心太甚，幸撥置諸緣，以早睡安神為妙。」上曰：「朕若早睡，則終宵反側，愈覺不安，必譙樓四鼓，倦極而眠，始得安枕耳。」師曰：「乞皇上早為珍嗇，天下臣民幸甚。」

按是年順治才二十三，自以為可支持至三十歲，則體力未為大憊。本年八月，忽有董妃之痛，經此打擊，勢不能支矣。《湯若望回憶錄》云：「此後皇帝便把自己完全委託於僧徒之手，他親手把他的頭髮削去，如果沒有他的理性深厚的母后和若望加以阻止時，他一定會充當了僧徒的。」據湯若望所記，與《續指月錄．玉林琇傳》所載，微有不同。然順治將髮削去，則為事實。《續指月錄》云：「玉林到京，聞森首座為上淨髮，即命眾聚薪燒森。上聞，遂許蓄髮乃止。」據此，則是茆溪森為上淨髮，非上自削之也。《玉林年譜》載：「十月十五日到皇城內西苑萬善殿，世祖就見丈室，相視而笑。世祖謂師曰：朕思上古，惟釋迦如來捨王宮而成正覺，達磨亦捨國位而為禪祖，朕欲效之何如。師曰：若以世法論，皇上宜永居正位，上以安聖母之心，下以樂萬民之業。若以出世法論，皇上宜永作國王帝主，外以護持諸佛正法之輪，內住一切大權菩薩智所住處。上意欣然聽決。」

此文最可注意者，為「相視而笑」四字，蓋是時上首已禿也。雖許蓄髮，而出家之念未消，故復以為問。玉林所答，與木陳略同。不久帝以痘崩，出家之事遂不果。故謂順治為出家未遂則可，謂其無出家之意，無出家之事則不可。而論者猶多謂一夫一妻之制，皇帝必不能行。則試問出家易乎？一夫一妻之制易乎？既可以出家，棄妻子棄天下如敝蹝，獨不可守一夫一妻之制乎？必不然矣。

四、順治火化問題

順治雖出家未遂，而崩後實曾施行荼毘。此事前人言者尚少，吾在《五燈全書·茆溪森傳》證實之，然龍藏本《茆溪語錄》已刪去此文矣。清太宗之崩也，康熙初修《順治實錄》，順治元年八月初九日下，本有甲子小祥，以國禮焚化大行皇帝梓宮一條，今本《實錄》亦刪之。荼毘美事，何庸為諱，不達之甚者也。近年盜發睿王多爾袞墳，聞只有空罈，並無棺槨，盜大失望。據湯若望所記，順治取消死去的攝政王末後佈置與命令，開始他的統治大權。人們對於死者大規模弔祭之後，竟把尸首焚燬，而將遺灰揚散於各方向之風地中，以為他所嘗試著要作的叛逆篡奪之懲罰。斯蓋湯若望觀察之不同，與《日知錄》所引黃震之言，以火葬為刑戮者，同一見解。其實多爾袞之火化，亦循當時國俗，未必以此為懲罰。湯若望對於董妃薨後之記載，曾云：「按照滿洲習俗，皇后皇妃底尸體，連同棺槨，並那兩座宮殿，連同其中珍貴陳設，俱都被焚燒。」據此則董妃亦曾施行荼毘者也，何云懲罰？

《玉林年譜》載：「順治十八年正月初二日早刻，佟大人奉旨往杭，請茆公為上保母秉炬。」上保母何時卒，無明文。然茆溪森十七年十月二十八日奉旨南還，上保母之卒，必在茆溪南還之後。據此則上保母亦曾施行荼毘也。

《五燈全書》引《茆溪森語錄》云：「世祖遺詔召師，至景山壽皇殿秉炬，曰釋迦涅槃，人天齊悟，先帝火化，更進一步。顧左右曰，大眾會麼，壽皇殿前，官馬大路，遂進炬。」此事不見後刻《茆溪語錄》，亦不見順康兩朝實錄，然《康熙實錄》中尚有遺跡可尋。順治十八年四月十七日，稱上詣世祖章皇帝梓宮前行百日致祭禮。康熙元年正月初七日，則稱上詣世祖章皇帝寶宮前行期年致祭禮。百日尚稱梓宮，期年則改稱寶宮，奉移孝陵時亦稱寶宮。寶宮所藏，靈灰而已。何日荼毘，蓋在百日後矣。迎茆溪者正月二日出京，還京之期，正當四月。其來本為保母，兼為大行，實出意外。

第三章　湯忞二人之比較

一、二人之知遇

二人之知遇，均可謂千載一時，魏特先生云：「湯若望和順治皇帝的友誼關係，我們首先加以注意提示的，卻是在中國歷史上一種絕無僅有的情形。甚至人們在歷史中要尋到一種類似的情形，也是很費事而不易得的。」斯言也，在魏特先生所研究之湯若望，誰曰不然。然吾人在《北遊集》中所見之木陳忞，其與順治之友誼關係，並不在湯若望下。凡魏特先生所述順治對湯若望之優待，如尊稱瑪法，免除拜跪，親臨館舍，賞賜隆厚等，木陳無不得之。所異者不稱瑪法，稱老和尚而已。尤異者若望常召入內庭，木陳只就見館舍而已。召入內庭，其誼親。就見館舍，其禮尊。若望本司鐸，然順治不視為司鐸，而視為內庭行走之老臣，若望亦不敢以司鐸自居，若望過於謙牧矣。其終不能勸順治信奉基督者，未必不由此。且也免除拜跪，在廷臣中為異數，在《梵網經》所載僧人不拜王者規條下，直當然事耳，曷足為異。故吾嘗謂木陳以禪為本業，其見召即為禪。若望以教為本業，其見用卻不在教。二人知遇，同而不同。孟子曰：「仁言不如仁聲之入人深也。」木陳先信而後見，若望見後而仍疑，是烏足以行其道哉。魏特先生言：「皇帝本來一位教外人，對於教士無家室的獨身生活，殊覺費解。因此他一開頭時，在白晝任何一個時刻，甚至在深夜，遣派三個或三個以上的體面內臣，到若望住宅中，藉詞或此或彼地諮詢，然而實際上卻是暗自查究他的私室行動。這些黑夜來客，在若望住宅中，不曾發現有絲毫可指摘處。皇帝對於若望的貞潔生涯，確切訪明後，他才選他為他的師友，為他的親信顧問。」此種偵察，非常幼稚，與呂光之疑羅什略同。順治蓋根本未諳教士之生活者，無惑乎若望之不得行其道矣。

二、二人之功績

若論功績，木陳對清廷，實無功績之可言。在京八閱月，不過開堂結冬，祝延聖壽而已。《北遊集》載龍性難攖一節，木陳寫此，自以為功，雍正諭旨尚以為必無之事，其他更無論矣。惟湯若望效力清廷者二十年，其功績之偉大，除治曆外，龔鼎孶撰〈湯先生七十壽序〉，盛稱其諫諍之能。有云：「夜半受釐，時席前於宣室；宸游多暇，亦輦降於丹房。東第之冠舄如雲，尚方之問勞日至。睹時政之得失，必手疏以祕陳。於凡修身事天，展親篤舊，恤兵勤民，用賢納諫，下寬大之令，慎刑獄之威，磐固人心，鏃厲士氣，隨時匡建，知無不言。乃至獵阻相如，表抗韓愈，抵觸忌諱，罔懾震霆，微聞拂耳，終諧納牖，最後則直陳萬世之大計，更為舉朝所難言。迄今龍髯初遠，發篋陳書，幸得窺伏蒲叩閽之一斑。想造膝補天之盛事，信仁賢之有益人國也。」吾曩讀之，雖信其非虛美，而苦無本事證明。今讀魏特先生書，知龔氏此文，無一語無來歷，皆可以魏氏書注出之。所謂最後直陳萬世大計者，指康熙之立而言。當議立嗣皇時，順治曾使人詢若望意見。若望以康熙曾出痘，力主之，遂一言而定。又發篋陳書一句，亦可以魏氏書為注腳。魏氏書言：「順治由若望所上三百餘封奏帖中，特選擇一批，藏皇帝個人文書庫的另一格。在出宮游獵時，攜帶身邊，以便閱讀。」龔氏所言蓋指此。同時魏裔介撰壽文，亦有先生任太史之寄，知無不言，言無不盡。而國家大事，有關係安危者，必直言以爭之。雖其疏章謹密不傳，然而調燮斡旋，不止一端等語。吾嘗謂湯若望之於清世祖，猶魏徵之於唐太宗，觀魏特先生書而益信。

三、二人之榮典

《天童寺志》有〈盛典考〉，述順治十六、十七年天童因木陳忞所得榮典，分為八目，一賜額，二欽召，三賜號，四賜衣，五御書御畫，六賜神佛寶像，七賜錄入藏，八賜帑金。試以湯若望所得榮典較之，除六七兩項外，湯若望無不備。惟湯若望所得榮典，亦有為木陳忞等所無者，則誥封三代一品，蔭一義孫入太學是也。此事人或以為榮，吾獨以為否。夫既標榜不婚不宦矣，則何需此義孫，何貴此誥封。且此種榮典，並非得自勳勞，凡庸俗官僚仕至若干階級者皆得之。以此為榮，失教會之尊嚴矣。當時不聞以此施之僧人，而獨以此施之教士，則其根本未明瞭教會之精神，及不以教士待湯若望可知也。

即以賜號賜衣而論，木陳等所賜，不見《實錄》。湯若望賜衣見順治九年《實錄》，賜號見順治十年《實錄》，可謂榮矣。若望賜通玄教師，木陳賜弘覺禪師，玉林賜大覺禪師，後晉國師，憨璞賜明覺禪師。同一賜號，而木陳等之賜號是弘教，若望之賜號是賞功，賞其治曆之功也，各有敕書之言為證。若望之賜衣，《實錄》明載欽天監監正湯若望進渾天星球地平日晷等儀器，賜朝衣涼朝帽靴襪。而木陳等所賜，則皆僧衣僧伽黎，未聞以朝衣朝帽賜僧人也。然則政府所賜者欽天監監正湯若望，非耶穌會司鐸湯若望也。

四、二人之外學

釋子以世俗之學為外學。贊寧大師勸釋子勉通外學云：古德高僧，能懾服異宗者，率由博學。是以習鑿齒，道安以詼諧而伏之，宗雷之輩，慧遠以詩禮而誘之，陸鴻漸，皎然以《詩式》而友之。此皆不施他術，唯通外學。釋子既精本業，何妨鑽極以廣見聞云云。吾因此論二人之外學。

二人之外學，完全不同。若望以天文曆算為外學，木陳則以當時儒者之學為外學。天文曆算為國所急，而非帝所好，故言之無味。儒者之學為帝所習，故話能投機。且也若望以外學進，而欲與談道，其勢逆。木陳以禪進，而能與談外學，其勢順。故結果木陳勝也。若望之精於曆算，人知之。木陳之外學為何，今就《北遊集》所載，分項說明如下。

甲　文章

我國前此科學不競，凡所謂學，偏重在文。《北遊集．奏對別記》第一段即載：上一日同師坐次，侍臣抱書一束，約十餘本，置上前。上因語師曰：「此朕讀過底書，請老和尚看看。」師細簡一遍，皆《左》、《史》、《莊》、〈騷〉，先秦兩漢唐宋八大家，以及元明撰著，無不畢備。上曰：「朕極不幸，五歲時先太宗早已晏駕，皇太后生朕一身，又極嬌養，無人教訓，坐此失學。年至十四，九王薨，方始親政。閱諸臣奏章，茫然不解，由是發憤讀書。每晨牌至午，理軍國大事外，即讀至晚，然頑心尚在，多不能記。逮五更起讀，天宇空明，始能背誦。計前後諸書，讀了九年，曾經嘔血。從老和尚來後，始不苦讀，今唯廣覽而已。」據此，則順治之發憤讀書，本為了解諸臣章奏，故其重亦在文。雖所讀者皆學人共讀之書，然未必為當時傳教士所注意。

《北遊集》又載：「上一日與師廣譚古今詞賦，謂詞如楚騷，賦如司馬相如，皆所謂開天闢地之文。至若宋臣蘇軾前後〈赤壁賦〉，則又獨出機杼，別成一調，尤為精妙。老和尚看者兩篇，前後孰優。師曰，非前篇之遊神道妙，無由知後篇之寓意深長。前賦即後賦，難置優劣也。上曰，老和尚論得極當。乃通誦前賦一篇，問師曰，念得不錯麼。師曰，不錯。上復言晉朝無文字，唯陶潛〈歸去來辭〉獨佳，亦為師誦之。又誦〈離騷〉，至中間覺齟齬，乃曰久不經意，忘前失後矣。」其天真爛漫如此，與《湯若望回憶錄》所寫之幼年天子全同。然其亹亹不倦譚文，倘以施之湯若望，則不啻以天文曆算施之木陳也。

人各有能有不能，如欲語言投機，必須志同道合，否則格格不入。木陳既能與帝譚文，故帝亦曾命木陳作記。《北遊集》載：上一日語師，朕在南苑創有新寺，老和尚想未知道。今新寺碑要老和尚撰文，不命臣工也。師曰，道忞山林野逸，那裡曉作朝廷文字。上曰，老和尚不要如此謙虛，請隨喜了，便可屬筆。越三日上至，師曰，昨承皇上威光，得隨喜新寺。第奉旨撰文，愧不雅馴，尚祈聖裁鑑定，乃出以進。上為展閱一過，命侍臣收入宮內。次日上復攜王學士至方丈，謂師曰，朕昨回宮，細看老和尚者篇文字，極得大體，風雅典則，不待言矣。朕固不通文字，曾與王熙看過，試問他何如。王學士曰，此千秋不朽之文也。師曰，忞實慚愧。今碑文見《北遊集》，名〈敕建南苑德壽寺記〉。稱為千秋不朽，未免諛詞。然木陳自是能文，故不致辱命。後來雍正雖深惡其洩漏宮庭祕密，然於其《語錄》不能不加以文采華麗之批評，則自有本領可知也。

乙　書法

書法自昔為中國所重，僧人能書者亦多。即〈景教流行中國碑〉，書法遒整，亦可與他唐碑媲美。近年敦煌出土之景教經典，亦有幽雅絕俗者。後來傳教之士，知此意者鮮矣。《北遊集》載：

「上一日問師，先老和尚與雪嶠大師書法孰優。師曰，先師學力既到，天分不如。雪大師天資極高，學力稍欠。故雪師少結搆，先師乏生動，互有短長也。先師常語忞曰，老僧半生務作，運個生硬手腕，東塗西抹，有甚好字，虧我膽大耳。上曰，此正先老和尚之所以善書也，揮毫時若不膽大，則心手不能相忘，到底欠于圓活。上復問老和尚楷書曾學甚麼帖來，師曰，道忞初學《黃庭》不就，繼學《遺教經》，後來又臨〈夫子廟堂碑〉。一向由不能專心致志，故無成字在胸，往往落筆即點畫走竄也。上曰，朕亦臨此二帖，怎麼到得老和尚田地。師曰，皇上天縱之聖，自然不學而能，第忞輩未獲睹龍蛇勢耳。上曰，老和尚處有大筆與紙麼。乃命侍臣研墨，即席濡毫，擘窠書一『敬』字。復起立連書數幅，持一示師曰，此幅何如。師曰，此幅最佳，乞賜道忞。上連道不堪。師就上手撤得曰，恭謝天恩。上笑曰，朕字何足尚，崇禎帝字乃佳耳。命侍臣一並將來，約有八九十幅。上一一親展視師曰，如此明君，身嬰巨禍，使人不覺酸楚耳。」

本論密雲、雪嶠書，因問及木陳書，繼乃即席揮毫，自顯身手，復推論到崇禎帝，可謂逸興遄飛，豪情邐迤。茍非心有同契，何能津津樂道如此。此固非西方人所能領略者也。上又亟稱內臣張斐然，與供奉虞世瓔，一學顏歐，一學鍾王，皆妙得其家風。〈御製董后行狀〉，亦特稱其習書未久，遂精書法。則其平日之獎勵內臣學書可知。故其後南苑新建德壽寺成，既命木陳撰文，復命木陳書丹篆額。木陳謝曰，朝堂濟濟，不乏歐虞褚柳之賓，乃命拙劣如忞者為之，一發使馬牽犁矣。上曰，朕極喜老和尚書法，字畫圓勁，筆筆中鋒，不落書家時套。乃命文書館畫格授忞，忞為擘窠書上，即敕良工摹勒上石焉。

既曰「怎麼到得老和尚田地」，又曰「朕極喜老和尚書法」，推挹之至。木陳居京八閱月，雪泥鴻爪，可傳於後者，恐以此碑為最。因撰文書丹篆額皆出於一人也。上念忞將別去，後會難期，復自簡宣紙數十幅，命作大小行楷留宮，上亦書「敬佛」二大字賜忞。謂彼此展視，有同面晤。故忞有詩云：

> 惜別君王重，多愁會晤難，何由能縮地，長此共盤桓。託意存千古，留思寄墨翰，正虞風雨夕，未易等閒看。

以書為美術，與畫並稱，捨中國日本外，世界尚無此風俗。不注意書法，則真景德雲法師所謂不工書無以傳者也。觀木陳與順治之遇合而益信。

丙　小說　八股

余之知有弘覺禪師也，自《尤西堂集》始。《西堂集》卷首有大字〈弘覺禪師語錄〉一則，略謂，上一日歎新狀元徐元文業師尤侗極善作文字，因命侍臣取其文集來，內有〈臨去秋波那一轉時藝〉，篇末云，參學人試於此下一轉語。上忽撿卷曰，請老和尚下。師云，不是山僧境界。時昇首座在席，上曰，天岸何如？昇曰，不風流處也風流。上為大笑。

其後又有小字尤侗識語一段，略云，先是戊戌秋，王胥庭學士侍講筵。上偶談老僧四壁皆畫《西廂》，卻在臨去秋波悟禪公案。學士以侗文對，上立索覽，親加批點，稱才子者再。庚子二月，上幸南海子，顧問徐狀元元文與侗師弟源流，受業本末，大加稱獎。至五月中，復與弘覺禪師問答如右。今辛丑三月，侗始得其集而讀之，則大行賓天矣。

弘覺即木陳賜號，集即《北遊集》，亦即語錄之一部。天岸昇木陳弟子，住青州大覺，時隨侍在京。王胥庭即王熙。由《西廂》悟禪固奇，在經筵中談《西廂》尤奇。相傳丘瓊山過一寺，見四壁俱畫《西廂》，曰空門安得有此。僧曰，老僧從此悟禪。丘問從何處悟。對曰，是怎當他臨去秋波那一轉。丘笑而頷之。

怎當他臨去秋波那一轉，是《西廂記》張生初見雙文時語，尤侗以為八股題目，效當時體，戲作一篇，刻入《西堂雜俎》。順治愛讀《西廂》，又識八股文，故擊節歎賞如此。此斷非湯司鐸所能贊成者，惟老和尚或能引皇上由此悟禪。因《西廂》者本普救寺之西廂，玉成張生姻緣者又即普救寺之和尚。順治嘗云，見僧家明牕淨几，輒低回不能去，蓋深有得於《西廂》待月時也。

《北遊集》載：「上一日持一韻本示師曰，此詞曲家所用之韻，與沈約詩韻大不相同。又言《西廂》亦有南北調之不同，老和尚可曾看過麼。師曰少年曾繙閱，至於南北《西廂》，忞實未辨也。上曰，老和尚看此詞何如。師曰，風情韻致，皆從男女居室上體貼出來，故非諸詞所逮也。師乃問上

《紅拂記》曾經御覽否。上曰，紅拂詞妙，而道白不佳。師曰何如。上曰，不合用四六詞，反覺頭巾氣，使人聽之生趣索然矣。師曰，敬服聖論。上曰，蘇州有個金若采，老和尚可知其人麼。師曰，聞有個金聖嘆，未知是否。上曰，正是其人，他曾批評《西廂》、《水滸傳》，議論儘有遐思，未免太生穿鑿，想是才高而見僻者。師曰，與明朝李贄同一派頭耳。」

順治以《西廂記》考和尚，和尚曾繙閱，可見和尚外學之博。和尚還以《紅拂記》考順治，順治亦能批評其道白不佳，深中肯綮，順治讀書之博亦可見。余至今尚未見聖歎批《西廂》順治時刊本，順治深居九重，乃能先睹當時新出之本，其求知之勤，實堪驚佩。

《北遊集》又載上讀過底書，有制藝二百篇，皆「洪武開科以來鄉會程文。師曰，此八股頭文字，皇上讀他何用。上曰，老和尚顧不知，那朕要覆試進士文章，如史大成、孫承恩、徐元文，三科狀元，皆朕親自擢取，的是敝門生也。」則順治之識八股文又可見。然此惟木陳為能應付，湯司鐸恐瞠目莫知所答矣。

結論

二人之比較既明，則可進言二人之成敗。湯若望與順治之關係，在順治開始親政之年。初次引見順治者為大學士范文程。魏先生言：「在若望所寫的生活回憶錄中，他報告這些事例，都可以證明他向皇帝的諫正有順利的效果，不過他少有把確切的時日舉示出來。」但又云：「若望得信任時，喇嘛們暫時都被摒絕，只是在順治末後數年，那黨子又把皇帝澈底包圍了。」吾嘗將順治親政至順治末年，鉤稽本事，製為年表，附本文後。據年表所指示，若望與木陳等勢力之消長，可以順治十四年秋冬之交為一大界限。《若望傳》言一六五六和一六五七兩年間，皇帝竟有二十四次臨訪若望於館舍，作較長之晤談，而未言一六五七年以後，有無臨訪。綜其與順治所談論，知若望所遇者為二十歲以前之童子，而木陳等所遇者則為二十歲以後之青年。若望常曰，淫樂是危險最大的。其言苦。憨璞曰，皇上是金輪王轉世，木陳曰，皇上夙世為僧。其言甘。甘則樂從，苦則難受。矧若望在京久，召而即至，故視為易與。木陳等在京暫，至即求還，故視為難逢。此兩派勢力消長之機也。

由順治八年至十四年秋，七年之間，為湯若望勢力。由順治十四年冬至十七年，四年之間，為木陳等勢力。若望之勢力，係個人獨力支持。木陳等之勢力，係數人接力繼進。所謂數人者，憨璞聰，玄水杲，玉林琇，茚溪森，木陳忞，玉林琇。玉林去而復來，故兩出之。順治之知有宗門耆舊，由憨璞聰，見〈順治出家問題〉。憨璞聰之能得順治信用由太監，見〈結交內侍問題〉。太監勢力之復振，見〈董妃來歷問題〉。順治童年對於佛教之見解，《實錄》曾有記載云：順治十年正月萬壽節，上召大學士陳名夏問天下治亂訖，曰治天下大道已略言之，更言其小者，如喇嘛豎旗，動言逐鬼，朕想彼安能逐鬼，不過欲惑人心耳。名夏奏曰，皇上此言，真洞晰千載之迷，嘗謂有道之世，其鬼不靈，光天化日，豈有逐鬼之事。上又曰，朕思孝子順孫，追念祖父母父母，欲展己誠，延請僧道，盡心焉耳，豈真能作福耶。名夏奏曰，若果有學識之人，必不肯延僧道，為此者多小民耳，以其愛親之誠，故聖王不禁。此項記載，與《湯若望傳》對照，正順治受若望感化之時。其後則不然。《北遊集》載：「上曰，崇禎帝極聰明，卻不信有佛法，將宮中累葉所崇事象設，命人使麻繩鐵索拖曳而出，其媟瀆神明如此，若我朝於三寶，決不敢少有輕忽也。」此必舊日太監報告順治之言，所謂在王所者皆非薛居州，思想遂因而改變。或疑帝之信佛，由董妃所勸誘，然據〈御製董后行狀〉，后素不信佛，其信佛乃由帝所勸也。《湯若望傳》曾言：「順治由杭州召了些最有名的僧徒來，勸誡他完全信奉偶像。若望盡他能力所及，使這被眩惑的人，恢復他的理性，他向皇帝呈遞一本嚴重的奏疏，皇帝並不見怪。他說，瑪法這諫正是對的。但是無多時日，竟又成了僧徒手中的傀儡，瑪法竟被視為討厭不便的諫正者，而被推至一邊。」此兩派勢力消長之真相也。

《北遊集》又載：「上一日語師，昨在宮看先和尚語錄，見總直說中，有〈辯天三說〉，道理固極透頂透底，更無餘地可臻矣。即文字亦排山倒海，遮障不得，使人讀之，胸次豁然。朕向亦有意與他辯折一番，今見先和尚此書，雖聖人復起，不易斯言。故已命閣臣馮銓及詞臣製序，將謀剞劂，使天下愚民，不為左道所惑。師曰，皇上此舉，功流萬世，顧先師大義微言，何幸折衷我皇聖人哉。上遂問師，天主教書，老和尚曾看過麼。師曰，崇禎末年，廣閩盛行其說，有同參惟一潤者，從福建回，持有此書，因而獲睹。上曰湯若望曾將進御，朕亦備知其詳，意天下古今荒唐悠謬之說，無踰此書，何緣惑世，真不可解。」先和尚者密雲悟。惟一潤者雪嶠弟子，曾著〈誅左集緣起〉，文見

《破邪集》，亦崇禎初僧徒攻天主教者一健將也。順治命馮銓等製序，翻刻〈辯天三說〉，湯若望亦曾有所聞，《湯若望傳》云：「僧黨甚至獲得允許，以皇帝名義，發表一種反對基督教文件，但是卻未曾得到這地步，因為皇帝出人意料之外，疾速晏駕。」此又可以《北遊集》為《湯若望傳》作注腳矣。

附　本事年表

庚寅順治七年　帝年十三　西紀一六五〇

十二月初九日攝政王多爾袞卒年三十九

辛卯順治八年　帝年十四　西紀一六五一

二月十二日開始親政

廿一日追論多爾袞罪狀

八月十三日立皇后

壬辰順治九年　帝年十五　西紀一六五二

七月初五日賜湯若望朝衣朝帽時湯年六十一

癸巳順治十年　帝年十六　西紀一六五三

三月初二日賜湯若望通玄教師號

六月廿九日復設內十三衙門如明制
八月廿六日廢皇后為靜妃
甲午順治十一年　帝年十七　西紀一六五四
三月十八日佟妃生皇三子即康熙
六月十六日再立新皇后
丙申順治十三年　帝年十九　西紀一六五六
七月初三日皇十一弟襄親王卒年十六
八月冊董氏為賢妃時年十八
九月晉董氏為皇貴妃
十二月初六日為冊皇貴妃頒恩赦
丁酉順治十四年　帝年二十　西紀一六五七
春梅村南歸
十月初四日憨璞聰召對萬善殿時年四十八
　初七日董妃生皇四子
戊戌順治十五年　帝年廿一　西紀一六五八
正月初三日停新后宮中箋奏

廿四日皇四子卒

三月初七日嚴飭內監吳良輔等交通內外官員作弊納賄

廿五日復新后宮中箋奏

廿七日追封皇四子為和碩榮親王

九月召玉林琇

己亥順治十六年　帝年廿二　西紀一六五九

二月十五日玉林琇至京面帝時年四十六

閏三月召木陳忞

四月十六日玉林琇出京

六月朔玉林琇歸至湖州茆溪森隨舟入京時年四十六

七月中茆溪至京

十七日鄭成功陷南京

九月廿二日木陳忞至京面帝時年六十四

庚子順治十七年　帝年廿三　西紀一六六〇

五月十五日木陳忞出京

六月八日茆溪森奉旨遊五台

七月再召玉林琇
八月憨璞聰疏請南還
　十九日董貴妃卒年二十二
　廿三日召茆溪進承乾宮上堂
　廿八日茆溪森南還
十月十五日玉林琇再到京
十二月初八日玉林琇為一千五百僧人受大戒
辛丑順治十八年　帝年廿四　西紀一六六一
正月初二日再召茆溪森入京為保母秉炬
　初七日帝病痘崩
　初九日新帝即位時年八歲
二月二日梓宮移景山
　三日欽差奉遺詔到杭州召茆溪森
　十五日玉林琇南還
　二十日革去內十三衙門
四月十五日玉林琇回至報恩寺

十六日茚溪森到京復命

十七日梓宮火浴

龍池世譜

本文所論諸僧，多屬龍池派，今略譜其世系，以便觀覽，凡曾參預召對者以。識之。

- 笑巖德寶——龍池正傳
  - 密雲圓悟
    - 費隱通容——百癡行元——°憨璞性聰
    - 萬如通微——古帆行楫——°玄水超杲
    - °木陳道忞
      - °旅庵本月
      - °山曉本晳
      - °天岸本昇
    - 漢月法藏
  - 磬山圓修——°玉林通琇
    - °茚溪行森
    - °慧樞行地
    - °骨巖行峰
  - 雪嶠圓信——唯一普潤

〔載於《輔仁學誌》第七卷一、二合期〕

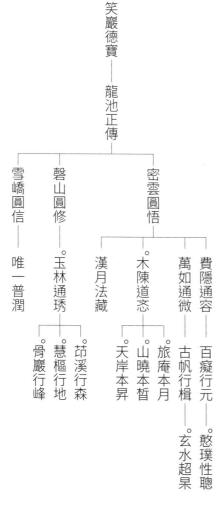

簡親王德沛

一、德沛之世系及略歷

清宗室中與蘇努諸子同時，而奉天主教者有德沛。德沛為清顯祖塔克世之五世孫，亦與雍正為從昆弟行。塔克世第三子為舒爾哈齊，舒爾哈齊第八子為芬古，芬古第四子為富喇塔，富喇塔第五子為福存，福存第八子為德沛。

德沛字濟齋。康熙三十九年福存卒，德沛應襲鎮國公，以讓其兄德普，入西山讀書，凡三十年。果親王允禮薦於朝，雍正十三年五月，封三等鎮國將軍，八月授兵部左侍郎，乾隆元年七月，任古北口提督，二年二月授甘肅巡撫，九月擢湖廣總督，三年十二月攝襄陽鎮總兵，四年七月調閩浙總督，六年七月兼理浙江巡撫，七年四月調兩江總督，八年二月內召，六月授吏部侍郎，十二月兼國子監祭酒，十年七月教習庶吉士，十二年三月兼署戶部左侍郎，十二月擢吏部尚書，十三年七月，以疾解任，九月襲封和碩簡親王，十七年七月薨，年六十五，無子，謚曰儀。所著有《易圖解》、《實踐錄》、《鰲峰書院講學錄》各一卷，《周易補注》八卷。

《小倉山房文集》卷二有〈和碩簡親王碑〉，為德沛碑傳之最先刊布者，然敘述多譌，不盡足據。德沛襲封王爵在乾隆十三年，今開宗第一句即作十四年，誤一。富喇塔、福存俱封貝子，今謂福臘闔封貝勒，誤二。德沛少應襲鎮國公，今謂應襲鎮國將軍，誤三。德沛少讓爵於兄德普，今謂讓爵於從子恒魯，誤四。恒魯，德普子，雍正七年始襲輔國公，去康熙三十九年德沛應襲鎮國公之時，相差一世矣。德沛遷古北口提督，在乾隆元年，巡撫甘肅，在乾隆二年，今謂在世宗朝，誤五。德沛乾隆十七年薨，今謂封王一年薨，誤六。德沛薨年六十五，今謂六十九，誤七。據德沛序《朏圖理象解原》，謂年將五十，筮仕策名。雍正十三年始仕時，年四十八，故云。若薨年六十九，則雍正十三年，德沛已五十二矣，何得云年將五十？德沛所著《易圖解》一卷，《周易補注》八卷，《實踐錄》一卷，今謂《周易解》八卷，《實踐錄》二卷，誤八。其尤謬者，謂乾隆七年，淮揚大水，奏動地丁關稅鹽課銀一千萬，據〈宗室王公功績表傳〉，才十萬耳。其他顛倒舛漏，不備舉。《測海集》卷二，《八旗文經》卷五十七，均本此碑為德沛小傳，其誤與碑同。頗疑此碑係袁枚自撰，非德沛後嗣之所請求。彭紹升《二林居集》卷四，有與袁枚論《小倉山房文集》書，曾據《八旗通志》、《硃批諭旨》等以證其中碑傳之多誤，而《測海集》小傳又採之何也。

《清史稿》列傳二〈德沛傳〉，係刪〈宗室王公功績表傳〉而成，其誤較少。然謂乾隆十二年五月，德沛署山西巡撫，亦誤。其時署山西巡撫者準泰也。《清史稿》又謂德沛曾祖費揚武一名芬古，舒爾哈齊第六子，亦誤。芬古，舒爾哈齊第八子。德沛世系，載在玉牒，傳之國史，粲然可考，與蘇努之曾經削籍者不同，然諸書牴牾若此，甚矣載筆之難也！

二、德沛奉教說之由來

德沛奉教之說，漢籍無明文，教會史亦無明文，惟《巴函選譯》（《聖心報》二八八號）述蘇努長子勸蘇努奉教，謂有同宗某，與蘇努為兄弟行，已入教，名若瑟，妻名瑪利亞，女名保辣。若瑟有才德，蘇努長子與父談，屢讚之。蘇努初不介意，後心動，欲見之，長子以告若瑟，乃約期會於教堂，聚談良久，所談皆教理，蘇努頗心折。此一說也。

《聖教史略》卷十四敘蘇努第三子蘇爾金之奉教，謂蘇努之從弟，蘇爾金之堂叔，亦宗室貴胄，首先領洗，聖名若瑟。並注云，此人性好隱居，當時不甚知名，故聖教窘難時未被害，乾隆朝為浙江巡撫，又遷湖廣總督，其妻子均領洗入教。此又一說也。

其後敘乾隆時各省教難，又謂湖廣有某宗室奉教，為蘇努之從弟，勒什亨之堂叔，聖名若瑟，乾隆初年為該省總督，從容坐鎮，不容屬下地方官仇教，故較他省平安。此又一說也。

三說，同為宗室，同為蘇努從弟，同名若瑟，後二說同為乾隆初年湖廣總督，其為一人無疑。

然徒知其聖名若瑟，而不知其本名為誰。嘗屬門人李鏡池考之，李君謂非德沛莫屬，蓋乾隆初年，以宗室為湖廣總督者，只德沛一人；論其輩行，又正蘇努之從弟也。惟德沛以乾隆二年任湖廣總督，六年始以閩浙總督兼理浙江巡撫，與《聖教史略》先為浙撫之說，微有不符，然此可認為《聖教史略》之誤譯也。

反而求之漢籍，則德沛奉教之說，尚無確證。《宗室王公功績表傳》卷六德沛傳，凡千八百餘言，不可謂簡略，然皆敘其筮仕以來之政績，與超性之學無關。唯袁枚《簡親王碑》，敘其少時讀書西山，晚歲講學成均，有希聖希賢之志，似與俗學殊科，然仍不得其奉教的證也。

袁碑敘德沛總督閩浙時，謂越俗尚禨，有五通神為祟，王毀其像，似可為信教之一證。然究係單文，未為定論。

袁碑又云德沛薨，無子。而《鰲峰書院講學錄》（四三葉），自述其為學經過，有曰：余分支玉牒，承蔭天潢，凡孟子所云堂高數仞，榱題數尺，食前方丈，侍妾數百人，未生而咸備，稍長而裕如，無所俟於得志。苟其果屬可好，而好之無害於大體，何必避之若浼。惟是認得大體二字頗真，誠恐稍便其小體，即為孟子所不許，故自髫齡向學，至今歷五十年，未嘗敢一日自肆。《實踐錄》（二葉）又言，生育雖傳繼之正道，然必發自慾情，縱慾徇私，何善之有。據此，則德沛當無妾媵，似亦可為信教之一證。惜乎德沛出仕，已在雍正禁教而後，德沛既未因此獲罪，如烏爾陳、蘇爾金等之可得反證；後來記載，又皆為賢者諱，德沛雖奉教，孰從而記之。吾將證之德沛學說。

三、德沛之性理學說

德沛所著《易圖解》、《易補注》，與天主教理無關，不具論。其所著《實踐錄》，及《鰲峰書院講學錄》，雖未明言天主教，而其言心性，言格致，與西說及教理相通者甚眾。試介紹之如下。

《實踐錄》刊於乾隆元年，時德沛方初出為兵部侍郎；《鰲峰書院講學錄》刊於乾隆六年，時德沛任閩浙總督，恆到鰲峰書院講學，此其與諸生問答之詞也。二書皆闡明孟子大體小體之理，而格致之說附焉。今所據者皆原刊本，未經後人改竄。其《實踐錄》自序，謂秉之天者，大體也；受之父母者，小體也。大體終古不毀，小體則順時而既。人有二體，徇其小以亡其大，遂莫能與天地準。蓋隱然承認父母之外，有天父也。

嘗解天命之謂性，曰天命之謂性者，受親之育之，謂小體之身；承天之命之，謂大體之性也。天乃無聲無臭，全美至神；性則不睹不聞，純善至靈。

嘗闡慎獨之理，曰人之靈性，雖不睹不聞，其隱微非陰陽所能管轄，然造物無聲無臭之上天，鑑臨洞察，莫見莫隱，而無遯情。雖在邇室屋漏之獨，可不慎乎。（俱《實踐錄》十四葉）

論人為萬物之靈，曰禽獸饑則思食，渴則思飲，其知覺運動，何嘗不類於人，乃究竟止成其為物者，以人能轉移陰陽，而物則不免囿於陰陽也。即如寒暑之時，鳥獸希革，鳥獸氄毛，造化每有意曲成萬物，而人則此身總屬依然。且大寒墮指裂膚，置爐炭於房中，則寒可變而為熱；大暑流金礫石，置冰於室，扇以風車，則熱可變而為寒。是陰陽之氣，且聽轉移於人，此人之所以為萬物之靈也（《講學錄》四十五葉）。論去熱而扇以風車，似為前此未有之新說。

門人問古來修德而未必昌，怙惡而未必亡，豈天道不可知歟？曰：積善之家，必有餘慶；積不善之家，必有餘殃，此實天道之常。人徒見武穆、椒山以忠而見罪，秦檜、嚴嵩以奸而善終，幾疑天道亦有不可知之數，而不知小體之便安適意者，皆聖賢之所不齒；大體之心安理得者，實性分之所獨尊。凡一切宮室車馬之美，衣服玩好之具，飲食妻妾之奉，皆天所以豢養庸流，而使之惰其志氣，昏其性靈者也。武穆、椒山克盡臣節，奮不顧身，忠藎之忱，可矢天日，迄今稱之者有餘榮，思之者有餘慕，何昌如之。若秦檜、嚴嵩，不過竊柄於一時，炫耀於流俗，卒致身敗名裂，為世詬詈，甚至子孫恥言其祖父，豈得謂怙惡而未必亡。故君子惟務其大體天理之所當為，而小體人爵之榮，君子所勿尚也。（《講學錄》六十七葉）

問羅近溪以快活解樂字，果與聖賢之樂合否？曰人不易言樂也，而世俗紛華靡麗之境，樂尤不與存焉。夫人之以生世為樂者，長一年謂多生一歲。以余觀之，過一歲即已死一年也。蓋已往之日，如夢如幻，不可復留，即與死無異，而未來之歲，多生一日，即與死漸近一步。且修短不能預知，生死難以意料，人固有甫當強壯，忽而夭亡者。又有罹於禍災，變生不測者。是以古之聖賢，以及時修德為亟亟，而不以及時行樂為繫懷。倘如羅近溪所解，活之為言生也，快之為言速也，活而加快，生意活潑，是即聖賢所謂樂，如此解樂字，恐人之誤以快活為樂者，鮮不以小體之貪生好逸為

快活，而以大體之克己復禮為困苦也。（《講學錄》五十九葉）

問陳烈閉門靜坐百餘日，謂可收放心，不知靜坐時當用何工夫？曰：收放心不是靜坐便得，亦不是靜坐時有別樣工夫。蓋心之放也，由於紛紜四出，既思這件，又思那件，此心焉得不放。惟靜則純一而專，心專則何事不成。故古人正其誼，不謀其利，明其道，不計其功。若一心正誼，又一心謀利，則誼必不能正。一心明道，又一心計功，則道必不能明。人能屏去紛雜之念，凡一切便安小體之事，絕不營心，惟專心致志用力於大體，則人欲淨盡，天理常存，此心何患放失。倘不於純一處著力，每日閉門靜坐，亦屬無益。且恐涉於釋氏之冥悟頓解，諸生不可不察。（《講學錄》四十七葉）

凡此皆德沛之性理學說，與宋明諸儒之說不盡同，而與利瑪竇之《畸人十篇》、《天主實義》相近。其中慎獨之理，人禽之辨，昌亡之分，苦樂之境，皆能令頑廉懦立，一變至道。是可為德沛奉天主教之旁證者一也。

四、德沛之格致學說

德沛之格致學說，尤與西說相合。焦循曾採其雲行雨施及浮土成石等說，以入《里堂道聽錄》卷三十。其雲行雨施之說有曰：雲之行也，非能即雨，其所以雨者，乃日曝地中濕熱之氣，上沖空際，遇冷域陰寒之氣，遂致大雨滂沱也。陰陽相薄成雨者，如冬日早行，口中之煖氣乍出，空際之寒氣甚濃，陰陽相薄，而堅冰在鬢也。若夏日則絕無者，口氣雖暖，外亦純陽，陽與陽合，即不相薄也。然夏日貯冰於堅硬之器，外必有水痕流出；冬夜屋之熱氣，觸於寒窗，即有凝結，亦陰陽相薄而成也。至於雨發自東者必久，發自西者不長，西方多山少水，故所致之雨驟而不長；東則大海處於其間，故欲竟日連旬之雨，必待東風吹送，此屢驗不易者也。（《講學錄》七十二葉）

又嘗論龍掛之理，曰世謂龍掛取水於川澤者，鄉曲之論也。蓋雨之所施，實非龍所噴歙，乃濕雲之行，適遇川澤上升濕熱之氣，順其濕痕而下降，氣之旋繞，如龍蜿蜒，非實有龍掛也。（《講學錄》一〇四葉）

又嘗論日月食之故，曰日之食也，每在朔日，乃月在日前，月體遮住日光之故。月體不及日十分之一，故日食多不全虧。然亦有時食既者，譬如以尺許之物，持障目前，則數丈之物，皆為尺許之物遮蔽。月近日遠，厥由於此。月之食也，每在望日，乃月與日正對之夕，為山河大地之影所隔，故月食而無光。至於日食，年有數次，月則每望必食，其不全見者，蓋天形如雞卵，地形如卵黃，人處地中，高下懸絕，固有此地甫經日出，而彼地已見日沒者，日月之不同時見食，亦猶是耳。即以各省而論，京城見日食月食幾分，而河南山東等省，其分數即不同，及至四川雲貴，其分數又大不同矣。（《講學錄》七十五葉）

或問日之出沒，其體何以較大？曰大地乃積陰之物，譬如地有萬丈之闊，則陰氣上浮有百丈之高。日之初出，離地未遠，積一夜之陰氣，映照日光，故日之質不甚明亮，而日之體甚大，陰氣引之而近也。譬如至遠之物，以千里鏡照之，則其形反近，此鏡光接引，縮之使近也。今試置一錢於虛器中，遠望之不見錢影，及注水滿器，則遠近畢見，此乃水浮其影而上耳。至日到正中，陰氣漸消，其光甚烈，而其體反小，無以引之也。及日將西沒，其體復大，陽氣漸虧，陰氣漸盛，引之使近耳。然卒不如清晨之大者，則以歷一日之久，陰氣散而始聚，不能如竟夜之濃厚。如以十數重之千里鏡照物，則物形甚大，以一二重之千里鏡照物，則物形不甚大，所引之物漸薄，則影亦隨之漸小也。（《講學錄》七十九葉）

嘗論以鏡取火之理，曰以晶鏡取火，與日相隔，其光轉烈。蓋物之光，聚則斂，散則浮。日月之照臨四方，豈必盡成水火，然其光有以聚之，則雖遠亦可縮之使近。故用晶鏡以取火者，火隔鏡而得，以晶鏡之質圓，圓則其光聚而下注，故火由隔層而生。用銅鏡以取火者，火返照而得，以銅鏡之制凹，凹則其光攝而內聚，故火由對照而生也。（《講學錄》六十九葉）

又嘗論記含之理，曰人之記含在腦，如思遺忘之事，或仰頂，或搔頭，不期而然，只在腦之左右也。他肢雖傷，未必隨時即死，若損心腦，即刻不生，以心為人之宮，腦為人萬類之藏，宮頹藏敗，其家必破，故不可損也。以腦記事物，如蠟印圖章。幼稚者隨記隨忘，似蠟之嫩而不乾，印則受形，印起復平。老者踰硬而乾，告之不易容會，印之難以留形。中年者嫩硬乾濕，無過不及，印之則受，記之則留也。（《實踐錄》十葉）

此等學說，在今日中小學生或能言之，然在二百年前，則未讀湯若望之《主制群徵》及《遠鏡說》者，恐未必能言之也。德沛之說，悉本於西師，而不明言其所自者，以時方禁教，但求其說之行，不必問其主名誰屬。是可為德沛奉天主教之旁證者二也。

五、德沛之闢妄學說

昔徐光啟著書名《闢妄》，蓋闢世俗拘墟之見，而引之歸正道者也。德沛《講學錄》闢妄之說尤夥，凡足為大道障者，均詞而闢之，期摧陷廓清而後已。其與天主教接近，又較格致學說為進步。

或問人物被雷擊，果屬天刑否？曰雷乃地陽熱之毒，為眾陰重寒圍繞，奮極成聲而突出。其擊物也，遇剛硬之物，則化為虀粉；遇柔虛之物，則通透而過。蓋陽為陰寒逼迫，不能相讓，奮迅而出，人物適遇其所出之處，遂被震壞，非天刑也。或謂雷擊之處，必有妖物，此尤鄉曲鄙俚之論。如果天以雷擊妖物，何不刑之於四時，而獨擊之於夏秋。豈妖物能肆志于冬春，而獨懦怯於夏秋耶？此理之所必無者也。然觀史氏所載，如雷擊謹身殿，則書之者何，蓋恐懼修省，乃聖賢之所借以自儆也。（《講學錄》八十二葉）

或問釋氏輪回之說，曰釋教輪回之說，以人之生也，魂脫體於前生，人之死也，魂轉生於來世，兇暴者魂變為猛虎，淫惡者魂化為婦人，固不經之甚者也。蓋人之生也，稟父母之精血而成胎，至十月滿足而始育，如謂誕生之時，必有前世之魂，投入胎內，彼處乍死，此處即生，然世固有嬰兒在母腹時，至七八月而作啼者，豈魂一半猶在彼處，一半已入腹中耶？且一魂止投一胎，則一魂亦止可轉生一人，宇宙之內，勢必生人有一定之數，而莫可少增，何以後人漸多於前而不覺？況脫生如果屬真，其理更有大謬悖亂者。設以祖父之魂，而脫生於子孫之胎，豈不尊卑倒置耶？夫明有禮樂，何等森嚴，而幽冥世界，如此悖亂，豈可為訓。至若兇暴者變為猛虎，設虎而食人，其魂又將何變？淫惡者化為婦人，設婦而不貞，其魂又將何化？此理之不可信者也。（《講學錄》九十七葉）

或曰，輪回之說誠難信，然含冤之鬼，作厲一方，其故何耶？曰此所謂福自己求，妖由人作也。大抵其人素行有虧，屋漏不能無愧，往往目若有所見，耳若有所聞，此亦非冤魂之果能顯蹟，實因其人天君昏亂，神志喪亡，故鬼物憑焉，豈真厲鬼之能作祟哉。世之言鬼者，動曰縊死者魂必帶索，刃亡者血必滿身，恍若果有其狀，而不知魂實無形者也。且繩索乃有質之物，靈魂乃陰陽不測之神，豈有超乎聲臭之靈魂，尚帶有形質之具耶？況妖孽之興，多憑附於昏庸失德之小人，而不能移禍於修德行仁之正士，亦可知其由來之故矣。（《講學錄》九十九葉）

或問高宗夢賚良弼[1]，以形求而得傅說，夢果有徵驗歟？曰夢幻之事，徵應無常，驗與不驗，均可不講也。殷高宗夢帝賚予良弼，以形求而得傅說，史傳其事，後世遂謂夢有徵驗，不知此皆偶然幻合之境，未可以為常也。蓋人五臟之火，上蒸於腦而成夢，凡夢之所應者，皆腦之所記。故南人不夢車，北人不夢舟，以非其所記故。然亦有生平意想不到之境，無端而夢之者，則以火虛動而不

1 高宗，即殷商之國君武丁。賚，賞賜。武丁夢見上天賜與他一名賢良的輔臣，以夢中的形象去尋求此人，而找到傅說。語出《書經・說命上》。

定，夢亦愈煩而不清，其所致之夢，往往忽彼忽此，亦由幻而成也。夢賚之事，或因高宗寤想賢臣，精誠感格而致，亦未可定，然執此以為夢必有驗，則又惝恍而不可為訓也。（《講學錄》六十二葉）

或問《易》為卜筮之書，有驗與不驗何耶？曰易之為道，廣大精微，無理不備，故聖人設卦觀象以斷吉凶。然所謂吉凶者，合乎理則吉，不必其事之果吉也，如龍逢以諫而死，武穆以功而死，天祥以節而死，椒山以忠而死，其事雖凶，其理實吉。悖乎理則凶，不必其事之果凶也。後世以五行生剋旺相之數言卜筮，已戾乎聖人卦爻之至理，而所言之吉凶，又只顧一身之利害，以為趨避之計，不與聖人示人以貞吉之意大相悖哉？故無論其言不驗，即占而倖中，亦屬偶合之事，而不可據以為常。況謀之不以其道，雖得吉卦，終亦必凶。如南蒯獲黃裳元吉，而占者知其必敗[2]，所謂非其人則無其事也。人亦可以知吉凶在我而不在卜筮矣。（《講學錄》二十八葉）

或問朱子上疏彈韓侂胄，為何畏縮？曰此門人之誣朱子也。吾儒行事，要做就做，豈有欲彈韓侂胄，因門人取卦卜之不利，遂取疏而焚之。夫吉凶利害，聖賢原所不計，求當乎理而已。即如朱子書中，門人多記載風水之說，皆不經之談，亦斷非朱子所言。信有此事，何得為大儒，甚矣門人之誣朱子也。（《講學錄》九十六葉）

或問五行生剋之理。曰五行生剋，其說紕繆不經。夫萬物皆生於土，豈獨生金。千章之木，蔥

---

2 南蒯，春秋魯國人，季孫家臣，因不被禮遇而有反叛之意。南蒯起事前卜筮，得到爻辭「黃裳元吉。」以為是大吉，但魯國大夫子服惠伯看完之後告誡若非忠信之事，必敗。後來南蒯果然敗亡。

鬱成林，而甲坼必資乎抔土，非木生於土耶？江漢之水，其源自山，而崇山實載於坤厚，非水生於土耶？西蜀之井，其火燎原，而火焰下出於地中，非火生於土耶？是相生之說不足憑矣。如謂土能剋水，然水之泛漲，亦能剋土。謂水能剋火，然火之燥烈，亦能剋水。謂火能剋金，然真金不畏火煉，陶融適所以成金，何謂之剋。謂金能剋木，然火發而木為之燼，木不止金能剋之也。木能剋土，然金亦可以相克，且木腐朽而更化為土，是木轉可生土也。凡此相剋之說，悉屬無稽。（《講學錄》四葉）

或又曰，人生有命，八字安排，窮通不能自主也。曰果若人言，試取干支縱橫配合，顛倒推算，其格不及百萬，而遇此格者即成此命，將必上下數千年，其人之富貴貧賤壽夭，悉宜一致，何以萬有之狀，人各不同。夫長平之坑，降卒四十萬，豈果皆同年月同日時之所生耶？不特此也，以世俗之見而論，必以富貴而壽者為貴格，以貧賤而夭者為賤格，然顏子簞瓢陋巷，年三十二而卒，盜跖坐擁富厚，享年亦永，相提而論，無不羨盜跖而憎顏子矣，乃顏子振古常榮，盜跖至今蒙垢，是命之貴賤，惟視其能立大體與否，誠非八字所得操其權也。（《講學錄》一百葉）

又嘗論造物之尊，無形無狀。曰或疑造物之尊，若有端冕垂拱於上者，此荒謬不經之論也。夫人稟造物陰陽之氣以成形，而性即因以賦畀，吾性之靈明不測，在於不睹不聞之中。造物之神妙無方，超於無聲無臭之表。人於一身之內，尚不能狀性為何物，又安能測造物之端倪而狀其像貌？故六合之外，聖人存而勿論，誠以受造者必不能知造之者，理固然也。彼以造物幻為神靈之尊者，不

亦大可笑耶？（《講學錄》二十六葉）

此德沛闢妄之說也。自科學昌明，迷信之俗日減，而星命風水之說，至今猶有娓娓言之者，惟天主教徒無是。是可為德沛奉天主教之旁證者三也。有此三證，則《聖教史略》所謂奉教之某宗室，其為德沛，似無疑義。

當未有《聖教史略》所謂奉教某宗室問題提出以前，吾人讀《實踐》、《講學》二錄，已深覺其與天主教接近。然因其刊佈在禁教而後，初不料其奉教。今考《聖教史略》，則蘇努諸子之奉教，實始於康熙五十八年，最先領洗者為書爾陳，其施洗神父為蘇霖，而某宗室之領洗，更在書爾陳之先。其時西士之供奉內廷者甚多，類能嫻習滿語，與旗人之接觸尤易。吾人今日既可因《聖教史略》之記載，證明德沛之奉教；《聖教史略》亦可因吾人之研究，證明奉教之某宗室為誰，豈非相得益彰哉？

六、清人對德沛之推崇

德沛未仕以前，時人知德沛者稀。既出為兵部侍郎，復刊行《易圖解》、《實踐錄》，時人始稍知德沛。《穆堂別稿》卷二十四有〈易圖解序〉，李鍇有〈實踐錄序〉，《睫巢集》卷五有〈上宗侯德少司馬詩〉，《八旗文經》卷三十三又有李鍇〈上濟齋夫子求書墓表書〉。李紱與德沛同僚，李鍇則乾隆元年博學宏詞德沛所舉士。德沛之見稱於世，自乾隆元年始也。

《易圖解》有甘汝來序，至比之漢楚元王諸孫，曰：先生以天潢貴派，取富貴如寄，而獨淡然無營，輟寢食，抱遺篋，數十年而不替。昔漢河間獻王修學好古，身端行治，楚元王受詩浮邱伯，其後辟彊、德、向，世以儒術顯。先生天性孝友，兄病，親侍湯藥，共臥起者三年餘，人以為難。先生之學，則一以主敬存誠為務，一言一動不肯苟，其視河間王與楚元王諸孫為何如也。

《望溪集外文補遺》卷一，有〈送德濟齋巡撫甘肅序〉，曰：吾友德公濟齋，系出太宗，少藝勇絕人。年二十，櫜弓韜劍，篤志聖賢之學，閉戶窮經三十年。其躬行則以養大體為宗，而實踐之。嘗避所應承公爵，俾兄子嗣焉。方苞以古文名，其為文喜講義法，而疏於事實，曾為李紱所譏。德沛系出顯祖，今謂系出太宗，其差誤乃至二世。德沛讓爵於兄，今謂讓爵於兄子，其誤亦與袁枚所撰碑同。文人之文，不檢若是，欲據為信史，難矣。然德沛為方苞所稱道，則事實也。同卷尚有〈與德濟齋論臺灣鹿耳門險阻書〉，時德沛正督閩浙也。

《嘯亭雜錄》卷五，有德沛逸事二則，稱為濟齋夫子，備極推崇。昭槤為德沛宗人，所述宜可信據。然謂德沛少應襲公爵，讓其弟，亦誤。據〈宗室王公世職表〉，襲公爵者福存第二子德普，德沛兄也。又謂怡賢親王薦於朝，即任戶部侍郎，亦誤。怡王允祥之卒，在雍正八年，德沛之起用，在雍正十三年，當云果毅親王薦於朝，即任兵部侍郎也。

《白下瑣言》卷二，有德沛逸事一則，謂德沛乾隆初總督江南，尤愛士，每朔望躬蒞鍾山書院講學，諸生公服環聽，咸宗仰之。今書院講堂之左，奉王神位，春秋致祭。堂隅有石碑，刻曰，濟齋夫子講學處。士林景慕，沒世不忘云。所謂今者，當為道光間甘熙目睹之詞，至今又越百年，不知其石碑猶在否也。

《郎潛二筆》卷一，對德沛尤傾服。謂本朝宗藩學術之正，政治之醇，莫如簡儀親王德沛；又謂本朝滿洲儒臣，未有膺孔庭從祀之榮者，如王等無愧兩廡人物，惜無人為之抗章乞請云。陳康祺熟諳清朝掌故，當有所見而云然。唯康祺、甘熙述德沛事蹟，多循袁碑之誤。史源不清，濁流靡已。彭紹升〈與袁枚書〉，所謂采道路之傳聞，傳之異日，是非瞀亂，不如舉而刪之為得計者，此也。康祺又謂德沛為太祖皇帝弟濟爾哈齊四世孫，濟字亦誤，當云舒爾哈齊。若濟爾哈朗，則舒爾哈齊之第六子也。《聖教史略》謂某宗室曾奉天主教，而推崇德沛者謂其宜祀孔庭，似乎鑿枘不合。然自利瑪竇以來，有以天主為中心，儒家為面目者矣，亦猶宋明儒之禪心儒貌云爾。況從表面觀之，虔誠之天主教徒，與踐履篤實之道學家，恆無以異也。

附　諸家載德沛事勘誤表

謂德沛少應襲鎮國將軍，誤。	《小倉》《測海》《白下》《郎潛》《文經》
謂德沛少讓爵於從子，誤。	《小倉》《測海》《白下》《郎潛》
謂德沛襲封王爵在乾隆十四年，誤。	《小倉》《測海》《白下》《文經》

謂德沛遷古北口提督，巡撫浙江，在世宗朝，誤。	《小倉》《測海》《郎潛》
謂乾隆七年奏動地丁關稅鹽課銀一千萬，誤。	《小倉》《測海》《郎潛》
謂德沛封王一年薨，誤。	《小倉》《測海》《文經》
謂德沛薨年六十九，誤。	《小倉》《文經》
謂德沛著《實踐錄》二卷，誤。	《小倉》《文經》
謂德沛祖福臘闓封貝勒，誤。	《小倉》
謂德沛系出太宗，誤。	《望溪》
謂德沛讓爵於兄子，誤。	《望溪》
謂德沛讓爵於弟，誤。	《嘯亭》
謂怡親王薦德沛，誤。	《嘯亭》
謂德沛初任戶部侍郎，誤。	《嘯亭》
謂德沛為濟爾哈齊四世孫，誤。	《郎潛》
謂芬古為舒爾哈齊第六子，誤。	《清史稿》
謂德沛乾隆十二年五月署山西巡撫，誤。	《王公傳》《清史稿》

〔載於《輔仁學報》第三卷第二期（一九三二年七月）〕

天主教徒英斂之的愛國思想

前幾天我對輔仁的天主教徒講話，曾提到：「輔仁大學創辦人馬相伯、英斂之，就是因為要作天主教革新運動，而受到他們神長的嚴重警告的。」有友人對我說，馬相伯愛國事實，知道的人較多，英斂之愛國事實，知道的較少，願意我再為介紹一次。我就託英斂之老弟子徐希德，替我搜集一些資料，介紹如下。

一、英斂之的略歷

英斂之名華，字斂之，號安蹇，北京旗籍，世奉天主教，少習武藝，工書法，博極群書，能文章。光緒末憤清廷政治腐敗，創辦天津《大公報》，譏彈時事，親貴側目。嘗彙印所著論說，為《也是集》正續編。辛亥後隱居京西香山靜宜園，創辦靜宜女學、輔仁社，兼辦慈善事業，至今京西香山一帶五十歲以上的農人，很少有不識英斂之的。最後創辦輔仁大學，一九二六年正月卒，年六十一。著有《萬松野人言善錄》、《安蹇齋叢殘稿》、《勸學罪言》等等。《清史稿．文苑傳》，英華附〈斌良傳〉，因他們都是旗人的原故。

二、為反對教士愚民政策上書教廷

三十年前，中國天主教悉掌握在法國人手裡，在法國的本國，雖不重視天主教，但在中國，天主教卻由法國保護，英歛之曾極力運動天主教脫離法國羈絆。民國元年，上書羅馬，言傳教士不喜歡學問，專欲愚民，且宗派觀念甚深，各會互相猜忌，嗣後傳教，應不限定一國，不限定一會，並主張能大量養成中國籍傳教士，俾得自傳。這是今日三自運動[1]中，最重要的一點，三四十年前，歛之已見及此。他上羅馬書說：

> 即以北京而論，我教不獨無大學、無中學，並高等小學而無之，只有一法文小學，學費之鉅，只可招教外人來學，學成之後，只可依法國人謀生。蓋來華傳教士，喜用學問誘掖人者有幾，

1 中華人民共和國成立後，中國基督教開始推動「三自運動」，包含「自治」：中國基督教會事務獨立於國外宗教團體；「自養」：中國基督教會財政獨立於國外政府和國外宗教團體；「自傳」，完全由中國教會的傳道人傳教、解釋教義。

> 教中所養成者，椎魯而已，苦力而已，求能略知時務，援筆作數行通順語者，寥落如晨星。亟望多遣當會博學良善而心謙者，廣為師傅，其奉遣之人，能不拘何國，不限在會，似更相宜。倘拘定一國，則政治家視為國教而啟猜疑；倘限定在會，則不但會與會此疆彼域，猜忌爭權，往往視不在會者，如征服之國民，防禦之惟恐不密，其有礙廣揚之道，尚待言乎？但一國之廣揚，以往例今，端恃本國之有神品者繼承不絕，譬如一家之內，貴能自食其力，萬不能專恃外債生存。

斂之選擇教士標準，要博學良善而心謙的，可見當時外國的傳教士學不盡博，心不盡謙，而又不盡良善了。百年來中國受帝國主義的壓迫，久已變成半殖民地，他們傳教士何必要博學的，何必要心謙的，又何必要良善的呢？只有一副帝國主義的心腸和面孔就夠了。

三、為教士排斥中國學問阻止教徒愛國特著《勸學罪言》

斂之是北京人，當時北京係法國傳教區，斂之的神長，自然係法國人，聽到斂之上羅馬的信，自然不滿。後來斂之又著《勸學罪言》，《勸學罪言》的意思，就是說因為勸人學問，會得罪人。我現在把他《勸學罪言》摘錄兩段出來，看他怎樣開罪了他的神長。他說：

豈不聞教宗訓示傳教者之言乎?爾輩到一國，勿將意國偕去，勿將法國偕去，勿將英、德等國偕去，惟應將聖教會偕去。然吾所目見耳聞者，則法教士惟歌功頌德於法、意、德等教士，惟歌功頌德於意、德。甚至著書立說，惟恐人之不己從，必欲我國教民，作為彼國附屬之民，無不忠敬愛戴而後快。更有荒謬者流，斥我國教民不愛彼國者謂為相反聖教會，謂為不聽長上命。嗚呼!傳教之士，本為愛主愛人，乃今以少數偏私之流，演出形跡，使其人竟如虎倀，其教竟同罪藪，使教外稍具知識之人，但觀皮相，不察實情，何肯歸向。嗚呼!以純正美善之聖教會，竟被諸君作一荊棘險仄之途，使我國人憎惡痛恨，是誰之過。

前歲比國被德殘毀後，該國樞機主教某公，發出勉勵國民書一篇，反復譬喻，諄諄以愛祖國為訓。至理名言，無論有識無識，莫不感痛。至於我國宣道者，從未聞有提及愛國者，或有之吾未之聞也。豈聖教道理，獨於中國教民，當使之愛外國乎，真欲索解人而不得矣。

四、為友人駁他《勸學罪言》覆友人的信

斂之《勸學罪言》出後，教中大為震動，受到他的神長警告。就在這時，他的朋友表示同情者很多，但不以為然的也不少。他南方有一個朋友來信勸他要謙遜、要忍耐、要聽神長的命，不應指

斥長上之非。這個朋友，聞說是上海朱志堯，他是馬相伯的外甥，英斂之的至友。斂之因此又發表一篇〈覆友人駁勸學罪言書〉說：

反對學問之事，吾處自上至下，幾有一德同風之慨。緣居上峰者既非本國人，腦中每橫亙一中國野蠻之見，既屬野蠻，安有學問之可言，教民視外國神父主教如天神，其所好所惡，皆奉為模範，故於不知不覺中，已受其潛移默化。我北方向來對於報館學問，視如仇敵，百般詆毀，教中既無正當學堂，而教友有出外就學者，幾以背教視之，此等情形，閣下亦曾聞之否耶。

至於國際之憑陵，種族之畛域，黨派之攻擊，皆牢不可破。其違反誡命，拂逆人情之事，欲畢述之，窮年莫竟。總之此輩所挾持者，惟一勢力權位之見，竟有明目張膽向華鐸宣言者，云「若無我等，爾輩皆餓死矣。」所以華鐸踡跼如轅下駒，悵惘如喪家犬，忍氣吞聲，震懾失措者比比然也。總之絕無公理之可言，誰使吾國不能強盛乎，然則聖教會果有國勢盛衰，種族強弱之別乎，此吾所以竟敢以公理為爭，而絕不認吾輩生就永當居於奴隸地位也。

五、為宣傳《勸學罪言》給他兒子的信

斂之上羅馬教廷書，主張多培植華籍神甫，但是華籍神甫和華籍修士，向來受外籍主教神甫的蔑視奴視，不讓他們出頭，不讓他們讀書，恐怕他們有了學問，有了知識，就不好管制，不好役使。斂之有一封信給他在比國留學的兒子，信上說：

前次我寫信，已略將中國教務情形，述說一二，為教你知中國教務腐敗黑暗，而傳教諸人所汲汲皇皇者，惟知保存一派系之勢力，而某國利用此虎倀，利用此魚餌，絕不肯平白的舍棄其權利。傷哉我中國教民，痛哉我中國教務，但按如今光景，萬沒有發達廣揚之望。請問我國中稍有知識，稍具人格者，誰肯甘心作一附屬品，而買定永世奴隸乎。我中國眾主教會議，為修道者絕不准傳其高等學問，臘丁文亦劃定界限，不准多學，故修士中無論西文中文，能寫一明白通順之信者，幾如龜毛兔角。以如此之束縛壓制，焉望有出類拔萃之才乎。宗座屢屢催問，為何中國不派修道生至羅瑪讀書，而應者寥寥，即此一端，眾傳教者，對待中國之心理，可揣想矣。中國果無一人可造就乎，果皆驕傲乎，果皆愚頑乎。前次我將《勸學罪言》兩本與你寄來，為是你得便與眾人講說，今更將譯成法文之《罪言》，及上宗座書，掛號寄來，汝可交與該會重要人物參考，以免漢文或有悞會。我也不敢說我所見者一一皆是，到底我深願該會人等，於未來中國之先，心中先了然我國教務積弊，加意警惕，以免覆轍相循也。

六、為刊印愛國愛教書籍給某教士的信

英斂之愛國愛教，憤外國傳教士阻止教徒學問，阻止中國籍神甫學問，又專播揚中國的缺點，抹煞中國的優點，所以他除刊佈他的《勸學罪言》外，又常刊印明末愛國天主教徒，像徐光啟、李之藻等所著書籍，廣為傳布，他集中有寄某公書說到此事。教徒印佈教中書籍，例應得主教許可，但他所印的書，多未經主教批准，因此也大受外國教士的指摘。他寄某公書上說：

我教中自屏斥中國學問以來，所受之損失不可紀極，而且自滿自是，毫不覺悟，安望其傳於中上社會耶。以上海為教中文明中心，而司筆政管書樓者，皆不通之人，每為我國肯研究道理之士夫所譏笑。教中掌大權者，若但知保持一派系或一國籍之勢力，則任其所為，倘真有救拔中國，廣揚聖教之誠心，非痛改舊轍不可。憤悶所積，每一發言，則不免涉於激烈。然只足為知者道也。

吾國教友，大都皆椎魯無識之輩，而外人又多存種族鄙薄之心，故決不知我所刊印之書為可

貴。北堂新出之《拳時上諭》，名稱及內容之惡劣不通，固不足責，然舊汙重播，使人對於中國不能不生憎惡鄙薄之心，是其效果，而上海雜誌，反譽揚之。一群無善知識之輩，任意妄為，同惡相濟，誠堪痛惜。某所印各書，人皆以為未有主教准定字樣為懼。近見各處所出之書，命意之惡劣，文辭之俗鄙，往往使人閱之欲嘔，而皆有某某主教准字樣，主教之權，在吾國亦太浪用，吾反幸吾書之未有此。神父聞之，得無謂吾為裂教乎。

這某公，係指中國籍神甫蕭若瑟，曾著《聖教史略》，是比較開明的神甫。斂之以一個忠誠的天主教徒，發憤著書，提倡愛國，受到外籍教士的種種恐嚇、威脅，而無一點懼心，真可謂「豪傑之士」了，他弟子徐希德搜集他的愛國資料，尚有兩件，並為介紹。

七、為反對袁氏稱帝給某教士的信

一九一五年年底，袁世凱預備稱帝，曾利用宗教界為之捧場。當時天主教徒，辦有一個《益世報》，事前不敢讓斂之知道，事後竟發表有附和帝制的言論，大為斂之所不滿。斂之素疾視袁世凱，又深惡當時《益世報》某教士左右的天主教徒，種種汙濁，特寫信與某教士嚴斥之，信上說：

《益世報》之創辦，自始至終，諱莫如深，某亦何苦妄加干涉，然早斷其必無好果矣，因靛缸不能出白布也。乃報紙既出，果汙詞穢語，不一而足。以教會教友之資本，作相反道理之提倡，已為不合，乃愈出愈奇，「彌撒」「聖體」之字樣，竟與壯陽海狗腎同列於廣告，某誠不知何所取義也，其效果但令人識此惡劣之報，為天主教人所辦而已。今者更窮促無歸，勢迫利使，遽變宗旨，醜態百出，犯社會之公怒，南北各報排斥之來者，已不一見矣。在教會出名之報，本當處於中立地步，前者以無端之邪火任意譏貶；今者又以無端之邪火百般諂媚，脅逼要挾，情形顯然，無怪人言之嘖嘖也。某固知言論有自由權，某亦何敢妄干人之自由。惟念我亦天主教一份子，今見此玷辱聖教道德，敗壞聖教名譽之事，倘緘嘿不言，天良何在。而公左右之人，非貪功之儔，即謀利之輩，終日慫恿覬覦，非升官即發財，而口中所託者，則廣揚聖教救人靈魂，以此，公遂為其所賣，供其所役，雖至死而無悟矣。今《益世報》惡果已成，其已暴露之汙點，非一時所能洗刷，最妙惟求公此後不必以聖教會之事之言，登之該報，以清界限，無重為我聖教會羞，是所切盼。

信上雖未明言他們贊成帝制，但就是因為他們贊成帝制，不過信上不便明白說出而已。三十五年前斂之已經反對教徒利用教會報紙向竊國大盜袁世凱獻媚，後來教會的敗類于斌之流又利用這個《益世報》向人民公敵蔣介石獻媚，和美帝國主義勾結在一起，這真是教會的罪人了。今日天主教徒對愛國運動還有遲疑和顧慮的，都是受了于斌之流的影響，這是不能否認的。

八、為反對官僚媚外給某部長的信

斂之晚年居香山靜宜園，辦靜宜女學，上文已說過。當斂之居靜宜園時，有某部招待某國人遊園，不告而入，守者拒之，某國人拂袖而去，某部竟以「開罪洋人，有礙邦交」責成靜宜園。斂之憤慨異常，今文集有致某部長書一封，說：

鄙人自接領靜宜園以來，即請該汛守備，張貼布告，以杜人任意殘毀踐踏，併寫有英法德三國文字，以示外人。大致謂本園係有主權之地，凡欲進游者，必須先出名片，許可而後得入。間有不知自愛之洋人，挾其平素奴視華人之氣焰，或徑行闖入，或踰垣而入，或呼啟室而欲留宿，無不以理折之，而未嘗苟從。因我國勢雖弱，主權究在，非可任彼玩易，視為戰利品也。前接貴部電話，言有部員兩人偕一洋人欲住梯雲山館，當即經同人打掃預備。詎至時部員未來，聞有洋人兩名，竟乘馬登山，直至梯雲山館，遣一不知誰何之人，欲索鑰啟門，問其洋人何來，不知，問其姓名，不知，同人以此等不通姓名，闖然直入之人，已不以體面自居，門首英法德三國文字，然則彼一不之識邪，如識則竟悍然不顧，此尚為守禮法之人邪，是以令其下山而詳詢之。詎洋人下至學堂，作種種盛氣凌人狀，同人雖以平和對待，問姓名不答，竟拂袖而去。旋由貴部來人，謂本園開罪洋人，有悞邦交，併違部命。聽聞之下，不知所措。但小民下情，有不敢不上白者。按前張總長捐款修館時，雖有部員來此留宿之口約，然未有鄙人等執役伺應之契券也，更未有招待洋人之條件也。況修館之款，雖大數出於部員，而零件餘款，皆鄙人措辦。今竟以部員之爽約不來，而遷怒於本園，一似該館為貴部獨有，同人為貴部卒隸者，亦未免過於振作，勇於任事矣。同人無端受辱，分所當然，但此後應如何供應部員，恭順洋人之處，伏候頒示遵行，以免再有干冒。嗟嗟，生今之世，為今之人，尚何言乎。長官對於小民，雖極優容，洋人對於華人，雖極含忍，奈小民不能先意承旨，搖尾乞憐何。奴隸牛馬，吾知其難免乎今之世矣，嗟乎，夫復何言。

信中的前張總長，係指南通張謇，某部長似係指農商部長周自齊。這信雖與教務無關，但斂之的愛國精神和民族氣節，是值得提倡的。

九、現在天主教徒應學習英斂之的愛國精神

以上種種，都係英斂之愛國愛教維護主權的表示，足為現在的天主教徒榜樣。三十年前中國的

天主教，本為法帝國主義所把持，自第一次世界大戰後，各國的天主教，已漸漸轉移為美帝國主義所操縱，這是中國天主教徒們，所應當注意的。我們久受帝國主義壓迫，尤其是受美帝思想侵略影響的天主教徒們，一定要認清當前的環境。斂之所說的種種現象，現在有的還存在，有的更加甚了。在舊社會裡，統治階級和帝國主義是互相勾結、利益一致的，老百姓受了欺侮和壓迫，沒有人替你說話，且常常是在他們「盛氣凌人」之下，我們一定要作「奴隸牛馬」，不然就會「有礙邦交」，在這種情況下，斂之還能這樣的反對侵略，抗衡權貴。今天的社會，基本上已變了樣子，在新社會裡，我們任何一個中國人民，包括天主教徒在內，都不能再受帝國主義的欺侮和壓迫了，天主教徒們，更要認清反侵略就是愛國，只有發揮愛國主義思想，才是真正的天主教徒。斂之所說：「豈聖教道理，獨於中國教民，當使之愛外國乎？」這話是說得很沉痛的。肅清這些殘存的帝國主義侵略的思想影響，是非常必要的。

中國的天主教徒們，既有這光榮的愛國傳統，所以無論是教徒是神甫，都應當繼承和發揚這愛國的傳統，學習英斂之的愛國精神，和中國全體人民一道，用具體的實際行動，參加抗美援朝保家衛國運動，為爭取全人類的永久和平而奮鬥。

一九五一年三月二十三日

（載於《光明日報》，一九五一年四月二日）

教海一楫

在神職班面前，教我來一個傳教工作的講演，實在是班門弄斧。今天這個題目，係我瞎編的。百年前有個包慎伯先生，著一書講作文與寫字，名《藝舟雙楫》；後來康有為先生著一書專講寫字，也名《廣藝舟雙楫》。有人問他：還有一楫那裡去了？他笑說：一楫就可作雙楫用了。這雖是一時搪塞的話，但在中國社會中，有時字比文還切用。今天所講的就是說傳教工作寫字的重要。

中國社會，向來重字，字與畫並稱，都被視為美術之一。《論語》說：「子所雅言，詩書執禮。」這個書字，是「書同文」的書，「子張書諸紳」的書，不是指《書經》，孔子平日所常講的，就是教人寫字。孔子又說：「志於道，據於德，依於仁，游於藝」，藝就包括寫字在內。

自漢魏六朝唐宋以至於清，無一代不注重寫字，社會既以寫字為重，於是凡欲與社會接近的，就要先寫好一手字，不論是智識階級，是和尚，是道士，是女人，無不注重寫字，就是外國人，來到中國，亦無不注重寫字。這些以書名家見於記載的，和尚有個智永，道士有個陶弘景，女人有個衛夫人，外國人有個康昕，都是南北朝著名的書家。現在所流傳的字帖，如〈聖教序〉、《黃庭經》

等等亦無不與佛教道教有關。又元朝外國人到中國後，能以書出名的尤多，詳見我所著的《元西域人華化考》。

自從鴉片戰爭以後，中國國勢衰弱了，世人都瞧中國不起，加以道咸同光四朝，凡是朝考殿試，都特別注重寫字，於是談時務，講變法的，就要攻擊寫字，說「字不過是一種符號，何必用畢生精力來講究他？」這句話是不錯的，可惜矯枉過正。教會遂受了這句話的影響了，今日全國教會都不甚注重寫字，大約由於這個關係，這真是「因噎廢食」了！

俗語說得好：「字乃文的衣冠。」試問衣冠不整，可以傳教嗎？與人來往書札，行款不講，錯字連篇，可以傳教嗎？教堂所掛的扁額，所立的碑銘，字體惡劣，可以傳教嗎？反過來說，教士寫得一筆好字，自易與人周旋，得人另眼看待。不論在鄉村，在都會，替人寫一條子，寫一廣告，寫一標語，如果寫得齊整，寫得漂亮，自然被認為智識階級了。與人寫紀念冊，人歡迎；與人寫扇面，人歡迎；與人寫條幅、寫中堂，人歡迎；與人來往書札，人歡迎，這真是極「遨遊人海」的快樂了。

現在中國社會，仍然是重字，不在中國傳教則已，要在中國傳教，非好字不可；不與中國人來往則已，要與中國人來往，非好字不可。我見傳教的，或利用音樂，或利用圖畫，或利用醫藥，或建築美麗的教堂，或練習一口流利的國語，無非是想引人入勝，何以對於中國社會共同尊重的字，獨不注意呢？難道真是受了前清末年談時務講變法的反對寫字的影響嗎？但康先生就著書專講寫字了。

寫字並不難，要寫到特別好自然難，但要寫到水平線上並不難。我見近代的傳教士如雷鳴遠神父等，就寫到水平線上了，雷神父所以能寫到水平線上，係因親炙英斂之先生的緣故。近日輔仁大學司鐸書院的司鐸，多能注意寫字。「行易知難」，先要感覺到字的重要，並得名師的指示，就自然會向上了。我相信五年十年之內，中國教會必定有許多書家出來，可以一洗百年來的固陋。

（作於一九四七年八月）

回回教入中國史略

今日講演此題，適遇回曆一三四五年齋月第一日，事極湊巧。二十年前，余即有意編纂《中國回教志》。其總目如下：

一、宗派志
二、典禮志
三、氏族志
四、戶口志
五、寺院志
六、古蹟志
七、金石志
八、經籍志
九、人物志　經師　卓行　政績　武功　文苑　方術　雜流　列女

十、大事志

附　中回曆對照年表

歷代哈里發世系表

唐宋遼大食交聘表

元明清回回科第表

但以關於戶口、寺院、金石諸門，非實際調查不可，而中國回教團體，組織不完備，調查殊感困難，故此書至今尚未完全成功。近又思縮小範圍，改變體例，名為《中國回教史》。今晚所講，即其中之一部分。

欲知回回教進中國的源流，應先知中回曆法之不同。回曆以三百五十四日或三百五十五日為一年，並無閏月。若以中曆與之對算，則每經三十年即差一年，百年即差三年，一千年應差三十年矣。故摩訶末之生卒，及創教年代，與乎回教在中國情形，若照中曆計算，則無不錯。然中國人言回教者，對此多不注意。宋人所著《癸辛雜識》，清人所著《西陲要略》，及近人所著《新疆禮俗志》等，皆論及回曆，而均言其以三百六十日為一年。《西域聞見錄》、《回疆通志》等，則又謂其以三百六十四日為一年。長春《西遊記》，查慎行《人海記》，徐松《水道記》等，則均誤以回曆十月一日開齋節為歲首。周密《癸辛雜識》則以回曆十二月十日之禋祀節為歲首。李光廷《漢西域圖考》則誤以土魯蕃回曆一〇八三年之貢表在順治十一年。據《池北偶談》，則實在康熙十二年。由此可知，欲治中國回教史，必先明白回曆與中曆不同始。

元長春《西遊記》以元太祖十六年辛巳（一二二一年）十一月四日為回教歲首；此誤以回曆六一八年十月一日開齋節為歲首也。

清查慎行《人海記》（《正覺樓叢書》本）以康熙己丑八月初三日為回回歲朝（己丑八月為回曆七月，乙丑八月為回曆十月）；此誤以回曆一〇九六年十月一日開齋節為歲首；而刻本又誤乙丑為己丑也。

清徐松《水道記》以嘉慶二十四年六月初三日為回教歲首；此誤以回曆一二三四年十月一日開齋節為歲首也。

宋周密《癸辛雜識》以元至元二十二年乙酉正月十二日為回教歲首；此誤以回曆六八三年十二月十日禋祀節為歲首也。

問回教何時入中國，多數言隋開皇中。「隋開皇中」四字見《舊唐書．大食傳》，《舊唐書》本之賈耽《四夷述》。然此四字係述摩訶末先代之情形，非謂其教此時入中國。

又回曆紀元，明以來皆謂始於隋開皇十九年己未（五九九年），其誤因洪武十七年甲子採用回曆時，為回曆七百八十六年，由此按中曆上推七百八十六年，故有此說。若按回曆上推七百八十六年，則實為唐武德五年壬午（六二二年）。與開皇己未說，相差至二十三年。此二十三年，為研究中國回教源流者一大癥結。今年為回曆一三四五年，若由今年按中曆上推一三四五年，當為陳後主至德元年（五八三年），則相差至四十年矣。明乎此，方可言回教何年入中國。

中國回教書中有一部極鄙俚而極通行之書，名曰《回回原來》，又名曰《西來宗譜》。其言回教入東土之始，謂始自唐貞觀二年，識者多鄙此書為不足信。然一考其說之由來，亦由誤算年數，非有意作偽可比。所謂貞觀二年者，實永徽二年也。《舊唐書》本紀及《冊府元龜》，均謂永徽二年大食始遣使朝貢。何以知為始？因唐代外使來朝，向有銅魚之制，雌雄各一，銘其國名，置於彼國，見《唐會要》。其初次通使者當無此，故知為始來。貞觀二年與永徽二年適差二十三年，其說本不謬，特誤算耳。《舊唐書．大食傳》又謂永徽二年大食使來，自言有國三十四年，已歷三主。今考永徽二年，為回曆三十年至三十一年，與三十四年之說不合。據《舊唐書》本紀及《冊府》，則永徽六年大食再朝貢，〈大食傳〉蓋誤以永徽六年使者之言為永徽二年使者之言也。永徽六年為回曆三十四年至三十五年，正回教第三代哈里發（教主）奧自鑾在位之時，有鄙著〈中回曆對照表〉，及〈歷代哈里發世系年表〉可參考。總之，大食與中國正式通使，確自唐永徽二年（六五一年）始。廣州北門外有斡歌思墓，回教人認為始至中國之人，其墓碑謂建於貞觀三年，以相差二十三年之說例之，此墓當亦為永徽三年所建。

大食在唐宋間與中國之關係，殆如今日之英美，明時之葡萄牙。當時外國來華之海船，以波斯大食為最多。《太平廣記》論波斯大食商胡之事，輒侈言其豪富。《舊唐書．鄧景山傳》言田神功兵掠揚州，波斯大食商胡死者數千人。揚州一處如此，則其人數之多可想。

中國典籍記回教事最早而又最正確者，當推杜佑《通典》。佑之族子杜環，天寶間曾隨高仙芝西征，居西域十二年，從海道由廣州歸國。所作《經行記》，今不傳，然《通典》常引用之。茲擇錄其一二：

> 大食有禮堂，容數萬人。每七日，王出禮拜，登高座，為眾說法曰：人生甚難，天道不易。姦非劫竊，細行謾言，安己危人，欺貧虐賤，有一於此，罪莫大焉。凡有征戰，為敵所戮，必得升天。殺其敵人，獲福無量。（《通典》引杜環《經行記》）
>
> 胡則一種，法有數般，有大食法，有大秦法。其大食法者，不食豬、狗、驢、馬等肉，不拜國王父母之尊，不信鬼神，祀天而已。其俗每七日一假，不買賣，不出納。（同上）

此種記載在唐以後中國書中言回教者，實未見有此清楚。所謂法，即教也。大食法，回教也。大秦法，景教也。

回教有著名之碑，在陝西西安禮拜寺。是碑題唐天寶元年戶部員外郎兼侍御史王鉷撰。天寶元年為西曆七四二年，較建中二年（七八一年）所立之〈景教碑〉，尚早四十年。此碑若真，其價值可想。然其碑文語意，純是宋明以後語，與唐人語絕不類，其書法亦非宋明以前書法；且譯「摩訶末」為「謨罕默德」，尤為元末明初人譯音！此節下文說明之。以此知此碑為明時所造。然唐時著名人物極多，何以碑用王鉷名字；王鉷名譽並不好，《唐大詔令集》有賜王鉷自盡詔；若謂明人作偽，何必託之王鉷。且《舊唐書．王鉷傳》，天寶元年，鉷正為戶部員外郎兼御史，其前後一二年，則不是此官，可見年代官職，並不錯誤。吾因此事，蓄疑有年，後在《全唐文》發見王鉷有上玄宗捨宅為觀表，言宅在城南安化門內。竊疑此碑或即王鉷捨宅為觀時所建。後此觀入於回教人之手，乃就原碑磨改為回教寺碑，而仍用天寶元年戶部員外郎兼御史王鉷銜名入石也。

杜環《經行記》所記大食王告眾語，絕似道教之〈太上感應篇〉文。王鉷捨宅而成之道觀，後又入於回教人之手，亦宗教史上極有趣味之問題也。

唐時回教勢力占領中亞細亞之先後，據慧超《往五天竺國傳》及《冊府元龜》，即可知其形勢。《冊府元龜》開元六年吐火羅，七年安國，俱密國，康國，十五年吐火羅等，均有為大食侵略，向唐請兵之語體表文。據此等表文，可知大食當時對待異教國增稅之重。而戰將屈底波之名，亦於此時見知於唐。然唐對於各國之請援，均未之許。由此知唐人於大食情況，極為瞭然，不敢輕於用兵也。

唐人不獨不願與大食結怨，肅宗時且曾借大食兵以平安史之亂，其後更有主張連大食以抗吐蕃者。《通鑑》言：貞元三年李泌主結大食以抗吐蕃，言：大食在西域為最強，自蔥嶺盡西海，地幾半天下，代與吐蕃為仇，臣故知其可招。此等見解，全因當時與大食交通頻繁，習聞外事所致。《經行記》言在大食見有京兆人樊淑、劉泚，河東人樂隱、呂禮等。《通鑑》言：天寶以來，胡客留長安者四千人。恐今日東交民巷外僑未有此眾。

總之，唐與大食關係密切，就拙著〈唐時大食交聘表〉，由永徽二年（六五一年）至貞元十四年（七九八年），百四十八年間，正式遣使之見於記載者，已有三十七次。其遺漏未及記載者，當更不止此。

至於五代時，回教無大事可記，且時代亦短，但其中頗有足資談柄者。唐時有大食人李彥昇成進士，五代時亦有波斯人李珣，兄妹皆有才名。

黃休復《茅亭客話》　李四郎名玹，字廷儀，其先波斯國人，隨僖宗入蜀，授率府率。兄珣，有詩名，預賓貢焉。玹舉止溫雅，頗有節行，以鬻香藥為業。暮年以爐鼎之費，家無餘財，惟道書藥囊而已。

何光遠《鑑誡錄》　李珣，字德潤，本蜀中土生波斯也。少小苦心，屢稱賓貢。所吟詩句，往往動人。尹校書鶚者，錦城煙月之士，與李生常為善友。遽因戲遇嘲之，李生文章，掃地而盡。詩曰：「異域從來不亂常，李波斯強學文章；假饒折得東堂桂，胡臭薰來也不香。」

楊慎《詞品》　李舜絃，李珣妹，為王衍昭儀。饒詞藻，有〈鴛鴦瓦上〉一首，誤入《花蕊夫人集》。詞云：「鴛鴦瓦上瞥然聲，晝寢宮娥夢裡驚；元是我王金彈子，海棠花下打流鶯。」

今《花間集》選李珣詞不少，李珣集名《瓊瑤集》。吾因李珣弟李玹以鬻香藥為業，尹鶚詩又有「胡臭薰來也不香」句，因而聯想到《舊唐書．李漢傳》有波斯賈人李蘇沙獻沉香亭子材事。珣、玹疑為李蘇沙後人。李時珍《本草綱目》引李珣《海藥本草》謂為肅代時人。然吾觀《海藥本草》

所引有段成式《酉陽雜俎》，則珣必在段成式後，其為五代時世業香藥之李珣無疑。然則珣並知醫，與元末回回詩人丁鶴年之兼擅醫術同，亦回回風俗也。吾有李珣《海藥本草》輯本。又《圖繪寶鑑》稱李舜絃夫人能畫，不獨能詩，亦才女也。南漢後主劉鋹亦娶波斯女，賜名媚豬，不似李舜絃之溫雅矣。

至於宋代，關於回回教史料甚多。其與他代特異者，則每以佛的名稱施於回回教。如：

周去非《嶺外代答》　麻嘉是「佛」麻霞勿出世之處，有「佛」所居方丈，以五色玉結甃成墻屋。每歲遇「佛」忌辰，大食諸國王，皆遣人持寶貝金銀施捨，以錦綺蓋其「方丈」。

朱彧《萍洲可談》　廣州蕃坊，蕃人衣裝與華異，飲食與華同。或云其先波巡嘗事瞿曇氏，受戒勿食豬肉，至今蕃人，但不食豬肉而已。

方信孺《南海百詠》　番塔始於唐時，曰懷聖塔，凡六百十五丈（？）。每歲五六月，夷人率以五鼓登其絕頂，叫「佛」號。下有禮拜堂。

趙汝适《諸蕃志》　大食王與官民皆事天，有「佛」名麻霞勿。七日一削髮，剪甲。歲首，清齋念經一月，每日五次拜天。

岳珂《桯史》　番禺有海獠，性尚鬼而好潔，平居終日相與膜拜祈福。有堂焉，以祀名如中國之佛，而實無像設，稱謂聱牙，亦莫能曉，竟不知何神也。堂中有碑，高袤數丈，上皆刻異書如篆籀，是為像主，拜者皆嚮之。

鄭所南《心史》　回回事佛，創叫「佛」樓，甚高峻。時有一人發重誓，登樓上，大聲叫「佛」不絕。

「麻霞勿」為閩廣語，即「摩訶末」之異譯，下文說明之。宋時市舶之利甚溥，為當時收入之一大宗。廣州、泉州尤盛。漢回通婚之事亦恆見。

《粵海關志》引《宋會要》：紹興七年，大食大商蒲亞里既至廣州，有右武大夫曾納利其財，以妹嫁之，亞里因留不歸。

五代時國主喜納波斯女，而宋時宦族亦愛嫁大食人。遼時大食國王請婚，亦曾以公主嫁之。阿薩蘭回鶻亦曾娶遼公主，均見《遼史》。可見五代遼宋時與回回通婚一事，上有好者，下必有甚焉者也。至遼宋與大食信使之往還，具詳吾所作之〈遼宋大食交聘表〉。由遼天贊三年（九二四年）至宋開禧間（一二〇七年），凡二百八十四年，正式遣使見於記載者三十九次。《宋史》所闕，可以《文獻通考》所載補足之。

宋與大食之通使，多由海道。遼與大食之通使，多由陸路。遼宋時回回國境，蓋盡占中亞大陸也。遼既嘗與大食通婚，故後為金所侵，耶律大石乃率兵西去，遺回鶻王書曰：「我將西至大食，假道爾國，其勿致疑。」所以然者，亦以與大食有姻誼耳。其後卒建國於回回地，號西遼，凡八十八年，始為元人所滅。大石女名普速完，曾權國稱制，在位十四年，吾因其名普速完，疑其曾奉回教也。

至於金代與回教之關係，記載頗缺乏，然劉祁《歸潛志》稱南渡將帥著名者有郭阿里。就其名觀之，其為回回教人無疑。《歸潛志》又載一事，云牙虎帶會宴，諸將並妻皆在座。時共食豬肉饅頭，有一將妻言素不食豬肉。牙虎帶趣左右易之。須臾食訖，問曰：爾食何肉？其人對曰：蒙相公易以羊肉甚美。牙虎帶笑曰：不食豬肉而食人肉何也？爾所食非羊，人也。其人大嘔，疾病數日。據此，則金時回回人固有以武功顯者矣。

至於元時，回回人勢力尤大，著錄於《元史．氏族表》者逾百人，贍思著述至十餘種，丁鶴年則現尚有《丁孝子集》行世。也黑迭兒則為今北京宮城之創建人。一時不能盡述，可參觀拙著《元西域人華化考》。又《元典章》、《元史．刑法志》多提及回回人詞訟，並云「哈的大師只掌教念經，回回詞訟交有司問」。可知回回人之眾。《至順鎮江志》詳載當時鎮江各色人戶口。試列為細表，則可知當時回回人與各色人比例之確數。

關於回回名稱的起原，研究者頗不乏人，如錢大昕、李光廷、丁謙均有所論列。其名實由回紇轉變而來，列表於左：第一表（甲）行，為摩尼教時代之回鶻。（乙）行，為非阿薩蘭教之回鶻。（丙）行，為改從阿薩蘭教之回鶻。觀此可知回回名目，由回鶻轉變到回回之次第。但上所引諸書，有一名互用，及後人誤改者。如同一「外五」，《秋澗集》以之代表非回回，《郝經集》則以之代表回回，是也。

回教本名伊斯蘭，然伊悉爛之名，早見於《冊府元龜》及《唐書．西域傳》。中亞細亞國王之名阿悉爛者多有，阿悉爛之異譯，如第二表。

至於回回教之名稱，各代不同，如第三表。

回回教徒之名稱，各代譯音亦不同，如第四表。

第一表

- (甲) 回紇（唐）——回鶻（唐元和以後）
  - (乙) 回鶻（遼、五代史）——回鶻（宋金元史）
    - 外五　秋澗集
    - 偉兀　歐陽圭齋集
    - 畏吾兒　元史
    - 畏兀兒　元史
  - (丙) 阿薩蘭回鶻（遼史）——回回（遼史）
    - 回紇　黑韃事略　癸辛雜識　心史　西遊記　西遊錄　元史
    - 回回　黑韃事略　心史　宋史兵志　元史
    - 外五　郝經集

第二表

（唐書）阿悉爛——（唐書）伊悉爛——（遼史）阿薩蘭／（遼史）阿思懶——（宋史）阿廝蘭——（元史）阿昔蘭

第三表

（唐經行記）大食法——（宋諸蕃志）大食教度——（明初瀛涯勝覽）回回教門——（明）回回教——（明）天方教／（明）清真教——（今）回教

第四表

- 摩思覽（唐冊府元龜）
  - 大石馬（長春西遊記）
    - 答失蠻（元史）
    - 達失蠻（至元辯偽錄）
    - 達識蠻（至正岳廟碑）
  - 沒速魯蠻（劉祁北使記）——謀速魯蠻（耶律西遊錄）
    - 木速兒蠻（元史）——穆士林（今）
    - 木速蠻（元史）
  - 普速完（遼史）
  - 蒲速斡（金史）
    - （普速完、蒲速斡）——鋪速滿（長春西遊記）

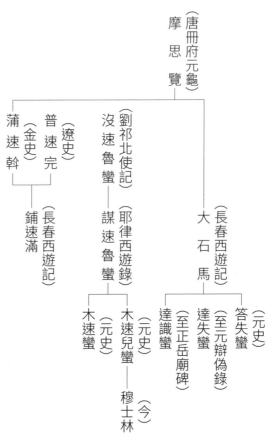

「摩訶末」名稱，各代譯音亦不同。列表如次：

(唐經行記)	(唐賈耽四夷述)	(宋嶺外代答)	(元史)	(元末明初)
暮門——	摩訶末——	麻霞勿——	馬合麻——	謨罕驀德

杜環《經行記》之「暮門」，有連下文「都」字讀為「暮門都」者，如《辛卯侍行記》等是也。《經行記》原文為「其大食王暮門都此處」，言大食王名暮門，都於此處也。「麻霞勿」之名，始見於《嶺外代答》。《諸蕃志》因之，非閩粵音不能得其解也。《明史》於〈天方傳〉稱回回設教之祖曰馬哈麻，於〈默得那傳〉則稱其初國王謨罕驀德，前後相隔不過一葉，殊異若此，則撰《明史·西域傳》者之回教知識可知也。「謨罕驀德」之譯，早見於元至正八年，定州禮拜寺碑，其次則為泉州清淨寺至正九年碑。至廣州懷聖寺至正十年碑猶稱馬合麻。先是「回回」二字，以名種族，不以名教。定州至正八年碑，始以「回回」二字，與教並提，然尚未有「回回教」三字合稱也。清淨寺、懷聖寺碑，更未嘗以「回回」二字與教並提，仍稱大食而已。可知一名詞之成立，亦經若干時之蛻化而成。則天寶元年碑之「謨罕驀德」，其為明人手筆，尚有何疑義。又如「大食」之名，起於唐初垂拱間；《大唐西域求法高僧傳》作「多氏」，開元間慧超《往五天竺國傳》作「大寔」，皆由漢「條支」二字蛻化而來，而今本任昉《述異記》乃有「大食」之記載。任昉梁人，何得來「大食」二字？

其為唐以後人所竄入無疑。

至於明代回回教，乘元代之後，由中亞東來之回回人，散居中國已及百年。以武功著者固多，其讀書應舉者亦不少。僅以元統癸酉（一三三三年）進士題名錄計，回回進士，一科已有十人，其盛可想。明初詔譯回回天文書，主其事者，即翰林院編修回回大師馬沙亦黑等。明太祖文集有翰林院編修馬沙亦黑馬哈麻敕文。永樂間派三寶太監下西洋，所謂三寶太監者，即回回人鄭和也。近雲南昆陽發見李至剛撰〈馬公墓誌銘〉，馬公即鄭和之父，名哈只；哈只者，回人以稱曾朝天方者也。碑言馬公二子，次子和，事今天子，賜姓鄭，為內官太監云。明時回回人給事宮廷者甚多。武宗曾納回回女為妃，事詳《野獲編》及《藝海珠塵．武宗外紀》，不具述。《癸巳存稿》、《野獲編》又有正德間禁宰豬記載，皆與回教有關係者也。陸容《菽園雜記》又有載回人尊孔事，此為中國回教特別情形，與其他外來宗教不同。其言曰：

回回教門異於中國者，不供佛，不祭神，不拜屍，所尊敬者惟一天字，天之外，最敬孔聖人。故其言云：「僧言佛子在西空，道說蓬萊住海東，唯有孔門真實事，眼前無日不春風。」見中國人修齋設醮，笑之。

此詩是否為回回人所著不可知。然《七修類稿》引之，《殊域周咨錄》亦引之。《菽園雜記》著於弘治間，則其說流傳亦古。雲南之有孔子廟，本為回回人贍思丁所創建。明末王岱輿著《清真大學》，亦模倣儒書。雍正間劉智著《天方性理》，又雜以宋儒色彩。凡此皆中國回教特異處，其原因由於讀書應舉，不便顯違孔教也。然因此之故，明人對於回教，多致好評，政府亦從未有禁止回教之事，與佛教、摩尼教、耶穌教之屢受政府禁止者，其歷史特異也。

元明內地回教雖盛，然新疆諸地改從回教之先後，則不可不加以研究。新疆今視為回疆，然在明初，土魯番、哈密猶奉佛教。永樂六年（一四〇八年）土魯番番僧來朝，猶授為灌頂慈慧圓智普通國師，其非回教可知。至成化五年（一四六九年），其酋阿力遣使來貢，自稱「速檀」，則已改從回教矣。永樂間鄭和由海道往西洋，陳誠由陸路往哈烈，經過土魯番，猶謂居人信佛法，多建僧寺。哈密原有回回、畏兀兒、哈剌灰三族雜居，嗣為土魯番所據，始盡從回教。至於天山北路，伊犁等處，清初猶奉佛教，此事別詳拙著《新疆諸地改從回教考》，今不能詳。

清人待回教徒至虐，故回教徒叛清之事亦特多。計自乾隆中葉，至光緒初，中間不過百年，回教徒之叛清者凡五次。今考清代官書之關於回亂者，敘其書名卷數如下：

一、蘇四十三之亂，有《蘭州紀略》二十卷。乾隆四十六年。

二、馬明心之亂，有《石峰堡紀略》二十卷。乾隆四十九年。

三、張格爾之亂，有《平定回疆勦擒逆裔方略》八十卷。嘉慶二十五年至道光九年。

四、杜汶秀之亂，有《平定雲南回匪方略》五十卷。咸豐五年至光緒五年。

五、阿古柏之亂，有《平定陝甘新疆回匪方略》三百二十卷。咸豐五年至光緒十四年。

為書四百九十卷，亙時七十一年。拙著《中國回教志》之〈大事志〉，即記載此項事件。然則謂乾嘉道咸同光六朝，無一朝無回教徒之動亂可也。蓋自乾隆二十三年平定大小和卓木後，清廷氣焰薰天，以為天下莫予毒。暴官汙吏，遍佈回疆，宗室侍衛，掊克無藝。魏源撰《聖武記》，志在頌揚威德，然於《道光重定回疆記》，乃有「各城大臣，威福自出，甚至廣漁回女，更番入直，奴使獸畜」之言，回人不堪其虐，不能不奮臂而起矣。此本屬政治範圍，與宗教無涉。然清代學者對於回人，亦多蔑視。顧炎武《日知錄》謂「回回守其國俗，終不肯變，結成黨夥，為暴閭閻」。杭世駿《道古堂集》謂「回回念禮齋課，日無虛夕，異言奇服，不齒齊民」。學者之立論如此，官吏之橫暴又如彼。生於其心，害於其政，無怪其屢次動亂也。唯今日五族共和，且同為弱小民族，可以免此。

至於回教勢力，雖經清人屢次戮殺，其勢不少衰，今將回教勢力傳播之原因，略舉如下：

一、商賈之遠征；

二、兵力之所屆；

三、本族之繁衍；

四、客族之同化。

第一項為唐時中國始有回教，及宋元時回教繁盛之原因。

第二項為唐時中亞細亞各國及宋明時新疆各地改從回教之原因。

第三項為元明以後，中國回族繁盛之原因。

第四項為在中亞及新疆之蒙古後裔改從回教之原因。

第一第二原因不奇。第三原因，為回教所獨。其始因有飲食習慣不同，不便與異教通婚，其民族遂自為風氣。世代相傳，改宗不易，與其他宗教之父子兄弟信仰或殊者不同。第四原因，尤為回教特色，故中世紀時，雖被蒙族兵威所征服，而蒙人後裔，竟漸次為回教勢力所薰陶，其同化力之強，不可思議。四項原因之外，尚有兩原因：

一、回教在中國不傳教。

二、回教不攻擊儒教。

因不傳教，故不惹異教人之嫉視。所有六朝及唐代元代佛道相爭之歷史，在中國回教史上無有。故唐會昌中毀佛，外來各教，均遭波及；而回回獨守門羅主義，千年來元氣不傷。

又因向不攻擊儒教，如上文所論，回教徒對於孔子，獨致尊崇；故能與中國一般儒生，不生惡感。從未聞回教有受人攻擊，如唐韓愈之闢佛，明沈潅之參天主教者。苟無清朝官吏之苛待，不至有陝、甘、新疆、雲南之事件發生，則回教勢力之保全，尚不止此。

至關於中國回教史之研究，除前述中回曆之不同外，尚有二事，為回教作者之通病，不可不注意：

一、引書不檢原本　凡考證家引書通例，必該書原本已佚，無可尋檢，始據他書所引以為證。

同時並須聲明係據何書所引，不能直稱引用原書。如杜環《經行記》已佚，吾人引用《經行記》，只可從《通典》所引。若其書未佚，即當檢閱原書，不能據他書轉引以為足。又有一記載，必有一起源。如明代諸書所述海外各國，多本於《瀛涯勝覽》、《星槎勝覽》二書。二書所述，係隨鄭和下西洋者所親聞見。此後如《明一統志》，如《吾學編》等所述西洋各國，即本之二書。吾人引用《明一統志》及《吾學編》時，應先知其說之所自出。明萬曆間行人司行人嚴從簡曾著一書，名《殊域周咨錄》，係類集檔案而成，今頗少見，余藏有寫本。明人言回教者，既誤認回教為隋時傳入，又因《殊域周咨錄》有天方默德那傳，於是回教著作中，每發現一奇異書名，其名為何？即「隋書殊域志」五字，或「隋書殊域志周咨錄」八字是也。其始所引，當係曾見《殊域周咨錄》，又理想《隋書》必有記載，遂並引《隋書》。其後展轉引用，不檢原書，遂成此奇異書名。一若《隋書》中實有〈殊域志〉者。故今有一鑑定回教史籍是否可信之捷訣，即凡開卷有引用《隋書．殊域志》此奇異書名者，即謬陋不足據之書也。

二、任意改竄古本　凡考證家引用古書，為行文方便，刪節字句，原無不可。然不能任意改竄，仍稱出自原書，眩人耳目。又一代有一代譯名，如前述「摩訶末」、「謨罕驀德」等譯名，一望即知其為某時代所譯。又如「如德亞」及「猶太」等名，一望即知其為明天主教所譯，抑清耶穌教所譯。後人翻刻古書，應仍原譯，或附注說明亦可。然不能任意改竄原文，致失原來面目。今回教人翻印書籍，輒任意增改，如雍正間劉智著《天方至聖實錄》，「耶穌」之名，原作「爾撒」，近印《實錄》，竟有改刻為「耶穌」者。又如乾隆間金天柱撰《清真釋疑》，後人有補輯者，竟將原書竄亂改編，至不辨誰為金氏原文，誰為後人補輯。甚至翻刻古碑，亦時有此病。前述天寶元年碑，其一例也。凡此皆考究回教史者所當注意。並望回教人士，此後翻刻書籍，應保守原本勿改也。拙著有〈回教漢文著述表〉，為《中國回教志》中〈經籍志〉之一部，今從略。

〔作者一九二七年在北京大學研究所國學門的演講〕

第二輯

通鑑胡注表微

提要

陳垣抗戰期間困留在北平，後期以《通鑑胡注表微》來抒發自己對於時局的種種感想。

《通鑑胡注表微》有著特殊的三層形式：第一層是《資治通鑑》原文，第二層是胡三省針對這段原文所寫的注，第三層則是陳垣對於胡注內容的闡釋。必須用這種形式呈現，因為胡注有特定針對文本，往往無法獨立閱覽；而用這種形式看起來似乎像是繼承了中國古書的傳統，在注底下另外再寫關於注的「疏」或「解」。

不過這種相似性僅止於表面，骨子裡重要的是陳垣讓讀者清楚意識到「胡注」中有一部分其實是「犯規」的內容，胡三省並不是嚴格依照《通鑑》的字句進行註解，而是另外填上了自己的感想、意見。「胡注」並非嚴格的「注」，寫「注」時多加了著作的精神，裡面有胡三省自己的生命經驗體會，更有胡三省所處時代的多方反映。

陳垣的「表微」主要集中在兩個焦點：胡三省的歷史道德評斷，以及胡三省的今昔對照感慨。關於前者，他特別以「書法」一章表出，羅列了如何從歷史事件到司馬光的記錄敘述，再到胡三省的評斷過程，這部分因為文句瑣細，而且採取的道德標準明顯過時了，便未在選文中呈現。至於後者，精選了「感慨」、「生死」兩章，讓大家體會陳垣如何藉由重建胡三省在宋末改朝換代的際遇，對其注文進行字裡行間微言大義的考索。

陳垣特闢「生死」一章，很明顯受到了現實戰爭的衝擊影響。連年戰亂，不只使死亡輕如鴻毛，更給生者一份沉重的「倖存者罪咎感」。見證了那麼多犧牲，經歷了那麼多沒有道理、甚至荒謬的死亡場景，又對照看過了相反情境中偷生的卑微，陳垣必然認真思考己身的生死原則是什麼，臨大事時又該做怎樣的抉擇。

這部分最切身的反思，他不是寄託在上帝信仰或誦經禱告上，而是投射到六百年前的史學家及其著作上，從這點看，陳垣身為史家的身分如此鮮明，獻身於民國歷史遭遇的心境更是如此深刻。

通鑑胡注表微．感慨篇

感慨者，即評論中之有感慨者也。〈鑑注序〉言：「溫公之論，有忠憤感慨，不能自已於言者。」「感慨」二字，即取諸此。然溫公所值，猶是靖康以前；身之所值，乃在祥興以後。感慨之論，溫公有之，〈黍離〉〈麥秀〉之情，非溫公論中所能有也，必值身之[1]之世，然後能道之。故或則同情古人，或則感傷近事，其甚者至於痛哭流涕，如一百四十六卷對於襄陽之陷，二百八十五卷對於開運之亡，是也。茲特闢為一篇，附〈評論〉後，從來讀胡《注》者尚鮮注意及此也。

漢宣帝甘露元年，帝徵馮夫人自問狀。

《注》曰：即此事與數詔問趙充國事，參而觀之，《通鑑》所紀一千三百餘年間，明審之君，一人而已。（卷二七）

1 胡三省，一二三〇－一三〇二年，原名滿孫，字身之，又字景參，號梅澗，宋末元初歷史學家，浙東史學派代表人物。

此所謂感傷近事也。開慶元年，賈似道漢陽之敗，通國皆知，而理宗不知；咸淳間襄陽之圍，亦通國皆知，而似道諱莫如深。《宋季三朝政要》載：「咸淳六年，上一日問似道曰：『襄陽之圍三年矣，奈何？』對曰：『北兵已退去，陛下得臣下何人之言？』上曰：『適有女嬪言之。』似道詰問其人，無何，以他事賜死。自是邊事無人敢對上言者。」時度宗年已三十有一，非沖幼可比，蔽塞如此，身之所以慨漢宣之明審，為千古一人也。

漢和帝永元元年，何敞言諸竇專恣曰：「臣觀公卿懷持兩端，不肯極言者，以為憲等若有匪懈之志，則己受吉甫褒申伯之功；如憲等陷於罪辜，則自取陳平、周勃順呂后之權，終不以憲等吉凶為憂也。」

《注》曰：此言曲盡當時廷臣之情。嗚呼！豈特當時哉！（卷四七）

諸臣非不欲與國家同休戚也，政府既委其權於親戚，有志節者相率潔身而退，所留皆自私自利之徒，終不以諸姦之吉凶為憂，而聽其自生自斃。南宋此風尤盛，國所以日削而底於亡也。

漢順帝陽嘉二年，李固對策有曰：「今與陛下共天下者，外則公卿尚書，內則常侍黃門。譬猶一門之內，一家之事，安則共其福慶，危則通其禍敗。」

《注》曰：此等議論，發之嬖倖盈朝之時，謂之曲而當可也，猶以直而不見容，嗚呼！（卷五一）

漢靈帝建寧二年，大長秋曹節諷有司奏諸鉤黨者。時上年十四，問節等曰：「何以為鉤黨？」對曰：「鉤黨者即黨人也。」上曰：「黨人何用為惡，而欲誅之邪？」對曰：「欲為不軌。」上曰：「不軌欲如何？」對曰：「欲圖社稷。」上乃可其奏。

《注》曰：軌，法度也。為人臣而欲圖危社稷，謂之不法，誠是也。而諸閹以此罪加之君子，帝不之悟，視元帝之不省，召致廷尉為下獄者，闇又甚焉。悲夫！（卷五六）

此二條所謂同情古人也。慶元黨禁之起，元年十一月監察御史胡紘奏劾趙汝愚，謂「汝愚倡引偽徒，謀為不軌」，遂責汝愚永州安置，至衡州而卒，朱子為之注〈離騷〉以寄意。二年八月，紘既解言職，復疏言：「比年偽學猖獗，圖為不軌。近元惡殞命，群邪屏跡，而或者唱為調停之議，取前日偽學姦黨次第用之」云云。則以不軌之罪加之君子者，不獨東漢諸閹為然矣，故身之悲之。

魏明帝青龍二年，亮病篤，漢使尚書僕射李福省侍，問：「蔣琬之後，誰可任者？」亮曰：「文偉可以繼之。」又問其次，亮不答。

《注》曰：費禕字文偉。亮不答繼禕之人，非高帝「此後亦非乃所知」之意，蓋亦見蜀之人

士，無足以繼禕者矣。嗚呼！（卷七二）

溫庭筠〈過五丈原〉句云：「下國臥龍空寤主，中原逐鹿不因人，象床錦帳無言語，從此譙周是老臣。」亦傷蜀之無人也。

魏邵陵厲公嘉平三年，城陽太守鄧艾上言：「單于在內，羌夷失統，合散無主。今單于之尊日疏，而外土之威日重，則胡虜不可不深備也。」又陳：「羌胡與民同處者，宜以漸出之，使居民表，以崇廉恥之教，塞姦宄之路。」司馬師皆從之。

《注》曰：鄧艾所陳，先於〈徙戎論〉。司馬師既從之矣，然卒不能杜其亂華之漸。抑所謂「漸出之」者，行之而不究邪？豈天將啟胡羯氐羌，非人之所能為也？（卷七五）

內亂外患之輕重，蔽於感情者每倒置之。〈常棣〉之詩曰：「兄弟鬩於牆，外禦其侮。」〈杕杜〉之詩曰：「豈無他人，不如我同姓。」司馬師、劉裕之篡奪，內亂也；胡羯氐羌之亂華，外患也。味身之此注，內外輕重判然矣。

嘉平五年，習鑿齒論曰：司馬大將軍引二敗以為己過，過消而業隆，可謂智矣。若乃諱敗推過，歸咎萬物，常執其功，而隱其喪，上下離心，賢愚解體，謬之甚矣！

《注》曰：嗚呼！此賈相國之所以敗也！（卷七六）

此感傷近事也。習鑿齒晉人，其論司馬師，豈無溢美。然司馬師之所以成，即賈似道之所以敗，司馬師之度量，固遠勝於賈似道也。身之於咸淳季年，曾參賈似道軍，言輒不用，見於自序。今此條復言賈之所以敗，則其與賈之關係，並未諱言。惟《袁清容集》三十三〈師友淵源錄〉，於「胡三省」條下，言：「賈相館之，釋《通鑑》三十年。」張宗泰《魯巖所學集》乃為身之辯護，謂：「安有賈相館之三十年之事」，蓋誤會釋《通鑑》三十年為賈相館之三十年。不知賈相館之是一事，釋《通鑑》又是一事，自序甚明，魯巖之辯，得毋詞費也。

晉孝武帝太元二十一年，魏群臣勸魏王珪稱尊號，珪始建天子旌旗，改元皇始。

《注》曰：珪什翼犍之嫡孫，寔之子，詳見一百四卷元年。自苻堅淮淝之敗，至是十有四年矣，關河之間，戎狄之長，更興迭仆，晉人視之漠然不關乎其心。拓跋珪興，而南北之形定矣，南北之形既定，卒之南為北所併。嗚呼！自隋以後，名稱揚於時者，代北之子孫，十居六七矣，氏族之辨，果何益哉！（卷一〇八）

建炎南渡而後，鄧名世撰《古今姓氏書辨證》，欲以嚴夷夏之防。金滅元興，南卒為北所併，色目人隨便住居，古今姓氏愈不可辨，故身之為之慨然。

晉安帝元興元年，三吳大饑，戶口減半，會稽減什三四，臨海、永嘉殆盡。富室皆衣羅紈，懷金玉，閉門相守餓死。

《注》曰：此固上之人失政所致，而人消物盡，亦天地之大數也。「周餘黎民，靡有孑遺」，以此觀之，容有是事。（卷一一二）

人消物盡，固「天地之大數」，而亦「上之人失政所致」也。身之反言之，所以釋憤懣而得慰安耳。

宋文帝元嘉三年，黃門侍郎謝弘微，琰之從孫也。精神端審，時然後言，婢僕之前，不妄語笑。由是尊卑大小，敬之若神。從叔混特重之，常曰：「微子異不傷物，同不害正，吾無間然。」

《注》曰：呂大臨曰：「無間隙可言其失。」謝顯道曰：「猶言我無得而議之也。」嗚呼！此江左所謂清談也。（卷一二〇）

此呂謝二氏《論語》「禹吾無間然矣」注，身之引之，蓋有感於當時之為孔光、馮道者，「非之無舉，刺之無刺」也。

元嘉三十年，詔省細作，並尚方彫文塗飾，貴戚競利，悉皆禁絕。中軍錄事參軍周朗上疏言：「細作始並，以為儉節，而市造華怪，即傳於民。如此，則遷也，非罷也。凡厥庶民，制度日侈，尚方今造一物，小民明已睥睨；宮中朝製一衣，庶家晚已裁學。侈麗之源，實先宮閫。」

《注》曰：此等語切中當時之病。凡欲言時政，若此可也，否則迎合以徼利祿耳。嗚呼！我宋之將亡，其習俗亦如此，吾是以悲二宋之一轍也。嗚呼！（卷一二七）

兩漢、兩晉，嘗聞之矣，以是例之，所謂兩宋，亦南北宋耳。今身之所謂二宋，乃指劉、趙，前此所罕聞也。嗚呼！湖山華侈，至宋之南渡而極，讀四水潛夫《武林舊事》，而不興慨我寤歎之悲者，誰乎！王厚齋曰：「楚之興也，篳路藍縷；其衰也，翠被豹舄。國家之興衰，視其儉侈而已。」語見《困學紀聞》六。其傷感時事，與身之同。《宋史．度宗紀》載咸淳八年正月詔曰：「朕惟崇儉，必自宮禁始。自今宮禁敢以珠翠銷金為首飾服用，必罰無貸。臣庶之家，咸宜體悉」云。噫！晚矣！《宋季三朝政要》以禁珠翠事隸咸淳五年，謂：「珠翠既禁，宮中簪琉璃花，都人爭效之。時有詩曰：『京城禁珠翠，天下盡琉璃。』好事者以是為流離之兆也。」悲夫！

宋明帝泰始二年，魏初立郡學，置博士助教生員，從中書令高允、相州刺史李訢之請也。

《注》曰：古者，家有塾，黨有庠，術有序，國有學。秦雖焚書坑儒，齊魯學者未嘗廢業。

漢文翁守蜀，起立學官，學者比齊魯。武帝令天下郡國，皆立學校官，則學官之立尚矣。此書魏初立郡學、置官及生員者，蓋悲五胡兵爭，不暇立學，魏起北荒，數世之後始及此，既悲之，猶幸斯文之墜地而復振也。（卷一三一）

宋泰始二年，即魏獻文元年。魏自道武至獻文，凡六世，建國已八十年，始立郡學。元初不設科目，九儒十丐，即有所用，亦儕於巫醫僧道之間。然其後京師立太學，郡置學教授，縣設學教諭。故今《閬風集》有〈寧海縣學記〉，《本堂集》有〈奉化縣學記〉，皆至元二十九年作，《深寧集》有〈慶元路重建儒學記〉，至元三十年作。身之所謂「幸斯文之墜地而復振」者，其指此乎！時元建國八十餘年，混一亦已十餘年矣。

梁武帝天監六年，韋叡救鍾離，大敗魏軍於邵陽洲。

《注》曰：此確鬬也。兩軍營壘相逼，旦暮接戰，勇而無剛者，不能支久。韋叡於此，是難能也。比年襄陽之守，使諸將連營而前，如韋叡之略，城猶可全，不至誤國矣，嗚呼痛哉！（卷一四六）

全《注》稱「嗚呼痛哉」者二，此其一也。

天監十五年，廷尉少卿袁翻議，以為「比緣邊州郡，官不擇人，或用其左右姻親，或受人貨財請屬，皆無防寇之心，唯有聚斂之意。其勇力之兵，驅令抄掠，若遇彊敵，即為奴虜；如有執獲，奪為己富。其微解金鐵之工，少閑草木之作，無不苦役百端。收其實絹，給其虛粟，死於溝瀆者，什常七八。」

《注》曰：自古至今，守邊之兵，皆病於此。（卷一四八）

今者謂身之當時。嗚呼！豈特當時哉！凡守邊之兵，日久則懈，懈則一擊而潰，每至不可收拾，身之蓋有所指也。

梁武帝太清二年，侯景圍臺城，江子一徑前引槊刺賊，從者莫敢繼，賊解其肩而死。子四、子五相謂曰：「與兄俱出，何面獨旋！」皆免冑赴賊。子四中槊，洞胸而死；子五傷脰，還至塹，一慟而絕。

《注》曰：江子一兄弟駢肩以死於闕下，而不足以衛社稷，悲夫！古人所以重折衝千里之外者也。（卷一六一）

此所謂同情古人。洞胸絕脰，而不能衛社稷者有之矣，未有不洞胸絕脰而能衛社稷者也。故夫侈言「不傷一兵，不折一矢，而能復國」者，皆受人卵翼，暫假空名，使自戕其宗國，亦終必亡而已矣！後梁其前車也！

唐玄宗開元十八年，裴光庭典選，始用循資格。

《注》曰：此即後魏崔亮之停年格，循而行之，至今猶然。才俊之士，老於常調者多矣。（卷二一三）

崔亮停年格，當時即有非之者。《北齊書》廿六，載薛琡上書曰：「黎元之命，繫於長吏，若選曹唯取年勞，不簡賢否，義均行雁，次若貫魚，執簿呼名，一吏足矣，何謂詮衡」云。身之年二十七登第，仕宦二十年，官止七品，亦「老於常調者」也。

唐代宗大曆三年，官健常虛費衣糧，無所事。

《注》曰：兵農既分，縣官費衣糧以養軍，謂之官健，猶言官所養健兒也。按《唐六典》：「衛士之外，天下諸軍有健兒。舊健兒在軍，皆有年限，更來往，頗為勞弊。開元十五年敕，以為：天下無虞，宜與人休息，自今已後，諸軍鎮量閒劇利害，置兵防健兒，於諸色征行人內及客戶中召募，取丁壯情願充健兒。長住邊軍者，每年加常例給賜，兼給永年優復。其家口情願同去者，聽至軍州，各給田地屋宅。人賴其利，中外獲安，永無徵發之役。」此當時言兵農已分之利，而養兵之害，卒不可救，以至於今。（卷二二四）

改徵發為自由應募，人民自覺其便，而兵終不可廢。敵國外患，非無益於國也，要在乎善用之而已。《六典》語見卷五〈兵部〉，作開元二十五年敕。元刻《鑑注》漏字，應據

《六典》補。

唐憲宗元和四年，以吐突承璀為招討使，討王承宗。白居易奏言：「臣恐四方聞之，必窺朝廷；四夷聞之，必笑中國。」

《注》曰：白居易之言，自《春秋》書多魚漏師，《左傳》夙沙衛殿齊師來，況吐突承璀以寺人專征乎！崇、觀間金人有所侮而動，正如此。（卷二三八）

寺人貂漏齊師於多魚[2]，見僖二年。夙沙衛殿齊師[3]，見襄十八年。閹人參軍，至童貫之進太師封王極矣，友人柴青峰德賡有〈宋宦官參軍考〉詳之。嗚呼！閹人之制，汙吾國歷史者二千年。廿四史中立〈宦官傳〉者十史，士大夫所日與爭朝衡者，皆此輩也。至辛亥革命後乃一掃而空之，誰謂千古之弊俗，不能一旦革除耶！

元和十二年，先是吳少陽父子阻兵，禁人偶語於塗，夜不然燭，有以酒食相過從者罪

2 寺人貂，即豎刁，齊國宦官，也是歷史上第一位有記載的宦官。多魚，宋國地名。豎刁於多魚洩漏齊國的軍事機密，為宦官干涉國家軍事之始。

3 夙沙衛，齊國宦官。魯襄公十八年（前五五五年），晉、魯兩國聯合攻齊，夙沙衛以大車阻擋山中小路作為殿後。

死。裴度既視事，下令惟禁盜賊，餘皆不問，蔡人始知有生民之樂。

《注》曰：解人之束縛，使得舒展四體，長欠大伸，豈不快哉！（卷二四〇）以「解人之束縛」，寫生民之樂，其言似肆，然「猶解倒懸」，已見於《孟子》。身之當時之處境，概可見矣。

又，初淮西之人，劫於李希烈、吳少誠之威虐，不能自拔。久而老者衰，幼者壯，安於悖逆，不復知有朝廷矣。雖居中土，其風俗獷戾，過於夷貊。

《注》曰：考之《漢志》，汝南戶口為百郡之最。古人謂汝潁多奇士，至唐而獷戾乃爾，習俗之移人也，嗚呼！吾恐後之視今，亦猶今之視昔。（卷二四〇）

當地方淪陷之初，人民皆有懷舊之念，久而久之，習與俱化，則有忘其本源者矣。東晉所以不能復西，南宋所以不能復北者此也。王禕《忠文集》二十〈俞金墓表〉有曰：「元既有江南，以豪侈粗戾變禮文之俗。未數十年，薰漬狃狎，胥化成風，而宋之遺俗銷滅盡矣。為士者辮髮短衣，效其語言容飾，以自附於上，冀速獲仕進，否則訕笑以為鄙怯。非確然自信者，鮮不為之變。」然則身之之言驗矣。

唐武宗會昌元年，李德裕請遣使慰撫回鶻，且運糧三萬斛以賜之。陳夷行屢言資盜糧不可，德裕曰：「今徵兵未集，天德孤危，儻不以此糧啖飢虜，且使安靜，萬一天德陷沒，咎將誰歸？」

《注》曰：李德裕之本計是也，至於此言，特以箝陳夷行之喙耳。若以用兵大勢言之，固將不計一城得失也。此弊自唐及宋皆然。嗚呼！可易言哉！（卷二四六）

此所謂養癰貽患，圖免一時之害，而遺千古之憂者也。

唐懿宗咸通二年，是時士大夫深疾宦官，事有小相涉，則眾共棄之。建州進士葉京，嘗預宣武軍宴，識監軍之面。既而及第，在長安，與同年出遊，遇之於塗，馬上相揖，因之謗議諠然，遂沉廢終身。其不相悅如此。

《注》曰：東漢黨錮之禍，蓋亦如此。但李、杜諸公，風節凜凜，千載之下，讀其事者，猶使人心神肅然。晚唐詩人，不能企其萬一也，而亦以貽清流之禍，哀哉！（卷二五〇）

《鐵圍山叢談》六，言：「宣和間，宦人有至太師少保節度使者，朝貴皆谿其門，不復知有廟堂。士大夫始盡向之，朝班禁近，咸相指目，『此立里客也，此木腳客也』，反以為榮，而爭羡之。能自飭勵者無幾矣」云云。立里童貫，木腳梁師成，陳東伏闕上書，以與蔡京、李彥、朱勔、王黼同稱六賊者也。蔡絛以京之子而為是言，豈非異事！然當時朝士之不如晚唐詩人，又可見矣。欲中原之不為戎，其可得乎！

咸通十三年，歸義節度使張義潮薨，沙州長史曹義金代領軍府，制以義金為歸義節度使。是後中原多故，朝命不及，回鶻陷甘州，自餘諸州隸歸義者，多為羌胡所據。

《注》曰：自唐末迄於宋朝，河湟之地，遂悉為戎，中國不能復取。（卷二五二）

唐僖宗乾符二年，右補闕董禹諫上遊畋，乘驢擊毬，上賜金帛以褒之。邠寧節度使李侃奏，為假父華清宮使道雅求贈官，禹上疏論之，語頗侵宦官。樞密使楊復恭等列訴於上，禹坐貶郴州司馬。

《注》曰：谷永專攻上身，不失為九卿；王章斥言王鳳，則死於牢獄。嗚呼！有以也哉！（卷二五二）

寧宗初，韓侂胄用事，呂祖儉為太府丞，上封事曰：「今之能言之士，其所難非在於得罪君父，而在忤意權勢。姑以臣所知者言之，難莫難於論災異，然言之而不諱者，以其事不關於權勢也。若乃御筆之降，廟堂不敢重違，臺諫不敢深論，給舍不敢固執，蓋以其事關貴倖，深慮乘間激發而重得罪也。」疏既上，有旨，呂祖儉安置韶州。寧可得罪天子，不可得罪天子左右，有如此者。

唐僖宗光啟三年，十二月，錢鏐以杜稜為常州制置使，命阮結等進攻潤州，克之，劉浩走，擒薛朗以歸。

《注》曰：光啟三年三月，劉浩逐周寶而奉薛朗，至是而敗。又，自是而後，楊行密、孫儒之兵，迭爭常、潤。二州之民，死於兵荒，其存者什無一二矣。（卷二五七）

唐昭宗天復二年，掌書記李襲吉獻議有曰：「變法不若養人，改作何如舊貫。」

《注》曰：溫公讀此語，感熙、豐之政，蓋深有味乎其言也。（卷二六三）

溫公為當時保守派首領，嘗謂：「治天下譬如居室，敝則脩之，非大壞不更造也。」故身之知其讀李襲吉之議，必表同情。

天復三年，李茂貞請以其子侃尚平原公主，后意難之。上曰：「且令我得出，何憂爾女！」

《注》曰：嗚呼！唐昭宗惟幸於得出，徐令全忠取平原，茂貞必不敢距。豈知夫婦委命於全忠，不復有能取之者乎！（卷二六三）

又，貶韓偓濮州司馬，上密與偓泣別，偓曰：「是人非復前來之比。臣得遠貶，及死乃幸耳，不忍見篡弒之辱。」

《注》曰：嗚呼！韓偓何見之晚也！然昭宗聞偓此言，亦何以為懷哉？惟有縱酒而已。（卷二六四）

是人指朱全忠，明年全忠即弒帝，故云偓所見晚。偓應早去而不去，此其所以為忠也。

夫偓豈戀爵祿者哉！蓋嘗予以相而不就矣。《讀史管見》廿七曰：「主暗國危，韓偓久居近密，昭宗多與謀議，故不忍去。宰相人所願欲，而偓終不肯拜，甘心斥逐，其志操亦可尚。」《新唐書》一八三乃謂：「偓挈其族入閩，依王審知。」劉後邨跋韓致光帖辨之，謂：「王氏據福唐，致光居南安，曷嘗依之！」全謝山跋致光詩曰：「致光居南安，固不依王氏，即居福唐，亦非依王氏。王氏附梁，致光避梁而出，豈肯依附梁之人！」舉其閩中諸詩為證。則偓固皎然不欺其志者也。

後唐莊宗同光二年，自唐末喪亂，搢紳之家，或以告赤鬻於族姻。

《注》曰：「赤」當作「敕」。鬻於族姻，則既非矣，安知後世有鬻於非其族類者乎！（卷二七三）

「非其族類」，要異姓之告敕何用，此蓋為出鬻宗國者言之。《春秋》之義，內外之別甚嚴，故仕於劉石，比仕於操莽者，其恥辱尤大也。

同光三年，以橫海節度使李紹斌為盧龍節度使。

《注》曰：李紹斌至明宗時，復姓趙，賜名德鈞。德鈞守幽州不為無功，其後乘危以邀君，外與契丹為市，不但父子為虜，幽州亦為虜有矣。（卷二七三）

借外力以戕宗國，終必亡於外人，自蕭督父子以至趙德鈞、石敬瑭父子皆然。其例甚顯，然不惜接踵為之何耶！

又，郭崇韜素疾宦官，帝遣宦者向延嗣促之，崇韜不出郊迎。及見，禮節又倨。

《注》曰：宦官固可疾，然天子使之將命，敬之者所以敬君也，烏可倨見哉！唐莊宗使刑臣將命於大臣，非也；郭崇韜倨見之，亦非也。嗚呼！刑臣將命，自唐開元以後皆然矣。（卷二七四）

後唐明宗長興三年，十月，幽州奏契丹屯捺剌泊。

《注》曰：時幽州有備，契丹寇掠不得其志。契丹主西徙橫帳，居捺剌泊，出寇雲朔之間。《薛史》本紀，是年十一月，雲州奏契丹主在黑榆林南捺剌泊治造攻城之具。是後石敬瑭鎮河東，因契丹部落，近在雲應，遂資其兵力，以取中國。而燕雲十六州之地，遂皆為北方引弓之民。（卷二七八）

王伯厚之撰《通鑑地理通釋》也，終於石晉之十六州，曰：「唐宣宗復河湟，未幾中原多故，既得遄失。熙寧以後，貪功生事之臣，迷國殄民，而甘涼瓜沙，汔不為王土。周世宗取瀛莫二州，而十四州終淪於異域。宣和姦臣與女真夾攻，得燕山雲中空城，而故都禾黍，中夏塗炭矣。《易．師》之上六曰：『小人勿用，必亂邦也。』余為之感慨，而

《通釋》終焉。」《通鑑地理通釋》之成，臨安陷已五載，胡《注》之成，又在其後，綸旅重光之望殆絕，其感慨又比伯厚為何如也！

後晉齊王開運二年，李彥韜少事閻寶為僕夫，後隸高祖帳下。高祖自太原南下，留彥韜侍帝為腹心，帝委信之，至於升黜將相，亦得預議。常謂人曰：「吾不知朝廷設文官何所用，且欲澄汰，徐當盡去之。」

《注》曰：嗚呼！此等氣習，自唐劉蕡已為文宗言之。李彥韜、史弘肇當右武之世，張其氣而奮其舌。以其人品，夫何足責，然非有國者之福也。雖然，吾黨亦有過焉，盍亦反其本矣。

（卷二八四）

呂文煥之降也，元人以文煥為鄉導攻宋。謝太后遣使諭文煥，請息兵修好，文煥回書有曰：「因銜北命，乃擁南兵，視以犬馬，報以寇讎，非曰子弟，攻其父母，不得已也，尚何言哉！」文見《錢塘遺事》八。身之所謂「吾黨亦有過焉」者，指當時文士之輕視武人也。

開運三年，契丹以兵環晉營，杜威與李守貞等謀降。威潛遣腹心詣契丹牙帳，邀求重賞，契丹主紿之曰：「趙延壽威望素淺，恐不能帝中國。汝果降者，當以汝為之。」威喜，遂定降計。

《注》曰：趙延壽父子以是陷契丹。杜威之才智，未足以企延壽，其墮契丹之計，無足怪者。覆轍相尋，豈天意邪！（卷二八五）

慨趙延壽、杜威之後，又有張邦昌、劉豫也。

又，契丹入汴，帝與后妃相聚而泣，召翰林學士范質草降表，自稱「孫男臣重貴」，太后亦上表稱「新婦李氏妾」。張彥澤遷帝於開封府，頃刻不得留，宮中慟哭。帝與太后皇后乘肩輿，宮人宦者十餘人步從，見者流涕。

《注》曰：臣妾之辱，惟晉宋為然，嗚呼痛哉！又曰：亡國之恥，言之者為之痛心，矧見之者乎！此程正叔所謂真知者也，天乎人乎！（卷二八五）

「嗚呼痛哉」全《注》凡二見，此其二。尋常所謂晉宋，大抵指司馬氏、劉氏而言，今乃以石趙合稱，身之蓋創言之也。然同時《齊東野語》十八，已以開運[4]、靖康相比，特未合稱晉宋云爾。德祐奉表稱臣事，《元史．世祖紀》較《宋史．瀛國公紀》為詳，蓋據《元世祖實錄》也。至元十三年正月十八日，伯顏軍次高亭山，宋主遣其臣奉降表。廿

---

4 後晉年號。後晉開國君主石敬瑭對遼稱臣，繼任者石重貴放棄此政策，晉遼雙方關係交惡。開運三年，契丹占領開封，石重貴被迫投降，遭下令北遷，實則遣三百胡騎以護送名義押解。

二日以其降表不稱臣，仍書宋號，遣程鵬飛、洪君祥偕來使往易之。廿五日張弘範、孟祺、程鵬飛齎所易宋主稱臣降表至軍前。二月四日，宋主率文武百僚詣祥曦殿，望闕上表，宋主祖母太皇太后亦奉表及牋。是日都督忙古帶、范文虎，入城視事。汪元量《湖山類稿．醉歌》曰：「侍臣已寫歸降表，臣妾僉名謝道清」，指此也。劉須溪評之曰：「忍見忍見！」其傷感與身之同。道清謝太后名，見《宋史》本傳。程鵬飛者，宋都統制，守鄂州，咸淳十年十二月以城降，至是為元宣撫。范文虎者，宋殿前副都指揮使，知安慶府，德祐元年正月以城降，至是為元都督。孟子所謂「安其危而利其菑，樂其所以亡者」也。《左》哀十五年傳：「子貢謂公孫成曰：『子周公之孫也，多饗大利，猶思不義，利不可得，而喪宗國，將焉用之。』成曰：『善哉，吾不早聞命。』」杜氏注曰：「《傳》言仲尼之徒，皆忠於魯國。」人非甚無良，何至不愛其國，特未經亡國之慘，不知國之可愛耳！身之身親見之，故其言感傷如此。

又，馮玉佞張彥澤，求自送傳國寶，冀契丹復任用。

《注》曰：亡國之臣，其識正如此耳。（卷二八五）

馮玉以姊為齊王后，遂相齊王；賈似道以姊為貴妃，遂相理宗。然馮玉之所為，有甚於似道者。

後周太祖顯德元年，司徒竇貞固歸洛陽，府縣以民視之，課役皆不免。貞固訴於留守向訓，訓不聽。

《注》曰：以竇貞固漢之舊臣故也。考古驗今，今何足怪！（卷二九二）

舊臣而欲保全其舊勢，則必復為新臣而後可，故君子貴淡泊。元初宋舊臣不能免役，舒岳祥《閬風集》，有〈柘溪道中〉詩詠之曰：「得勢茅欺蕙，安居爵笑鴻。吾年已如此，役役又西東。」注云：「時入城求免役。」集又有〈謝御史王素行免里正之役〉一首。閬風與身之同里同年，閬風不免，身之亦何能免。故曰「考古驗今，今何足怪」也。

後周世宗顯德二年，比部郎中王朴獻策，論攻取之道。

《注》曰：是後世宗用兵，以至宋朝削平諸國，皆如王朴之言，惟幽燕不可得而取，至於宣和則舉國以殉之矣。（卷二九二）

宣和之敗，猶保山河半壁者一百五十年；咸淳之敗，乃真舉國以殉矣。

顯德三年，周兵圍壽春，唐齊王景達軍于濠州，遙為壽州聲援。軍政皆出於陳覺，景達署紙尾而已。擁兵五萬，無決戰意。

《注》曰：嗚呼！比年襄陽之陷，得非援兵不進之罪也！（卷二九三）

咸淳襄陽之陷，全《注》凡三述之，一見〈本朝篇〉，兩見本篇，身之之痛心此事可知矣。襄陽之陷，固由援兵不進，然援兵何以不進，則實當國者之徇私妒賢，好諛專斷，有以致之。《宋史》四二二載陳仲微封事曰：「誤襄者不專在於庸閫疲將也，君相當分受其責。宣布十年養安之往繆，深懲六年玩寇之昨非。或謂陛下乏哭師之誓，師相飾分過之言，甚非所以慰卹死義，祈天悔禍之道也。監之先朝，宣和未亂之前，靖康既敗之後，凡前日之日近冕旒，奴顏婢膝，即今日奉賊稱臣之人也；彊力敏事，捷疾快意，即今日叛君賣國之人也。為國者亦何便於若人哉！」此身之所為長太息者也！

通鑑胡注表微・生死篇

人生須有意義，死須有價值，平世猶不甚覺之，亂世不可不措意也。自孔子有「未知生焉知死」之言，人遂以為儒家不談生死。不知「死生有命」，固儒家所恆言，即《魯論》一書，言生死者何限：曰「人之生也直，罔之生也幸而免」，此生須有意義之說也。曰「暴虎馮河，死而無悔者吾不與」，此死須有價值之說也。「齊景公有馬千駟，死之日民無德而稱焉」，此生之無意義也。「伯夷、叔齊餓死首陽之下，民到于今稱之」，此死之有價值者也。至於死之無價值者，「匹夫匹婦，自經溝瀆」是也。生之有意義者，「管仲相桓公，霸諸侯，一匡天下」是也。夫管仲之生，子路、子貢皆疑之，夫子獨仁之，何哉？桓公、子糾，兄弟爭國，內亂也；蠻夷猾夏，外患也，「微管仲吾其被髮左衽矣！」內外輕重生死之宜，剖析何等透澈，豈偷生者所能藉口哉！胡身之生亂世，頗措意於生死之際，故《注》中恆惜人不早死，以其生無意義也；又恆譏人不得其死，以其死無價值也。茲特表而出之。

秦莊襄王三年，信陵欲召縮高使攻管，縮高刎頸而死。信陵君聞之，縞素辟舍，使使者謝安陵君曰：「無忌小人也，困於思慮，失言於君，請再拜辭罪。」

《注》曰：安陵，受封於魏國者也，縮高，受廛於安陵者也。縮高之子，不為魏民，逃歸秦，而臣於秦，為秦守管。時秦加兵於魏，欲取大梁，安陵儻念魏為宗國，縮高儻念其先為魏民，見魏之危，安敢坐視而不救。公子無忌為魏舉師以臨之，安陵君則陳太府之憲，縮高則陳大臣之義以拒之，雖死不避，反而求之，可謂得其死乎？無忌為之縞素辟舍，以謝安陵，吾未知其何所處也。（卷六）

死貴得其所，身之此論甚精。縮高不為宗國死，而為宗國之讎死，可謂得其所乎？身之不取縮高，則凡不愛宗國，謂他人父，謂他人昆，而為之出死力者，身之不取也。王積翁為宋福建提刑招捕使，知南劍州，挾八郡圖籍降元，為元出使日本，中途遇害而死。《癸辛雜識》別集上載其事甚醜，元人乃為之立廟，賜諡忠愍，官其子都中，喧赫一時。黃溍為撰祠堂碑，復為都中撰墓誌，見《金華集》八及卅一，《元史》即據以為積翁、都中傳。積翁曾宰富陽，都中兄昇中，又曾尹寧海，皆身之所親見者也。王深寧曰：「《晉史．忠義傳》可削者三人：韋忠不見裴頠，辭張華之辟，初節亦足稱矣，而仕於劉聰，為之討羌而死，非為晉死也，謂之忠義可乎？王育仕於劉淵，劉敏元仕於劉曜，舍順從逆，皆失節者也，忠義安在哉？唐之修《晉史》也，許敬宗、李義府與秉筆焉，是惡知蘭艾鸞梟之辨。」語見《困學紀聞》十三，足與身之此論相發明，此宋季浙東學說也。

漢宣帝甘露元年，呼韓邪諸大臣言，戰死，壯士所有也。

《注》曰：師古曰：「言人皆有此事耳。」余謂壯士健鬬，則戰死乃本分必有之事。(卷二七)

壯士戰死，死之有價值者也。

魏元帝景元元年，昭既弒高貴鄉公，收尚書王經付廷尉。經謝其母，母顏色不變，笑而應曰：「人誰不死，正恐不得其所，以此并命，何恨之有！」

《注》曰：非此母不生此子。(卷七七)

此與范滂、姜敘之母，先後同時，漢末風俗，何其厚也！然豈特漢末，《宋史》四五一〈忠義．陳文龍傳〉：「文龍，咸淳五年廷對第一。德祐二年守興化，有諷其納款者，文龍曰：『諸軍特畏死耳，未知此生能不死乎？』被執不屈，指其腹曰：『此皆節義文章也，可相逼耶！』械送杭州，不食死。其母繫福州尼寺中，病甚無醫藥，左右視之泣下，母曰：『吾與吾兒同死，又何恨哉！』亦死。眾歎曰：『有斯母宜有是兒。』為收葬之。」身之之言，蓋有感乎此。

晉惠帝永熙元年，楊濟慮傅咸以直致禍，咸復濟書曰：「衛公有言：『酒色殺人，甚於作直。』坐酒色死，人不為悔，而逆畏以直致禍，此由心不能正，欲以苟且為明哲耳。」

《注》曰：《詩》曰：「既明且哲，以保其身」，此言世人不能直言，特以苟且為保身之計耳。（卷八二）

以苟且為明哲，則凡偷生者皆可借「明哲」二字為護符，此生之無意義者也。

晉明帝太寧三年，召樂廣之子謨為郡中正、庾珉族人怡為廷尉評，謨、怡各稱父命不就。卞壺奏曰：「人非無父而生，職非無事而立，有父必有命，居職必有悔。有家各私其子，則為王者無民矣。樂廣、庾珉，受寵聖世，身非己有，況及後嗣而可專哉！若順夫群心，則戰戍者之父母，皆當命子以不處也。」

《注》曰：言人莫不惡死，若各順其心，則有戰戍之事，為父母者皆不欲使其子就死地也。（卷九三）

父母不欲其子就死地，私情也；為國而至於死，公誼也。公誼所在，私情不得而撓之。孟子曰：「死亦我所惡，所惡有甚於死者，故患有所不避也。」

晉穆帝永和七年，冉閔襄國之敗，石璞、盧諶等並將士死者凡十餘萬人。

《注》曰：劉隗、盧諶，不能為晉死，而卒死於兵。人誰不死，貴得其死所耳！（卷九九）

劉隗為元帝所寵任，遭王敦之亂，攜妻子奔石勒，勒以為太子太傅。盧諶早有聲譽，值中原喪亂，不得南渡，為石氏所獲，以為中書侍郎，屬冉閔誅石氏遇害。二人者不能為宗國死，而卒死於兵，其幸耶？其不幸耶？身之蓋深為仕於敵者惜也。

宋明帝泰始二年，沈攸之諸軍至尋陽，斬晉安王子勛，傳首建康，時年十一。

《注》曰：晉安舉兵，實義舉也。鄧琬不足道，若袁顗、孔覬，豈可謂不得其死哉！世無以成敗論之。（卷一三一）

趙紹祖《通鑑注商》曰：「胡氏好以成敗論人，而忽作此議論，不自知其言之謬也。晉安舉兵，本求免死，不得謂之義舉。況湘東定亂以後，自可解甲就封，而群小挾幼主，乃欲以犯上作亂之師，假起義勤王之說，從之者尚可謂得其死哉！」此趙君觀點之不同也。廢帝被弒，晉安以皇弟起兵，四方貢計咸歸焉，豈得謂非義舉！湘東以叔父臨制，諸藩幼弱，先後剪除，繼登大寶，是為明帝。於是諸州起義勤王之舉，悉視為犯上作亂之師。趙君之說，即本於此。而身之則以子勛比帝昺[1]，以袁、孔比張、陸[2]，尋陽比厓山[3]，

1 即趙昺，一二七二—一二七九年。一二七六年元軍破臨安後，廣王趙昺隨宋室南逃。一二七八年趙昺即

故曰死得其所，趙君烏知之哉！此《表微》之所以不得不作也。

齊高帝建元元年，宋順帝既下詔禪位，出居別宮。右光祿大夫王琨，在晉世已為郎中，至是攀車獺尾慟哭曰：「人以壽為歡，老臣以壽為戚。既不能先驅螻蟻，乃復頻見此事。」

《注》曰：謂不能早死也。（卷一三五）

齊之篡宋，距宋之篡晉，才六十年，故年七八十者，皆可重預此事。然王琨所謂頻見此事者，非獨指晉宋與宋齊間之易代而已，蓋有慨於宋世子孫屠戮之慘也。武帝子義符被廢，史稱為少帝；孝武子子業被廢，史稱為前廢帝；明帝子昱又被廢，史稱為後廢帝，至順帝而禪於齊。六十年間，骨肉相夷，廢殺者三，卒篡於異姓，故曰頻見此事。所謂「鮮民之生，不如死之久矣」。

位，是為少帝。一二七九年厓山之戰南宋戰敗，丞相陸秀夫遂攜趙昺投海而死。

2 張世傑，?－一二七九年，南宋抗元名將，厓山戰敗後，張世傑所乘船隻被颶風毀壞身亡。陸秀夫，一二三七－一二七九年，南宋政治人物，厓山之戰中宋軍大敗，陸秀夫攜趙昺投海而死。

3 指一二七九年宋元厓山之戰。厓山，今廣東新會厓門。此戰元軍以少勝多，也標誌著南宋正式滅亡。

又，以褚淵為司徒，賓客賀者滿座，褚炤歎曰：「彥回少立名行，何意披猖至此！門戶不幸，乃復有今日之拜。使彥回作中書郎而死，不當為一名士邪！名德不昌，乃復有期頤之壽。」

《注》曰：〈曲禮〉曰：「人生百年曰期頤。」鄭注云：「期要也，頤養也。不知衣服食味，孝子要盡養道而已。」（卷一三五）

炤為淵從弟，淵卒年才四十八，炤言「乃復有期頤之壽」者，極言其不早死，而有百歲之壽也。秦檜之事亦然，當靖康之初，金人攻汴，求三鎮，檜上兵機四事，力闢和議。張邦昌之立，執政而下，無敢有異論，檜與馬伸獨抗議以為不可，有「京師之民可服，天下之民不可服；京師之宗子可滅，天下之宗子不可滅」等語。當是時天下皆賢檜，大儒如游酢，目檜為荀彧；胡安國力薦檜於諸公之前。故張溥謂：「假令檜死於靖康，忠直著聲，豈不與王莽之死於建平，謙恭流譽，同為賢士大夫乎！」亦惜其不早死，而有期頤之壽也。

梁武帝中大通五年，魏賀拔岳司馬宇文泰，自請使晉陽，以觀歡之為人。歡奇其狀貌曰：「此兒視瞻非常。」將留之，泰固求復命，歡既遣而悔之，發驛急追，至關不及而返。

《注》曰：項羽不殺沛公，曹操之遺劉備，桓玄之容劉裕，類如此耳。有天命者，固非人之

所能圖也！（卷一五六）

凡人事所不及料者，委之天命，此自求慰安之一法也。孔子曰：「天生德於予，桓魋其如予何！」亦此意。

梁武帝太清元年，魏大將軍高澄，疑諮議溫子昇知元瑾等謀，方使之作〈獻武王碑〉，既成，餓於晉陽獄，食弊襦而死，棄尸路隅，太尉長史宋遊道收葬之。澄謂遊道曰：「吾近論及朝士，以卿僻於朋黨，將為一病。今乃知卿真是重故舊、尚節義之人。天下人代卿怖者，是不知吾心也。」

《注》曰：史言士之徇義者，固不計身之死亡，亦未必死也。（卷一六〇）

宋遊道可謂智勇兼全者矣。不計身之死亡，勇也；知其未必死，智也。

太清二年，世子方等有俊才，善騎射，每戰親犯矢石，以死節自任。

《注》曰：為人臣子，固當以身許國，然存其身者，所以存國也。兩陳相向，勝負未分，危機交急，親犯矢石，以帥厲將士，可一用之耳，豈可以為常哉！方等以死節自任，以親犯矢石為常，此其所以敗死於湘州也。若方等者，謂之必死之將可也，若論臣子大節，則全其身以全國家，斯得謂之忠孝矣。（卷一六一）

身之蓋有為言之，如鄭所南[4]盼望陳丞相宜中自占城至之意耳。苟活者不得以斯言為藉口也。

太清三年，方等將行，謂所親曰：「是行也，吾必死之，死得其所，吾復奚恨！」

《注》曰：方等不死於救臺城之時，而死於伐湘州之日，可謂得其死乎？（卷一六二）

救臺城是禦外侮，伐湘州是同氣相殘，此生死之失其宜者也。方等之名，屢見於《通鑑》胡《注》，而楊慎謂：「佛氏有《方等經》，猶云平等世界也，故蕭氏取以為名。方等嘗著《三十國春秋》。胡三省注《通鑑》，不知此義，蕭方下去一等字，似今人言某人等之等」云。語見《升庵外集》。《四庫提要》譏楊慎考證，往往不檢原書，致多疏舛，此亦其疏舛之一。蕭方下去「等」字，乃兩《唐志》及《宋志》「三十國春秋」條之誤，與《通鑑》胡《注》無涉，附正於此。

隋文帝開皇九年，監者言：「叔寶常醉，罕有醒時。」帝問：「飲酒幾何？」對曰：「與其子弟日飲一石。」帝大驚，使節其酒。既而曰：「任其性，不爾，何以過日。」

《注》曰：嗚呼！此陳叔寶所以得死於枕席也。（卷一七七）

---

4 一二四一——一三一八年，原名鄭之因，南宋滅亡後改名思肖、改字憶翁、自號所南，皆表其對南宋的愛國情懷。宋末元初儒生、畫家、詩人。

人有精明可以殺身，糊塗可以自全者，陳叔寶之謂也。然死於枕席，又何足貴乎！

唐高祖武德四年，鄭頲不樂仕世充，謂其妻曰：「吾束髮從官，志慕名節。不幸遭遇亂世，側身猜忌之朝，智力淺薄，無以自全。人生會有死，早晚何殊，姑從吾所好，死亦無憾。」遂削髮被僧服。世充聞之，大怒曰：「爾以我為必敗，欲苟免邪！」遂斬頲於市，頲言笑自若，觀者壯之。

《注》曰：鄭頲，李密之臣，為世充所獲，疾其多詐，故不樂仕焉。（卷一八八）

唐初承南北朝喪亂之餘，豪傑之士，多棲心宗教，了澈生死。鄭頲疾王世充之多詐，不願為之謀，從容而死，殆籌之有素者也。雖曰達觀，亦所遭之時為之耳。

又，秦王世民坐閶闔門，蘇威請見，稱老病不能拜。世民遣人數之曰：「公隋室宰相，危不能扶，使君弒國亡。見李密、王世充，皆拜伏舞蹈。今既老病，無勞相見。」及至長安，又請見，不許，卒於家，年八十二。

《注》曰：史言蘇威之壽，不若早夭。（卷一八九）

方正學嘗論之，曰：「隋之亡也，非甲兵少而才用竭，朝廷無知義之士，而莫為之死也。輔相舊臣，惟一蘇威，拜伏舞蹈，勸進頌美於群盜，其辱甚於死，而威不悟。然人不至於死，不止也。與其恥辱而生，孰若速死之為善乎！威事功殆亦有可取，使死得其所，固隋之名臣也。一陷於非義，身名俱喪，天下至今羞稱之。則其生也，適所以累，豈不悲夫！」語見《遜志齋集》五。蘇威之不保晚節，已於〈出處篇〉詳之，茲復惜其不早夭者，蓋為淮西閫帥夏貴言之也。夏貴德祐丙子降元，宣授中書左丞，時年八十矣。己卯薨，有人贈以詩云：「自古誰無死？惜公遲四年，聞公今死日，何似四年前！」又有人弔其墓云：「享年八十三，何不七十九。嗚呼夏相公！萬代名不朽。」語見《三朝野史》。古之人以不得早死為憾者多矣。豈獨蘇威、夏貴哉！

唐睿宗景雲元年，鄭愔貌醜多須，既敗，梳髻著婦人服，匿車中，擒獲被鞫，股慄不能對。張靈均神氣自若，顧愔曰：「吾與此人舉事，宜其敗也。」初，愔附來俊臣得進；俊臣誅，附張易之；易之誅，附韋氏；韋氏敗，又附譙王重福，竟坐族誅。

《注》曰：史言張靈均雖幸禍好亂之人，猶能臨死不變。鄭愔者反覆於群憸之間，冒利不顧，而畏死乃爾，烏足以權大事乎！（卷二一〇）

生死之宜，固可由脩養而得。彼以為「自關性分，勇者如虎，怯者如鼠，勇怯不齊，同出天賦」者，未之思也。

唐德宗建中四年，樊系為泚譔冊，文既成，仰藥而死。

《注》曰：樊系距朱泚之命，不為譔冊，不過死耳。譔冊而死，於義何居！（卷二二八）

樊系究為知恥之人，特平日未有預備，臨事不能即決。與其受辱而後死，毋寧不受辱而先死之為得耳，身之蓋深惜之哉！

唐昭宗天祐元年，史太弑帝，又欲殺何后，后求哀於玄暉，乃釋之。

《注》曰：何后祈生於蔣玄暉，而卒以玄暉死。屈節以苟歲月之生，豈若以身殉昭宗之不失節也！（卷二六五）

唐昭宣帝天祐二年，何太后泣遣宮人阿虔、阿秋，達意玄暉，語以他日傳禪之後，求子母生全。

《注》曰：帝及德王裕，皆何太后子也。昭宗已弑，裕與諸弟稍長，相繼而死。事已至此，后之母子能獨全乎？后素號多智，臨難乃爾，蓋當時以能隨時上下以全生者為智也。（卷二六五）

此有感於宋謝太后臣妾簽名之辱也。臣妾簽名，詳〈感慨篇〉。汪元量《湖山類稿．謝太后挽章》云：「事去千年速，愁來一死遲。」與身之此條同一用意。

後梁太祖乾化元年，燕王守光將稱帝，將佐多竊議以為不可，守光乃置斧質於庭曰：

「敢諫者斬！」孫鶴曰：「滄州之破，鶴分當死，蒙王生全，今日敢愛死而忘恩乎！」

《注》曰：事見上卷開平四年，劉守光囚父殺兄，幽滄之人，義不與共戴天可也。孫鶴受劉守文委任，不能以死殉之，乃銜守光生全之恩，忠諫而死。是可以死而不能死，可以無死而死也。（卷二六八）

凡此皆平日於生死之宜，未嘗勘透，而又不明大義，故可以死而不死，可以不死而死，生死都無是處也。

後唐明宗天成元年正月，朱友謙、郭崇韜皆及禍，成德節度使兼中書令李嗣源亦為謠言所屬，帝遣朱守殷察之，守殷私謂嗣源曰：「令公勳業振主，宜自圖歸藩以遠禍。」嗣源曰：「吾心不負天地，禍福之來，無所可避，皆委之於命耳。」

《注》曰：李嗣源答朱守殷之言，安於死生禍福之際，英雄識度，自有不可及者。（卷二七四）

李嗣源即明宗，帝指莊宗。是年四月莊宗殂，嗣源乃即位改元，《通鑑》例取後元冠於前，故其文如此。明宗出於異族，為人純質，嘗夜焚香仰天而祝曰：「臣本蕃人，豈足治天下，世亂久矣，願天早生聖人。」故歐《史》以為五代之君有足稱者，明宗其一也。乃復能安於生死禍福之際，如素有所養者然，雖曰未學，吾必謂之學矣。廟號明宗，宜哉！

後周太祖顯德元年，北漢主遣王得中求救於契丹，為周兵所留，問：「虜兵何時至？」得中太息曰：「吾食劉氏祿，有老母在圍中，若以實告周人，必發兵據險以拒之，如此家國兩亡，吾獨生何益！不若殺身以全家國，所得多矣。」帝以得中欺罔，縊殺之。

《注》曰：王得中之死，知所惡有甚於死者也。（卷二九二）

「家國兩亡，獨生何益」，名言也，蓋籌之稔矣，王得中不愧漢室忠臣。

後周世宗顯德四年，蜀李太后以典兵者多非其人，謂蜀主曰：「以吾觀之，惟高彥儔太原舊人，終不負汝，自餘無足任者。」蜀主不能從。

《注》曰：及孟氏之亡，僅高彥儔一人能以死殉國。至蜀主之死，其母亦不食而卒。婦人志節如此，丈夫多有愧焉者。（卷二九三）

此有感於宋楊太后之殉國也。新會厓山有大忠祠，祀宋丞相文天祥、陸秀夫、樞密使張世傑。又有全節廟，即慈元殿，祀楊太后。廟有陳白沙先生撰〈慈元廟碑〉，並書，文載《白沙子集》一。又有白沙弟子張詡撰〈全節廟碑〉云：「后度宗之淑妃也。當胡兵直擣臨安時，帝后王臣，盡為俘虜，獨后負其子益王昰與廣王昺，航海奔閩。於是群臣奉昰即帝位，冊后為太后，帝崩，復立昺，奔厓山，依二三大臣陸秀夫輩，臥薪嘗膽，為宗社恢復圖。既而胡兵近逼厓山，陸秀夫知事不可為，負帝昺赴海死。后聞之，撫膺大慟曰：『我間關至此者，為趙氏一塊肉耳，今無望矣。』亦赴水死。惟宋三百年后妃之賢，前稱高、曹，後稱向、孟，亦皆可以為難矣，然皆處常而能正者耳。至於流離患難，卓然能炳大義，一君亡，復立一君，而以身殉之，其死也為社稷死，為國家死，為綱常死，為謹內外辨華夷死，所謂死有重於泰山者也，其有功於世教也大矣。」文載道光《新會志》四，蓋極力發揮后死之有價值者。全謝山〈慈元全節廟碑跋〉云：「宋楊太后殉厓山之難，至明弘治中，布政劉公大夏始為之廟，陳先生獻章始為之碑。陳先生書法最工，其書〈慈元廟碑〉尤加意，予謁祠下，搨其碑，而跋以詩曰：『高、曹、向、孟皆賢后，尚有芳魂殉落暉，一洗簽名臣妾辱，虞淵雙抱二王歸。』竊自以為工，足附陳先生之碑以傳也。」跋見《鮚埼亭集》卅八。曹、高、向、孟，為仁、英、神、哲四宗后。高、曹應作曹、高，謝山偶沿張詡碑而誤耳。楊太后之殉國，身之所謂「丈夫多有愧焉者」也。

第三輯

論說文類

提　要

陳垣在成為專業史學家之前，曾經是革命浪潮中的前進青年。滿清政府正式廢除科舉，讓陳垣從舉業中解放出來，他很自然地依循當時年輕人的道路，抱持著改革中國的熱情，迅速轉化自己的知識，以寫作帶有高度批判意識的文章作為介入社會、關懷時局的主要管道。

陳垣有關時事的論說為數甚多，大致分屬幾個主題類別。第一類牽涉到清末愈形激烈的滿漢衝突，他採用了表面的考據形式，暗藏民族主義的立場。〈說漢〉、〈說奴才〉是此類的代表，源自當時滿清政府對於漢人的政治立場與語言稱呼歧視，假借考據所得，出以暗諷語氣，發洩漢人的強烈不滿情緒。由考證「漢人」之稱呼，連帶考證「唐人」，陳垣得到了一個很有意思的比對，那就是從陸路上認識中國的通常稱中國人為「漢人」，從海路認識中國的，則稱中國人為「唐人」。這個比對觀察，至今仍然大有參考價值，並未被否證推翻。

另外有文章將《水滸傳》比擬為元朝的革命雜誌，讚譽施耐庵的歷史角色類似鼓吹革命的新聞記者，觀點極為新鮮刺激，當然也是站在反對現實朝政立場而寫的。

論說第二類有關政治體制，選入在此的有兩篇關於岳飛的史論。特殊之處在於陳垣不只跳脫對於秦檜的譴責，評述直指宋高宗的責任，更將整個事件聯繫到專制君主的根本問題上，倡言：「夫專制君主，未有欲官之不愛錢者也。」結論則是「專制國之歷史似此者多矣，豈獨此事乎哉！」顯然，要為岳飛抱不平，要讓歷史不再重演，唯一的方法就是推翻「專制國」了。

同樣的論點也表現在〈國民與政府〉文中，進一步將異族政權與專制拉在一起，如果不採專制體制，身為少數的異族要如何統治多數？專制政府以國為一人之私物，那麼國民又為何要愛國呢？更何況是愛由少數異族統治的國？

第三類是從陳垣當時研習西醫延伸而來的討論。他用新眼光來發掘、詮釋中國傳統史料，寫了像〈孔子之衛生學〉、〈中國解剖學史料〉等文章。在史學上尤其具啟發性的，有〈釋醫院〉，考證中國傳統的「醫院」和現代模仿西方模式建立的「醫院」，同名而異質。短短篇幅中，從上古文獻一直談到當代對於「醫院」的理解，甚至還討論了中醫西醫的優劣，引領之後關於中醫社會體制的眾多研究、探索。

釋漢

今制，員有滿員漢員，缺有滿缺漢缺。所謂漢，中國人也。何不謂之中國人而謂之漢人？曰：中國者，統一之稱；漢者，有所對待之稱。如虜漢，如胡漢（《齊書》），如蕃漢（《唐書》），如契丹漢人（《遼史》），如女真漢人（《金史》），如蒙古漢人（《元史》）之屬，皆所謂對待名詞也。《遼》、《金》、《元史》之連人並舉者，以契、女、蒙之單簡不成話，既以丹、真、古聯屬並舉矣，則漢亦不得不連人並舉，以配契丹等名也，其實與胡漢、蕃漢等。無胡，無蕃，無契丹蒙古，則稱中國人；有胡，有蕃，有契丹蒙古，則稱漢人。如是等名，中國不能統一之一大徵也。今官書中又有稱漢回、漢苗者，亦同此例。其先言漢者，則自我言之；其後言漢者，則自人言之。猶今日人則言日清，中人則言中東也。

中國易姓者屢矣，胡獨以漢稱中國？曰：在昔與西域交通者漢為盛，故塞外諸國徒聞有漢也。漢，劉氏一家之國號耳，以漢代表中國何自始？曰：於齊梁時乎，後魏時乎？魏晉之間，史有言漢者，皆劉氏耳。以漢代表中國，變私名為公名，自《宋書．氐胡傳論》始，所謂「楊氏兵精地險，境接華漢」者是也。沈約梁人，當時無是稱，沈約不能為是語也。證諸《齊書·魏虜傳》，「佛狸母是漢人，為木末所殺」，又云蜡日逐除歲，葦索桃梗如漢儀。又云：悉置比官，皆使通虜漢語。〈芮芮虜傳〉亦云：其國相希里亞，通胡漢語。蕭子顯、沈約皆梁人，同時以漢為中國，則漢之定名，成於齊梁之間，可無疑義。

《梁書·扶桑國傳》稱「齊永元元年，有沙門慧深來至荊州，說扶桑在大漢國東二萬餘里。」姚思廉釋之曰：地在中國之東也。《魏書·崔浩傳》稱「浩既工書，人多託寫《急就章》。從少至老，所書以百數，必稱馮代強，以示不犯國諱，其謹也如此。」所謂馮代強者，因《急就章》原文為馮漢強（第二），浩諱言漢強，故易云代強，以魏初國號曰代也。顧甯人言北魏酈道元注《水經》，廣漢且改作廣魏。夫與魏並爭中原者南朝，非劉漢也，乃不諱宋齊梁陳，而竟諱及漢者，北以南為羌為島夷，不公認其為中國，而只以漢為中國也。此又齊梁間塞外諸國以中國為漢之證。沈約等固非塞外人，而或沿是稱者，特徇彼中人語耳。就上所已鈎稽諸條外，諸史實自稱為中國為華夏者多，未嘗皆自稱為漢也。

《隋書》亦有言漢者，〈西突厥傳〉「啟民卑事天子以借漢兵，欲滅可汗耳。」又曰：「吐谷渾憾漢，職貢不修，可汗若請誅之，天子必許，漢擊其內，可汗攻其外，破之必矣。」凡此所謂漢，皆謂隋也。至於《唐書》，則蕃漢等詞，觸目皆是，不勝條舉，而兩書中稱漢稱唐猶時有出入。如《舊書·高昌傳》，漢家兵馬如日月，《新書》漢家作唐家，其例也。

五代以來，外族繼盛，中國萎頓不振，《遼》、《金》、《元》三史中，遂無以中國稱漢人者。大清統一區宇，遠邁前朝，今制雖有漢員、漢缺等名詞，而漢之一字，例不得與外國直接交涉，中國之名，亦統轄滿漢，不得為漢人所專有。乾隆二十二年，永昌知府某，檄緬甸文，有「數應歸漢」一語，為嚴旨所申飭曰：對遠人稱述朝廷，或稱天朝，或稱中國，乃一定之理。況我國家中外一統，即蠻荒亦無不知大清聲教，何忽撰此「歸漢」不經之語，妄行宣示，悖誕已極。此又承學之士所宜深知者也。

（載廣州《時事畫報》丁未年（光緒三十三年，一九〇七年）第二期，署名謙益）

釋唐

既釋漢已，客有造而請者曰：漢之為漢，既聞命矣，今華人之旅海外者自稱為唐人，又稱中國為唐山，唐亦李氏一家之國號耳，而以代表中國，則又何說也？曰：唐與漢等也。塞外諸國，唯聞有漢，不聞有中國；海外諸國，亦唯聞有唐，不聞有中國也。由乾路至中國，稱中國為漢；由航路至中國，稱中國為唐，此達例也。稽之史，蓋始於日本。日本於唐永徽、顯慶、長安、開元、天寶、上元、貞元、元和、開成中皆遣使入朝，且派人留學於京師，大市文籍還國，故遂以中國為唐。

《元史．日本傳》：「至元十九年八月，范文虎發舟師十餘萬擊日本，日本人來戰，盡殺蒙古、高麗、漢人，謂新附軍為唐人，不殺而奴之。」所謂唐人即中國人也，其漢人云者，則契丹人也。契丹何以稱漢人？金時以契丹為漢人，宋人為南人，故有是稱也。

《明史．日本傳》：「萬曆十四年，秀吉知唐人畏倭如虎，治兵甲，繕舟師，與其下謀，入中國北京者，用朝鮮人為導；入浙閩沿海郡縣者，用唐人為導。諸鎮怨秀吉暴虐，咸曰，此舉非襲大唐，乃襲我耳。各懷異志，由是秀吉不敢親行。」此皆日本稱中國為唐之一證也。

然不獨日本，亦似不始於日本。《宋史．天竺傳》，開寶八年，有曼殊室利者，隨中國僧至，太祖令館於相國寺。善持律，為都人所傾嚮，眾僧頗嫉之。以其不解唐言，即偽為奏求還本國，許之。詔既下，曼殊室利大驚恨云。則宋初已有以唐代表中國者，雖非出自海外人之口，然使當時海外無是稱，中國人不能以自稱也。若然，則何不謂為不解宋言，而謂為「不解唐言」也？

《明史．滿剌加傳》：「男女椎髻，身體黝黑，間有白者，唐人種也。」〈真臘傳〉：「刑，番人殺唐人罪死，唐人殺番人則罰金。」此則明人對海外自稱唐人者也。〈真臘傳〉又云：「唐人者，諸番呼華人之稱，凡海外諸國盡然。」此則史臣解釋唐人二字之所由來者也。

統覈右舉各條，一出於日本，一出於天竺、滿剌加、真臘。夫歐美諸國之至中國，西必經印度、滿剌加、真臘，東必經日本；中國人之至歐美諸國亦然。其以中國為唐，皆此等影響所及也。《明史》於川廣雲貴諸土司傳稱漢，於外國諸傳稱唐，而外國中之朝鮮、韃靼等傳則仍稱漢，以朝鮮之於中國，僅界一江，仍由乾路可至中國之國也。故曰：由乾路至中國，稱中國為漢；由航路至中國，稱中國為唐也。客頷之，復綴其詞於編，不敢自信，願以質諸大雅也。

（載《時事畫報》丁未年第二期，署名謙）

說正朔

謙益曰：余不聞正朔之名詞也久矣，唯於書生說經時聞之。書生之言曰：王者受命，必改正朔，易服色，所以新天下之耳目。夫大清之得國，二百餘年矣。之民也，含哺而嬉，鼓腹而遊，茫然相與游乎大順已耳，疇敢不奉正朔者。雖朱一貴、林爽文、洪秀全之流，亦嘗另立名目以號令海內，然永和、順天、太平天國之號，吾僅於歷史中見之，他未之聞也，何居乎正朔二字。復見於商約大臣呂海寰之摺，摺曰：學生行文紀年，直書黃帝甲子，襲耶教之名詞，置正朔而不顧，應照違制律從嚴治罪。嗚呼！吾不知學生之不奉大清正朔，果有思想與否，抑人云亦云，而不知為違制否。徒曰行文云云，則自與朱一貴、林爽文、洪秀全之實行者異，吾見者夥矣。

二十年前，吾國虛驕之士，怵於耶穌紀年之遍於口岸也，思有以擯之，囂然曰：豈獨耶穌，孔子卒後若千年，史遷列傳例也，則大書孔子卒後二千三百八十六年。此一說也。

復有為之詞者曰：法其生不法其死，今文家法也。西歷以耶穌降生紀年，則中歷亦當以孔子降生紀年，則大書曰：孔子生二千四百五十八年。此又一說也。

稍慕《春秋》之學者曰：孔子之道，莫精於《春秋》。西狩獲麟，新王受命之符也。尊孔子則當以春秋之元年為元年，則大書春秋二千六百二十九年。此又一說也。

佛氏之徒，亦心然有光大其教之志，曰吾佛氏，是宜以世尊之生為元年，則大書曰佛降生二千四百六十四年。此一說也。

復有為之詞者曰：考大法之入中國，始於漢明帝之八年，是大紀念，是宜以紀年，則又大書曰佛入中國一千八百四十三年。此又一說也。凡此皆具宗教思想者也。

二十年前，吾國人知有宗教思想，而無政治思想。自專制、共和諸譯名出，衿纓之士，乃遍翻諸吾籍而不可得也，則蘧然曰，周厲王之世，立監謗，殺言者，專制極矣，卒至國民軍起，逐厲王於彘，是民權之始也。於時召公、周公協商國事，號共和元年，是宜以紀年，蓋其跡近，慰情勝無也。況史遷〈十二諸侯年表〉嘗託始於此，則大書曰共和二千七百四十八年。此一說也。而以舜受終於文祖之年為元年者亦有之。此皆心醉乎共和，以為比諸言宗教者為國民思想之進步也。

惡知乎七八年間乃有所謂民族魂者之大怪物出，而全國風氣為之一變，則大言曰：我帝軒轅之裔也，以甲子紀年，自我祖始，是宜以紀年，則大書曰黃帝紀元四千三百九十八年，此一說也。嗚呼！呂海寰[1]之摺，摺此矣。莘莘學子，一何慓悍若是。

1 一八四三－一九二七年，字鏡宇，清末政治人物，曾任駐德公使、駐荷公使、駐奧公使，以及工部、兵部、外務部尚書等職。

然猶有慓悍者，余不敢言。曰紀年所以便記事也，誠如黃帝，則與西歷對紀時，將瞀眩而不可辨，故必有一單簡之標識而後可以常用而無所窒。直截之至，莫若以亡國之年為元年，庶幾足以震撼國民之腦乎，則大書曰亡國二百六十四年，此又一說也。噫！是蓋以大清得國之年為漢人亡國之年，故有此非常異義可怪之論。又有以為第二次亡國若干年者，則以宋之亡為漢人第一次亡國，明之亡為第二次亡國也。是皆不可以出諸口者也。

於是有務為持平之言者曰：以黃帝紀年，誠紊亂不便，以亡國紀年，則亡國以前之事何由紀。曰亡國前若干年耶，則其瞀眩而不可辨也尤甚。吾國之有紀元，自漢武始也，漢武之先，徒書元年二年已耳，至漢武建元元年始有年號。諸蕃之稱我以漢者，以漢也。胡以漢？以漢武也。漢武之強，為吾國歷史上第一，不言紀元言民族則已，言，必當以漢武。不獨此，漢武建元之於耶穌，其前適一百四十年，蓋耶穌生於漢平帝元始元年也，則大書曰建元二千零四十七年。此一說也。

抑又有為後勁之說者曰：不以漢武紀年則已，不以漢武之適前於耶穌百四十年之故而紀年則已。以，則當以漢武天漢元年為元年。漢武在位五十四年，改元者十一，建元、元光、元朔、元狩、元鼎、元封、太初、天漢、太始、征和、後元也，而建元、元光、元朔諸號，皆元狩以後所追改。天漢元年辛巳，去耶穌元年適前一百年，故宜以天漢紀年，則誠可與西歷對紀而無瞀眩不可辨之弊。此又一說也。凡此，皆持民族之說者也。

統觀右此之紀年者不一端，有對於宗教的，有對於政體的，有對於民族的。持論不同，而不奉大清正朔則同。當孔子紀元時，本無不奉正朔之意也，迂腐焉耳矣。其後此諸說，則誠不可問。而呂海寰之請禁者，僅黃帝一節，呂海寰其深許外此諸節耶，抑所見者僅黃帝一節耶？學部議覆之摺，則混言行文紀年不奉正朔之昧授時之義，以為視王章若弁髦，紀綱具在，不能稍事姑容云。則凡某某幾年云云者，皆在不赦之條也。原奏昨已咨行到粵，吾不知諸未來之主人翁，吮筆含毫時，猶敢大書特書之否也乎！

（載《時事畫報》丁未年第十二期，署名謙益）

釋奴才

消融滿漢之說出，於是有請滿漢臣工一律稱臣，不稱奴才者。奴才二字何自出？陶宗儀《輟耕錄》以為始於郭令公「子儀諸子皆奴才」一語，非也。罵人奴才蓋北俗，中原無是語也，有之，自晉始。晉世五胡入中國，胡言遂載以俱來。〈劉淵載記〉（《晉書》於五胡及諸割據者別為載記附於卷末。劉淵、劉曜，皆匈奴也，不得以漢姓而誤為漢人），成都王既敗，元海曰：「穎不用吾言，遂自崩潰，真奴才也。」一。〈劉曜載記〉，田崧罵楊難敵曰：「若賊氐奴才，安敢希覬非分。」二。王猛曰：「慕容評真奴才，雖億兆之眾不足畏，況數十萬乎。」三。《水經注》，李特至劍閣，歎曰：「劉氏有此地而面縛於人，豈不奴才也。」四。《魏書》，爾朱榮謂元天穆曰：「葛榮之徒，本是奴才，乘時作亂。」五。凡此諸語，皆出自晉末六朝之間，在郭令公之前。令公之為是語，蓋亦久居塞外，習於胡言，猶今之操西語罵人者耳。陶宗儀以為此語始自令公，未之考也。後於令公而為是語，則《五代史》，董璋反，以書誘姚洪。洪不聽，城陷，璋責之，洪曰：「汝奴才，固無恥，吾義士肯隨汝所為乎？」姚洪仕後唐，沙陀族也，是亦習於北俗。晉以前無是也。奴亦作駑，《顏氏家訓》（顏，北齊人）謂貴游子弟，當離亂之後，朝市遷革，失皮而露質。當此之時，誠駑才也。一。《五代史》，朱守殷少事唐莊宗（李存勗）為奴，後為都虞候，使守德勝。王彥章攻之，守殷無備，南城遂破。莊宗罵曰：「駑才果誤予事。」二。此亦出於北俗，譯語之有出入者也。而魏鈔《稗勺》（人、書名）則曰：「明代宦官，對上稱奴儕，今人訛儕為才云。」是不讀書之甚者。雖然，昔稱奴才，以罵人耳，未有以自稱者，更未有以稱諸大廷者。猶古之有臣妾其名（《易》、《書》皆有之），亦以稱宦官宮妾耳，未有以統稱臣下也。自司馬相如、蔡邕、劉琨、韓愈諸文人，始以臣妾二字入章奏，然亦只務為諛詞，未嘗以書銜焉。至國朝，滿洲大臣奏事，率稱奴才，始以奴才書銜，為一朝之典制。漢大臣且不得與，蓋亦循乎北俗也。然國朝於奴才之稱，亦屢經磨勘。乾隆二十三年諭曰：「滿洲大臣奏事，稱臣稱奴才，字樣不一，著嗣後頒行公事摺奏稱臣，請安謝恩尋常摺奏稱奴才，以存滿洲舊體。」據此，則只分公私，不分文武也。然乾隆三十八年，涼州鎮總兵喬照，於奏謝摺內稱臣，為嚴旨申飭。曰：「武員即官至提督，亦稱奴才，此乃向來定例，喬照豈容不知？雖臣、僕本屬一體，稱謂原無重輕。但喬照甫加總兵，即如此妄行無忌，足見其器小易盈。著傳旨嚴行申飭。」此則不知喬照於奏謝摺內稱臣為違例乎，抑武員稱臣為違例乎？由前之論，則喬照於奏謝摺內稱臣為違例，由後之論，則以武員稱臣，似亦違例。道光六年，穆蘭岱因陳奏青海蒙古事宜，摺內稱臣，亦為嚴旨申飭。曰：「道光五年，曾經降旨，督撫藩臬之內，如係旗員，於請安謝恩摺，著繕寫奴才字樣。凡遇一切公事奏摺，著寫臣字。此特專指文職而言，並未指武職如此。原降諭旨，甚屬明晰，穆蘭岱前此會同陝甘總督奏事一摺，自應繕寫臣字。今伊自行陳奏青海蒙古事件，亦寫臣字，竟染漢人習氣，殊屬不合。況此際各省將軍都統等奏摺，並無一繕寫臣字者。穆蘭岱身任副都統，兼西甯辦事大臣，而倣效文職，殊屬非是。穆蘭岱著傳旨申飭。」此則武員稱臣，果屬違例矣。由前之諭，則請安謝恩摺奏稱奴才，公事摺奏稱臣。由後之諭，則武員公事摺奏亦稱奴才。

夫既分公事私事，又分文員武員者，何哉？非分公私，非分文武也，分滿漢也。內而部院，外而督撫，文職也，而滿漢員缺各半，奏事會銜者多，故分公私，公即會銜，私即請安謝恩摺之單銜者也。若將軍都統諸武職，有滿缺，無漢缺，雖公事奏摺，亦多不必與漢大臣會奏，故不分公私而分文武。一言釋之曰，滿洲大臣有與漢大臣會銜入奏者稱臣，其單銜入奏者稱奴才。不必分公私分文武，分滿漢焉已矣。與漢大臣會銜，何必不稱奴才乎？不與（與，許也）漢人之為奴才也。漢人求為奴才且不可得乎？乾隆三十八年，御史天保、馬人龍奏監考教習查出代倩情弊一摺，摺內書銜，因天保在前，遂概稱奴才。上諭之曰：「向來奏摺滿洲率稱奴才，漢臣率稱臣。此不過相沿舊例，且亦惟請安謝恩及陳奏己事則然。若因公奏事，則滿漢俱應稱臣。蓋奴才即僕，僕即臣，本屬一體，朕從不稍存歧視，初非稱奴才即為親近而盡敬，稱臣即為自疏而失禮也。今天保、馬人龍之摺如此，朕所不取。若不即為指示，恐此後轉相效尤，而無知之徒，或因為獻媚，不可不防其漸。嗣後凡內外滿漢諸臣會奏公事，均著一體稱臣，以昭畫一。」如是，是皇上不欲漢人之稱奴才，而以滿人遷就漢人也。故滿人稱奴才，有時可以稱臣；漢人稱臣，無時可以稱奴才。

然亦有不盡然者，要在皇上之意何如耳。乾隆三十五年，周元理會同西甯（人名）等奏到搜捕蝗孽一摺。摺內列名處，西甯、達翎阿稱奴才，周元理則稱臣。上諭之曰：「臣僕本屬一體，均係奉上之稱。字義雖殊，其理則一。滿漢臣工自稱固有不同，然遇部院章奏，雖滿洲大員，亦一例稱臣。而滿洲督撫奏地方公事亦然。並非以奴才之稱為卑而近，稱臣為尊而遠也。即如滿洲大學士在朕前亦自稱奴才，而漢人雖丞簿末秩引見亦皆稱臣，豈丞簿漢員，因此遂得謂尊於滿大學士乎！朕撫御臣民，並無歧視，而朝廷體統，本自尊嚴。又豈因臣下之稱奴才而尊崇有加，稱臣而體制有減乎。朕於此等事從不計較，即漢人中間有於召對時稱奴才者，亦並無嘉賞之意，而摺奏列銜，則不宜參錯。止當論首銜何人，或滿或漢，皆可以一稱貫之（馬人龍摺即依此旨）。此次三人會奏之摺，西甯名列在前，既稱奴才，則達翎阿、周元理自當連名直寫，又何事妄生區別於其間耶？若謂周元理不屑隨西甯同稱，有意立異，是視周元理身分太高，諒彼亦不敢萌此念。但此等節目，必拘泥若此，又何其不達事理耶？可笑之至。將此傳諭周元理知之。」夫馬人龍之隨天保稱奴才也，即依此旨辦理也。上既以周元理為可笑，又以馬人龍為不合，則臣下果何措何從也？且乾隆二十三年，既諭令滿洲大臣於公事摺奏稱臣矣，而西甯於奏報捕蝗事宜，仍稱奴才，是違制者西甯。乃皇上不責西甯，而反笑周元理者又何也？蓋皇上知漢人中有以奴才二字為自昔北俗罵人之詞，而不甘為滿洲奴才也，故借周元理以警惕之。在馬人龍則恐其冒認奴才焉，在周元理則恐其不服為奴才焉，操縱臣下之術亦神哉！

（載《時事畫報》丁未年第二十三期，署名謙益）

放胸的説帖

今試執途人而問之曰：鞋之逼趾也苦乎？則必曰苦。又試執學生而問之曰：操衣之箍身者舒服否乎？則必曰不舒服。夫逼鞋窄衫，尚以為辛苦而不舒服，則前日之纏足，與夫西婦之紮腰，其為辛苦不舒服何如也？今西婦之紮腰，彼中人士已深斥其非，而上流婦女，亦漸革其俗。若吾中國纏足之俗，則自士夫提倡放足後，今亦已戰勝矣。餘孽未清，不久亦將降服也。然中國尚有一弊俗，與紮腰纏足等，而未經士夫為之提倡而革除之者，則瞞胸是也。瞞胸作俑於誰，姑俟考據家言之。

紮腰傷腹部，纏足傷足部，而瞞胸則傷胸部。傷腹部於消化難，傷足部於走動難，傷胸部則於呼吸有礙。婦女之多哮喘者，肺腦筋之被激也；婦女之多內傷者，肺病之遺傳也。致肺之病不一端，而瞞胸其一也。尋常婦女之多心痛，非心痛也，胃痛也。尋常婦女之面口多黃熟，非賦體獨弱也，空氣不足，而血欠養也。凡此皆瞞胸之為之也。不獨此，彼初生嬰兒之婦女多生乳瘡者，皆平日之瞞胸之有以窒塞其乳腺也。習體操者，操肌肉骨骼外，且有操肺者，故有量肺之器焉。量肺之大小，能容空氣若干。將以肺量之盈縮，驗體操之成效也。昔者學校之檯椅，不合於兒童之高度，致有俯首鞠躬者，今人知其足以害肺也，亦急為之改良。其所以重肺如是者，以人之所賴以生者血，而血賴以淨者肺也。近日東西洋肺病之書，且日出世，其學亦日發明，而吾中國前此之學人，既已養成曲背彎腰之習，婦女又以習俗故，瞞其胸而小之，即不瞞胸，亦駝其背以就之，以是為莫大恥辱焉，左矣。日日言養成偉大國民，而先於國民之母弱之如是，是烏足以養成偉大國民也。幸而胸中有骿骨十餘排，以為肺之城郭耳，使胸而無是骿骨，則瞞胸也，不幾如西婦之腰之紮之使小也耶。亦幸而此為氣管為食道也，使此而非氣管，非食道，則雖有肋骨，中國人不幾如纏足之由長而短，由大而小，由平直而拳曲臃腫，雖折骨腐肉而亦為之乎。夫如是，則有以中國人早婚為能少救其弊者。以為早婚則產子早，有子可以無顧胼也。不知早婚之害，更甚於瞞胸。今且勿論，姑問彼已嫁十年而不產子者，則將長此瞞胸否也？即不爾，而瞞胸之年，乃體育最發達之年，於最發達之年而摧敗之，其害何如也。況乎有子可以無顧者，無子獨不可以無顧也耶？同是一胼，有子與無子何異，不過有子之胼，掩之無可掩耳。夫西婦方以隆然高聳為美觀，而中國乃偏以為醜，何中西人情相去之遠也。西人好細腰，中人雖未必紮腰，而未嘗不愛腰之小；中人好細足，西婦雖不至纏足，而未嘗不愛足之小，觀於西裝女鞋可知也。獨至於胸，而適成反比例，何也？東鄰日本，近所謂文明國也，其婦女且有袒胸露乳者焉。中東密邇於鄰，何習尚不同若是？以是為不雅觀耶？夫雅觀與不雅觀，時尚耳。諺曰：時興眼軌轉。曩者婦女之衣袖寬大也，袖闊有至二尺者，其探囊且在袖口也，今則滬裝窄袖矣。十年前余在京師與人言放足，士夫方掩耳而走，否亦以為瑣屑，學士不當與聞焉。胡不及十年，而絹遮革履者乃接踵於十八甫雙門底之間也。有所謂二寸金蓮，的的而過市者乎？雖衣服都麗，人必嗤然笑之，是何昔以為神聖不可侵犯之美人，今而睥睨之至是也。是故近日士夫之相語，有及家中婦女猶未放足者，均相引以為恥，又何待賤民之議出，而始貴大足也。今婦女之瞞胸者，又以胸大為賤格耳。彼河上婦女，胸誠大矣，然彼於體育何如也？夫昔何嘗不以大足為下流，為賤格，不轉瞬而以為上流，為貴格矣。此等見識，全屬於言論上，而非由夫實事上果有見乎誰貴誰賤也。苟有士夫提而倡之，強聒不舍，則不難將億萬人之眼力而轉移之。放足其已事矣，然今日提倡開胸，有難於提倡放足者，又何也？彼婦女之纏足，有男子在前，雖不敢公然對之包裹，然纏足二字，可說諸口也。故母之與女纏足也，可以正論出之，其使之放之也，亦可以正論為之。即男子之稍開通者，亦可於家庭廣眾中，為之演說放足焉。若夫瞞胸，則大抵姊妹中為之，父母且不得而干預，而況乎男子。故使之放之也亦難。且夫女學萌孽，女子之曾入學校者，殆無不知纏足之害，而放足之有益於人身也。而瞞胸則不特教科書中無言之，即女師之口授，亦未嘗及之。故女子不入學校則已，入學校則益求乎貴重，而胸之瞞也亦愈甚。不開通則已，開通則出入必多，而胸之瞞也亦愈甚。是不得不藉乎士夫之力以提倡也。而或以為放胸者亦當如放足之設會，是不必也。放足之有會，婚姻問題耳，彼放胸固無礙於婚姻也，則更何樂不為。

（載《時事畫報》丁未年第二十四期，署名艷）

老父識民權

漢陰老父者，不知何許人也。漢桓帝延熹中，幸竟陵，過雲夢，臨沔水，百姓莫不觀者，有老父獨耕不輟。尚書郎南陽張溫異之，使問曰：「人皆來觀，老父獨不輟，何耶？」老父笑而不對。溫下道百步，自與言。老父曰：「我野人耳，不達斯語。請問天下亂而立天子耶，理而立天子耶？立天子以父天下耶，役天下以奉天子耶？昔聖王宰世，茅茨采椽，而萬人以寧。今子之君，勞人自縱，逸游無忌，吾為子羞之，子何忍欲人觀之乎？」溫大慚，問其姓名，不告而去。

我亦野人耳，未嘗見天子。幼時聞諸兒童言，曰皇帝係人皇，天子係金口，吾已疑之矣。曰武狀元要同皇帝倒尿壺，吾益疑之。疑天子果有如是之尊榮，而奴畜天下也。及長，讀西方《民約書》，始知伯理璽天德[1]乃國民之公僕，係以天下役天子，不以天子役天下也。始信諸兒童言之謬。因憶吾中國書如范蔚宗[2]之能排貴勢，重人權，其言或有可觀也。其〈逸民傳〉果有漢陰老父其人焉。

1 為 president 之音譯，多用於十九世紀中，指美國總統。

2 范曄，三九八—四四五年，字蔚宗，小字磚，南朝宋政治人物、史家，著有《後漢書》。

以茲偉論，求之今日，蓋無人不能道，求之漢以後，猶空谷足音也。豈世人之醉飽於專制乎哉，毋亦作史者之過也歟？

（載《時事畫報》丁未年第二十五期，署名益）

論利導國民

以五百萬之民族，馭四萬萬之民族，以三省之國土，統十八省之國土，歷二百餘年，而不至有顛覆之患者，雖其所馭之眾之愚之易於壓服乎，其殆深知國民之向背而善引導之也。是故國人窮於賊，則為之討而遠之；國人忠於君，則為之禮而葬之；國人篤於故國而不肯降我也，則開國史館以招徠之；國人炫於學而以自高也，則開鴻博之科以羅之；國人有勇武而無以自安也，則立勇健軍以綏之。其揣摩之也熟，其偵探之也確，其垂之餌也甘，其開之途也廣。如此則天下惡得而不我從，然後因時為宜，或十年而一變，或百年而一變，國祚遂長保於乂安。

自革命之說，蔓延海內，而學生商人之受其鼓吹，崇其言議者，皆有仇視政府之心，一倡百和，舉國如狂，於是有轟炸大臣、刺殺巡撫之事。風潮不可壓，則避之；避之不可，則轉移之、利用之，而聯合滿漢以排外之說出矣。以為明之亡，亡於不知排外，而只知排內，今日時勢正同也，則移排滿者以排外。外人知其然也，故有「支那人排滿之感情，與排外之感情，大有分別，其政府必盡力導排滿之感情，變為排外之感情，此最宜防者」之論。夫明之只知排內而不知排外，其政見誠愚，而今日時勢，與昔日時勢固殊。昔所謂外者僅一國，今所謂外者不獨一國；昔所謂內者李自成，今所謂內者滿洲也。彼革命黨則以滿洲為外，東京滿洲留學生組織之《大同報》則以滿洲為內。故此排外不排滿問題，學者所當研究也。此其一。

傳曰：善則歸君，過則歸己。言忠愛者所當爾也。君主有無上之尊榮，神聖不可侵犯，宜有人受其責任也。受之任者何？官也。市人曰：一日都係官唔好，專欺騙大皇帝。斯言也，吾熟聞之，不獨於市人聞之，於報紙亦習聞之。曰中國官場腐敗也，中國官場腐敗也，罵之嘲之，以為得意。夫中國官場之腐敗，誰致之，誰使之？日日謂做官者剷地皮，剷地皮者豈官也歟哉，攤派賠款如是其累累也，解京餉項如是其瑣瑣也。斧頭打釘釘打鐵，有為之釘，必有為之斧者也。乃至上至諭旨，下至俚語，無不責成於無權無勇之官，官亦人哉，烏得負此重任也。官不能負此重任，則人將歸罪於政府。歸罪政府，則革命之說，愈得而伸。故今日之官，寧受國人之重謗，而不敢稍卸其罪於政府，如是則政府安。此怨官不怨政府問題，學者又當研究者也。此其二。

有不罪官場而罪政府者矣。其罪政府者，不獨漢人，即滿人之留學外國，近主張所謂調和滿漢者，亦口口歸罪政府，言當改此君主專制政體為君主立憲政體也。滿人不獨主張立憲，且主張革命。有政治的革命，有種族的革命，所主張者種族的革命乎？政治的革命焉矣。以為今日中國政治之惡劣，由於沿前明之舊，非國朝有創之也。斯誠然，斯非前明然，秦漢以來皆然。中國人不欲享人生之幸福則已，欲享人生之幸福，則中國之政治，不可不革命。既為政治的革命，則種族的革命，可以消滅於無有，而政府亦安。乃有持政府萬無可改革政治之理，所謂立憲者僞而已。吾無以知其然，則此政治革命與種族革命之問題，學者又當研究也。此其三。

外人之誚我中國也，曰中國人性如散沙，無團聚力。日人之誚中國者，亦曰支那人好動而無團體，始雖要結同盟，終必散渙。此可謂洞中我國人之隱情矣。以是原因，故人得以離間我、侮弄我。又兼以各省方言不一，一省有一省之語言，一府有一府之語言，一邑一堡亦各有一邑一堡之語言。即以吾粵論，有廣府人焉，有下府人焉。廣府中又有所謂南三人、東莞人、新甯人焉。推其所以各立名目，如是其異視者，皆此不齊一語言階之厲也。語言既殊，感情自薄。故省界一事，足以亡國而有餘。吾讀雍正七年十月上諭，有江浙人議山陝為粗魯，山陝人亦誚江浙為懦弱等語，吾毛為之悚，而汗為之下也。以為此傷我江浙山陝人之感情實甚也。是故某部用一粵人，而粵東會館之謠起，某部用一某人，而某某飯碗之謠亦起。有如蟋蟀，一引草而撲觫不已也，所以傾軋之者易易也。然不如是則不利於政府。此各省自相排擊問題，又學者所當研究者也。此其四。

嗚呼，一國之大，兆民之眾，苟非具大魄力，大經濟，又烏得將此萬里山河，玩諸掌上乎。夫固必有所挾持者矣，彼徒曰政府愚耳，政府愚耳，是烏知政府者。

（載《時事畫報》丁未年第二十七期，署名錢）

書水滸傳

《水滸傳》，元世之革命黨雜誌也。士君子當國家大勢既去，一人不能有所建白，則望諸多人，一時不能有所奮發，則俟諸異日，務求有達目的之一日焉耳，不必身親為之，身親見之也。施耐庵，宋季遺老也。痛故國之飄零，悲腥膻之逼人，揭竿起乎，則書生也。即非書生，而舉國夢夢，一人奮起，無有為之後先奔走，疏附禦侮焉，無濟也。則必先有以醒斯民之酣夢，作斯民之模範，使一國之人，皆有是心有是人，而後可。是舍著書末由。然著書非易事也，過於急激，動輒得咎，徒生阻力，無補前途，一、全書告蕆，始出問世，日暮途遠，無人能讀，二、深文奧義，人多不解，三、憑空搆造，人多不信，四、耐庵乃與同志十六人（見本書敘），日以編輯《水滸傳》為事。托於疏狂，則不虞得咎；淺文道俗，則無人不解；根據正史，則易於取信（水滸事見《宋史》〈徽宗紀〉、〈侯蒙傳〉、〈張叔夜傳〉，並散見於《揮麈後錄》、《宣和遺事》、《癸辛雜識》諸書。陸次雲《湖壖雜記》云：六和塔下，舊有魯智深像。又江滸人掘地得石碣，題曰「武松之墓」云）。創體章回，則每卷一出，人輒得觀（章回體實創於《水滸》，其辦法蓋如今旬報，故每卷末有且聽下回分解等語）。於是大江南北，上之士夫搢紳，下之販夫走卒，無不各手一編，津津樂道。猶恐有並不識字之人，則又有祕密黨人，江湖遊士，隨地演講，如世尊說法，經師說經焉（今海幢寺城隍廟之講古者，其流風也）。遂至普中國無不知有梁山泊也。愚者則以為講古已，其根性稍敏者，則知所有事也。如是，則十人中得一二人焉，足以提攜上舞臺而有餘也。全書既成，而張士誠、韓林兒、徐壽輝、陳友諒、陳理、明玉珍、明太祖諸英豪共起而掊擊胡元矣。所謂文字收功日，全球革命潮者，非耶！明太祖諸人皆《水滸傳》所製造來者也。偉哉施耐庵，其東方之德謨那歟（法蘭西人之鼓吹革命新聞記者）？說者謂日本覆幕之舉，姚江之學與有力，《水滸》亦與有力。西鄉隆盛之徒，即武松、魯智深第二也。是未必然，然日本人固甚崇拜《水滸傳》（曲亭馬琴、高井蘭山、和田篤太郎、野村銀次郎，皆有編本）。所以大清入關以後，即有禁《水滸》之條也。（乾隆十八年七月諭）嗚呼！今人讀《水滸》者，徒以《水滸》作等閒小說觀耳，烏知作者有如是之苦心也耶？

後世能讀《水滸》者，莫若金聖嘆。而金聖嘆之批評，亦不易讀。蓋其屬詞命意，有大相反者，不可於字句求也。聖嘆謂施耐庵之作《水滸》，不同於史遷，史遷有感憤，而耐庵無感憤。此聖嘆之反言也。聖嘆言此，所以使《水滸》不招當世之忌，而讀者得以《史記》衡《水滸》也。聖嘆言童子十歲，即當與以《水滸》。奇哉斯言！蓋聖嘆為明遺老，其境遇與耐庵同；其欲使中國無一人不受《水滸》教育，亦與耐庵同。今讀《水滸》一遍，而尚武之氣，慷愴之概，尚悠然生也。獨惜《水滸》多中州方言，與吾粵不甚吻合，而今傳本，又無句豆，故粵人讀《三國演義》者多，而讀《水滸傳》者少。其實《三國》不及《水滸》遠甚，不過《三國》皆文言，而有句豆耳。《水滸》雖用方言，苟有句豆，則閩粵人不難讀也。

抑有一事足為《水滸》病。全書七十回，其〈王婆說風情〉一回，比他回卷帙厚至一半。令少年子弟，見之心蕩。斯何以故？則有妄人從他書增入故。蓋某某既割取《水滸傳》潘金蓮一節以演《金瓶梅》，其有所加增潤色，勢也。而妄人即以《金瓶梅》所割取《水滸》者，還割取《金瓶梅》，以增益《水滸》。取原書一按，其增入痕尚略可辨識也。

抑又有一事亦國人所當知者。《水滸》既大有造於宋人光復之事，而明季閹黨，即以《水滸》羅織清流。今所傳《東林點將錄》者，乃王紹徽、韓敬等所造。以《水滸》一百八人混號，加諸東林諸賢之上，謂東林黨欲實行革命以傾覆國家也。其例有天魁星及時雨大學士葉向高，天罡星玉麒麟吏部尚書趙南星等詞。光怪陸離，小人之害君子，何所不至。而東林諸賢，遂受禍殆遍矣。噫！

（載《時事畫報》丁未年第三十期，署名錢）

秦檜害岳飛辨

秦檜害死岳飛三父子，斯言也，吾夙聞之矣。吾聞之，吾疑之，以為秦檜雖奸，何至不愛其國，而害死彼關係種族存亡之人也。且秦檜之當國未久，而高宗又甚專制，又烏有勢力以害死岳飛也。稍長讀龔定庵〈京師樂籍說〉，而信帝王有陰鷙之術；讀韓非、老子書，而知帝王陰鷙之術所自出；讀勾踐、漢高待功臣歷史，而歎帝王陰鷙之術無所不至。嗚呼！漢高、明太之戮功臣，人皆知之，己亦未嘗諱之，固不失為任直之人哉。宋高宗之戮岳飛，乃直假手於秦檜也，毋亦曰爾們臣子害臣子耳，朕未嘗手刃之也。嗚呼，宋高宗誠中國罪人哉。父母宗族，均為金人所虜辱，而猶妒功忌能如此，妒功忌能之不已，而盡委其罪於他人。險哉高宗，彼秦檜乃為之傀儡，愚矣。後人信之，益愚矣。在南宋諸儒，奉高宗為天子，其不敢直斥高宗之害岳飛，勢也；後之人乃不問是非，不問本末，不錯綜稽覈當時之事實，猥和之曰秦檜害死岳飛三父子，愚矣。後之人亦知高宗不害韓世忠、劉光世、楊存中諸將，而獨害岳飛之旨乎？韓世忠、劉光世、楊存中，將耳，岳飛，國士也！何謂國士，以一身繫種族之存亡，知有國不知有家也。「匈奴未滅，何以家為」，非岳飛口頭禪乎！此所謂國士也。此其所以取忌於高宗也。高宗寧贈其國與父母之仇，而決不使家奴得志也。岳飛有不臣之心乎？岳飛有愛國保種之心，而無不臣之心。其不臣之心，高宗慮之。高宗胡以慮之？高宗有鑑乎宋太祖之得國而慮之。夫秦漢以來，天下久以此國為天子一家之物矣。以此國為天子一家之物，則得失，天子家事也。食其祿者盡其力，盡其力非為一國，為天子一家耳，為己一人之功名富貴耳。是非無良也，蓋明哲保身之道當如是也。故功成，則醇酒婦人可矣；否，則為五湖之遊、赤松之侶，可矣！否，則戮矣！稍閱《三國演義》者，亦知劉備聞雷失箸之前，鋤草灌園，為故示曹操以無大志之意，則知岳飛之所以殺矣。夫宋高宗殘敗之餘生耳，而當時諸將，有韓家軍、岳家軍、張家軍之號，已不能無忌；又況張俊、楊存中等，皆治第臨安，貪財殖產，而韓世忠亦家於杭，多營田宅，岳飛獨持「匈奴未滅，何以家為」之義，不治生產，不為子孫長久之計，高宗之愈忌之，宜也。是故韓世忠之欲營新淦田也，高宗即專敕以賜之，劉光世之請以淮東私田易淮西田也，高宗即明詔以許之。未知高宗以此結諸將之心乎，抑諸將以此保其身乎？後之人乃以飛之死之罪歸罪於秦檜，夫高宗不有意，秦檜烏得而害之。以耳為目，毋亦中帝者之計也歟！

（載《時事畫報》丁未年第三十一期，署名錢）

更論宋高宗忌岳飛之原因

余為秦檜害岳飛辨，正其罪於高宗，非為秦檜訟冤也。秦檜甘為高宗傀儡，必有所利而為之。利其利而任其咎，當也，夫何容為秦檜惜。然不正高宗之罪，則無以表示專制君主之寧貢其國於父母之仇而不任國人窺伺之志（高宗之父徽宗、兄欽宗，皆為金人所虜，其母韋妃，且為金靈州同知蓋天大王所妻），並無以見天下是非之不足據有如此也。而或以為是文士翻新之論，則非所敢知矣！

夫專制君主，未有欲官之不愛錢者也。官之愛錢，則惡名在官耳，於朝家無與也，而況又有籍沒（即抄家）之一法，固樂得而假手之也耶！是故宋人野史言，紹興中有以功臣財產為言者，高宗曰：「南渡之初，州縣皆盜賊所據，命將征討，但期克服地土，而賊之子女玉帛，惟諸將所欲為也。」然則愛錢者，高宗所深許也。岳飛破賊最多，而愛錢最少，當籍沒時，僅鎖鎧兜鍪、銅弩鑌刀、弓劍鞍轡等物，及金玉帶數條，布絹三千疋，粟麥五千餘斛，錢十餘萬，書數千卷耳。孝宗時追復官爵，令給還原資，主者具當時沒入之數，亦不過九千緡耳。不愛錢，不惜死，誠岳飛之所能實行者矣，然此固大違高宗之旨也，是取忌之道也。

閱者亦知高宗時諸將之富豪乎！富豪何自來，自愛錢來也。趙甌北嘗引宋人《玉照新志》、《夷堅志》、《駕幸張府紀略》諸書，言張俊歲收租六十萬斛，偶遊後圃，見一老兵晝臥，詢知其能貿易，即以百萬付之，其人果往海外，大獲而歸。高宗嘗駕幸其第，俊所進服玩珠玉錦繡，皆值鉅萬，自宰相以下，俱有贈遺。延及其孫鎡，園池聲伎甲天下，每宴，十妓為一隊，隊各異其衣服，凡十易始罷。客去時，姬侍百餘人送客，燭花香霧，如遊仙窟。此張俊之富豪也。楊和王建第洪福橋，欲以西湖水環其居，奏於上，上令密速為之，恐外廷有言者，遂督濠兵連夕濬成。有故人自北來投者，楊遣人押就常州本府莊內，支一百貫與之，密遣人偕往代郡，為之置田千畝，謂之曰，當今兵革不用，無可立功名，和王遣來代辦生事耳。其女適向子豐於湖州，以妾所生子祕為己子，報王，王即撥崑山良田千畝，為粥米資。偶閒居郊行，遇相字者，楊以拄杖於地上一畫，令相之。相者曰，土上一畫，王也。楊喜，即判五百萬，令詣司帑取錢。司帑靳之，謂楊曰，王已開王社，何用復相，恐滋物議。楊益喜，即以五百萬與司帑者。此楊存中之富豪也。韓忠武偶遊湖上，遇李晦叔改秩來京，而失舉牘，坐冷泉亭歎息，王詢之，具以告（世忠蘄王）。王乃問其姓名階位，明日使吏填一舉牘送之，仍助錢三百千。至王之子孫，遷於蘇者，買滄浪亭價百萬，其他可知。此韓世忠之富豪也。夫張俊、楊存中不論，韓世忠，世所謂賢者也，而亦富豪若是，使不愛錢，烏得有是？是故秦檜嘗諷言官誣劾韓世忠矣，帝格其議不下也（見韓本傳），此愛錢之效也。

而岳飛一則曰不愛錢，再則曰何以家為，其能免乎。所以万俟卨治岳飛獄，有謂飛自言己與太祖皆三十歲建節，為有不臣之心也，而高宗之必死岳飛決矣。小說家猶謂歲暮獄未成，檜因其妻縛虎縱虎之語，以片紙付獄吏，即斃岳飛於獄，一似高宗之不知也者，罔哉！諺曰：「蛇無頭不行」，秦檜蛇耳，高宗乃頭也。烏有一專制大君主大梟雄而任奸臣之擅作威福乎？然則秦檜者高宗之忠臣也，執筆者乃大書特書曰，檜下岳飛於獄，檜殺故少保岳飛，是烏得為知言也哉！是故當時之諂事檜者，不少人也，如王次翁、勾龍如淵輩，皆以高宗不喜故，而特斥退之，檜不能違也（俱見本傳）。誰謂檜有勢力哉？檜之勢力，皆高宗之勢力也。高宗不欲，檜何由動也。專制國之歷史似此者多矣，豈獨此事乎哉！特以此事為吾國人所共悉，故不憚數言之。

（載《時事畫報》丁未年第三十二期，署名錢）

國民與政府

有所謂國民，有所謂政府。國民與政府，名斯異矣，其果同一物否耶？其果有密切之關係否耶？國民其猶四體，政府其猶頭目耶？國民其族中之子弟，政府其族中之紳耆耶？無政府則一族之規矩無以定，無政府則一族之裁判無所主，無政府則一族之外交無以為代表焉。然則無政府主義之在今日，不過哲學上一名詞耳。無國民不可以為國，無政府亦不可以為國，等也。是故對於內，則國民不得輕藐其政府，政府不得輕藐其國民；對於外，則有輕藐吾政府者，即輕藐吾國民，有輕藐吾國民者，即輕藐吾政府。政府與國民，其關係有如此。

雖然，此特常理矣。專制政府與異族政府，烏能有此效果也。

專制政府之視其國，以為君主一人之私物，其國民亦以為是皆無與於吾民者也。故史所稱亂世，大抵皆一世興亡之事也。傳曰：「天地閉，賢人隱。」亂胡為隱？一姓之興亡，無與於國民之大計，則誠人人做皇帝都如是納稅云爾。則道服黃冠，優游卒世可也。於此而求一國存與存，國亡與亡之士，不可得也。難者曰：是未必然。吾見歷代易姓之際，有粉身碎骨以殉者矣。應之曰：斯誠然，斯未知其所以然。斯殆持受國厚恩之義者歟，則家奴畜犬之報其私也，非國民愛國之道也。難者又曰：宋明末造，士君子之殉國者，豈盡關一姓之私乎哉，毋亦有茹種族之痛，如某某其人者。曰：斯誠然。斯真專制君主之所以寧贈其國於他人，而決不使家奴得志之志也。是何也，蓋專制國舍外侮之憑陵，無有能為激發國民之具者也。政府與國民相去遠也。

異族政府益無論。異族政府更未有不專制者。其所恃以籠絡人心者言論已矣。異族政府而不專制，則何貴據有人國哉！自昔之征服人國者，無以平等國民待征服國人者也。滅國者胥如是，奚足以專制詬異族政府耶？求異族政府之不專制，猶之異族政府求國民之愛國也。是可以已也。是故愛國，美名也。然專制政府以國為一人之私物，且無人愛其國，而況乎異族政府哉！蓋國之既亡，雖然愛之，無從而愛之。毋惑乎言教育者之有所不解也。日人某君之言曰：養成愛國心之方，有施於此國而效，施於彼國而不效者，可異也。則未知國體之異也。又曰：忠孝可以養成愛國心，然有日日言忠孝，而其國人卒無些須愛國心者，可異也。則亦未知國體之有異也。夫政府既與國民異趣矣，則有利政府者，必無利國民者也。有利於國民者，必無利於政府者也。曰君民聯為一體，上下聯為一氣，偽也。君自君，民自民也。

（載《時事畫報》戊申年第四期，署名謙益）

孔子之衛生學

孔子一教育家耳，非醫博士也。孔子雖非醫博士，其於衛生之道遂茫然罔覺耶？吾人最崇信者孔子，他書或不讀，孔子弟子所記之《論語》，蓋無有不讀者也。顧《論語》距今二千年，其所記孔子起居飲食有與今所發明衛生之公理若合符節者，奇也。請觀左方。

伯牛有疾，子問之，自牖執其手。

伯牛之疾，或以為癩，或以為痲瘋，其實痘瘡耳。痘瘡不知起於何國，據《東西疾病史》所記，則耶穌降世前一千年（泰西各國皆以耶穌紀年，耶穌降生於漢平帝元始元年），此病已流行於中央亞細亞。其時未有種痘術，則罹痘病而死者皆是也。痘瘡為傳染病之一，各國法律所以有遮斷此病者之家及其近鄰之家之交通之條。孔子不入伯牛之宅，而自牖執其手，其深知衛生者。

子疾病，子路請禱。子曰：丘之禱久矣。

世界古代之醫學皆神祇時之醫學也。今中國猶有神方之求。孔子去古未遠，其不能與世違也，然已心知其謬矣。

食不厭精，膾不厭細。

食饐而餲，魚餒而肉敗不食，色惡不食，臭（味也）惡不食，失飪不食，不時不食。

割不正不食。

割不正不食，其真件件四方耶，則聖人者一遷佬耳。是未知所謂正者，如牛肉之有橫直紋，切不得其法則咀嚼消化皆有不便，非衛生之道也。

不得其醬不食。

世人多以配藥為調味劑耳，烏知配菜得宜，有大助於消化耶？

肉雖多，不使勝食氣。

生理學說於食物之化學質分為五類：曰蛋白類，曰脂肪類，曰小粉類，曰水，曰礬鹽類。前三者為生物質，後二者為土質。生物質中又以蛋白類、脂肪類為動物質，小粉類為植物質。人之食物需依日中之所耗以補之，少則資養料不足，多則有礙於消化。據德人法伊獨氏及日人田原氏所檢定中等勞動家每日食量之比較表如下：

	法伊獨氏	田原氏
蛋白類	三兩	二兩五錢
脂肪類	一兩四錢	五錢二分
小粉類	十三兩	十一兩八錢

二說之分量不盡同也，而皆小粉類多而蛋白、脂肪類少。此即「肉雖多，不使勝食氣」之說也。食即小粉類，肉即蛋白、脂肪類也。

唯酒無量，不及亂。

酒不及亂，人多以為恐失儀注耳。豈獨失儀注，酒之為物，固大有害於腦部與胃部也。

沽酒市脯不食。

此條在今日不以為不近人情耶?豈知在昔日，販賣食物，取締（監督也）之道，講求尚疏（記稱孔子相魯，市不飲羊，亦取締食物之一。飲者，吹水也），知衛生者放心不下也。今日各國衛生行政法於飲食，若酒、若肉、若牛乳、若飲食用之器具種種，無不定為賞罰規則，日常調查而實行之也。則吾人飲食可無虞矣。

祭於公不宿肉，祭肉不出三日，出三日不食之矣。

晚市豬肉有以為不潔者矣，況隔夜耶?食物之可以隔夜者，恃冰雪耳。他人於冰雪營業尚嚴為取締，況無冰雪所藏之食物耶。

不撤薑食，不多食。

薑桂芥辣等，日人謂為香竄物，蓋行血助胃劑也。惟多食則激惹胃腸太甚，非衛生所宜。少食則未嘗無益。此五味架所以必設也。

康子饋藥，曰：丘未達，不敢嘗。

生理之教育未普及，國民之知衛生者少，一旦有事，則親友之進方藥者沓至。其意非不甚美也，然雜劑亂投則多有不死於病而死於藥者。孔子其庶幾免此哉！

（載《醫學衛生報》第二期，署名陳援庵）

釋醫院

醫院之制，吾國古代多有之，特皆為療治貧民而設，未有如今日各國之醫院者。《管子．入國篇》：凡國都皆有掌養疾、聾盲、喑啞、跛躄、偏枯、握遞不耐自主者，上收而養之。此廢疾院也，非醫院。又曰：疾，官而衣食之，殊身而後止。尹知章注[1]：殊，猶離也。疾離身而後止其養，則醫院之椎輪也。

《南齊書．文惠太子傳》：太子與竟陵王子良俱好釋氏，立六疾館以養窮民。〈竟陵王傳〉亦言：子良於貧病不能立者，在第北立廨收養，給衣及藥。曰館、曰廨，則居然醫院矣。《魏書．世宗紀》：永平三年十月詔曰：下民之煢鰥疾苦，此而不恤，豈為民父母之意也。可敕太常於閒廠之處，別立一館，使京畿內外疾病之徒，咸令居處。嚴敕醫署分師療治，考其能否而行賞罰。則官立醫院之稍為美備者也。吾國醫院之制，蓋起於六朝矣。

自是而後，唐有養病坊，宋有安濟坊，若金、若元則有惠民藥局，皆官立以養民之貧病者。唐

1 約六六九—七一八年，唐代官員，一說曾注《管子》。

制養病坊則以僧尼供事。《舊唐書．武宗紀》：會昌五年十一月敕：悲田養病坊，緣僧尼還俗，無人主持，恐殘疾無以取給。兩京量給寺田賑濟，諸州府七頃至十頃，各於本管選耆壽一人勾當，以充粥料。

《宋史．徽宗紀》：崇寧元年八月置安濟坊，養民之貧病者，仍令諸郡縣並置。〈傅伯成傳〉：伯成知漳州，創惠民局濟民病，以革禨鬼之俗。〈黃畬傳〉：畬知台州，創安濟坊以居病囚，皆自有子本錢。〈蘇軾傳〉：軾知杭州，曰：杭，水陸之會，疫死比他處常多。乃裒羨緡得二千，復發橐中黃金五十兩以作病坊，稍畜錢糧待之。又多作饘粥藥劑，遣使挾醫，分坊治病。

《金史．哀宗紀》：天興二年八月設惠民司，以太醫數人更直。病人官給以藥，仍擇年老進士二人為醫藥官。

《元史．食貨志》：元立惠民藥局，官給鈔本，月營子錢以備藥物，仍擇良醫主之，以療貧民。初，太宗九年始於燕京等十路置局，以奉御田闊闊、太醫王壁、齊揖等為局官。世祖至元三年，又敕太醫院領諸路醫戶惠民藥局。二十五年，以陷失官本，悉罷革之。至成宗大德三年，又準舊例，於各路置焉。凡局皆以各路正官提調，所設良醫，上路二名，下路州府各一名。其所給鈔本，亦驗民戶多寡以為等差。凡此皆歷代醫院之制，今日施贈留醫院之所本也。

然醫院豈獨為貧民療病已哉！捨貧民外，豈遂無病者哉？吾國古代蓋未知醫院之益也。此其故由於醫學之暗晦。在他國則政治上有政治上所設立之病院，軍事上有軍事上所設立之病院，學術上有學術上所設立之病院，營業上有營業上所設立之病院，貧病院特諸病院中之一種耳。所以諸病院外，又有各等專門病院。如傳染病、精神病、胃腸病、耳鼻咽喉病、皮膚病、肺病、眼病、腳氣病之屬，莫不有特設病院以為診療考察之用。故其國醫學日益光大，而其國人皆以醫院為保險行，無貴無賤，無貧無富，有病應入醫院者，無不以入醫院為樂。彼固視醫院猶己之外府，未有如吾國人之以醫院為不祥者也。吾國人何獨畏忌醫院，豈不以有積年之習慣哉！在歷史，則六朝、唐、宋以來之醫院，僅為恤民之典。在粵中，則方便所等，僅為慈善之業。在香港，則諺所謂玻璃廠者（玻璃廠本傳染病院），且以為厲民之舉矣。有此習慣，焉得不以醫院為畏途也。請略言醫院之益：

一、有病不可常對家人者入醫院益。

一、有病不可兼理別事者入醫院益。

一、有病不能速癒者入醫院益。

一、有病須施行手術者必須入醫院。

一、有病能傳染家人者必須入醫院（謂傳染病院）。

一、四鄉有欲來省就醫者必須入醫院。

醫院之構造，必較尋常住宅養病為宜。醫生便，器械便，看護手便。一切起居服食有人監督，不能任性，則不便亦便。如是，則入醫院何嘗不祥，何容畏忌，特恐無上等醫院之可入耳。猶憶《格致彙編》中有一三十年前議論，及今觀之，可見吾國人近來之進步者。其言如左：

杭州來信問：中國通商各口岸，西人所到之處設立醫院，凡貧病者一概送診。如為重病，可在院住宿。醫生治病發藥，不取分文。此事最為善舉，而貧人大得其益。所設之醫院，大半以教會相副，間有為教外行善之人所設者。又有專為治西人疾病者，如上海公濟醫院等處。進院之人，分為數等，取費依所住房屋等事而定。有西醫生數名，每日按時到院，大為利便。蓋貧苦之人家中多不能潔淨，且無養病之法，亦無應用之器，而公病院中無不備便。病人進院若非絕症，總能治癒。貧微人外，又有士商中之寒微者，稍出錢文，亦可入院醫治。如能另設一公病院，專為華人養病之所，所出錢費亦依所住房屋等事而定。請問西國設立醫院，其章程如何？

答：所問之意甚佳。設立中國公病院，亦為易事，只有兩事為要：一在中國各等人深信西醫，二在信者肯捐資襄辦。有此二事，則不日可成。如恐西醫治病言語不通，易於誤事，則已有華士數人曾往西國學習西醫，考得醫據者，其醫道應與西醫無異。又各埠開設醫院甚多，皆願收受生徒，教以西醫。數月前聞上海仁濟醫館欲收生徒數名，從學西醫，幫同診治。來者須聰穎子弟，已通華文。數年之後，業即可成。久訪其人，竟無就者。再格致書院之設，原為興行格致各學，醫道亦在其內。果有人實欲考究此學，在書院內延請西師教習，亦無不可。惟至今尚無人來院議及此事，皆因不明醫學之要，而不信西醫之法也。故華人欲開設公病院之說，尚覺太早。

右見《格致彙編》第二年（光緒三年）。第九卷互相問答欄第一百八十四則，其言如是。在今日已達此階級否乎？蓋已如旭光之曦微矣。公立官立之病院，已有數起矣。民政部所設之內外城官醫院，西醫每季診治人數，恆逾於中醫矣（見本期醫事批評）則《格致彙編》所譏誚，已漸可取消矣。人孰不愛生命哉，昔者蓋未之知已。

（載《醫學衛生報》第七期，署名陳援庵）

中國解剖學史料

自世界醫學之輸入日見發達，囂然者以為世界醫學之所長特解剖學，於是舉吾國昔日之近似解剖者以為爭勝之具。不知世界醫學豈徒以解剖為能事，解剖特基礎醫學耳。吾國《內》、《難》、《甲乙》諸經何一非古代解剖學，第數千年來，未聞有能於古籍之外新尋出一物，新發明一功用，而拘守殘帙，相與含毫吮筆，嚮壁構虛而爭辯則有之，抑亦大可駭已。他人方日事探險，日闢新島，而我則日蹙百里，乃誇大其祖若宗開國之雄烈以自慰，抑亦可謂大愚也已。吾今即述其祖若宗開國之雄烈，黃帝子孫，有能來言恢復乎，吾將執大刀劈斧從其後。

《靈樞・經水》：岐伯曰：天之高，地之廣，非人力之所度量而至也。若夫八尺之士，皮肉在此，外可度量切循而得之，其死可解剖而視之。其藏之堅脆，府之大小，穀之多少，脈之長短，血之清濁，氣之多少，皆有大數。

吾國之有解剖學，當肇基於此。此言天高地廣，或非人力所能度量也。若人則八尺之軀耳，皮肉具在，外可度量而死可解剖也。嗚呼！古代而不有解剖學，則所謂五臟六腑者，從何處名之哉？

《史記・殷本紀》：紂淫亂不止，微子數諫不聽，遂去。比干強諫，紂怒曰：吾聞聖人心有七竅，信諸。遂剖比干觀其心。

聖人之心有七竅，是必當時熟語也。聖人亦人耳，烏得與人殊！紂之不信，幸遇聖人，乃得實驗。惜乎書闕有間，竟無剖視後之下文，則以記者之記此，非為斯學計，徒欲以彰紂之無道耳。謂紂生解剖人為無道可，謂解剖人為無道不可。

《漢書・王莽傳》：翟義黨王孫慶捕得，莽使太醫尚方與巧屠共刳剝之，量度五臟，以竹筳導其脈，知所終始，云可以治病。

太醫，醫官也。巧屠，略識解剖術者也。云可以治病者，記者謂莽之意以為此可以治病也。嗚呼！孟堅文人耳，烏足知此之可以治病與否？味其言，殆亦欲示莽之殘殺，與《史記》之於紂同耳！惜乎莽得志未久，不能於此學有所補益而為吾道光也。

《賓退錄》：廣西戮歐希範及其黨凡二日，解五十有六人。宜州推官靈簡皆詳視之，為圖傳世。歐希範，賊也。比干，聖人也。剖聖人猶可，剖賊則益賊。益賊猶可，令後世群以被人解剖者惟賊，則孰願犧牲其身以受解剖也？世人以解屍為大不韙，胥於此為厲階。

《郡齋讀書志》：《存真圖》一卷，皇朝（謂宋）楊介編。崇寧間刑賊於市，郡守李夷行遣醫併畫工往，親決膜摘膏肓，曲折圖之，盡得纖悉。較以古書，無少異者，比歐希範五臟圖過之遠矣。實有益醫家也。

據此則歐希範五臟圖及楊介《存真圖》，晁公武猶及見之。今二圖皆不可得見。《存真圖》一卷，《四庫》且已不著錄。吾國人之不重實學，可見一斑。雖然，此二圖亦不傳耳，幸而得傳，其謬誤亦與古人等。是何也？則公武明言：歐希範五臟圖不及楊氏圖，而楊氏圖又與古書無少異。既與古書無少異，則亦何貴有新圖？特恐楊氏圖未必無異於古書，公武文人，亦以古為尚，故漫云爾。

《醫旨緒餘》：何一陽曰：余先年以醫從征，歷剖賊腹，考驗臟腑。心大長於豕心，而頂平不尖。大小腸與豕無異，惟小腸上多紅花紋。膀胱真是脬之室，餘皆如《難經》所云。亦無所謂脂膜如手掌大者。

《醫旨緒餘》引何一陽此言，所以駁《三因方》之以三焦為有形者也。諸家或以三焦為無形，或以為有形。以為有形者曰：宋有舉子徐遁者，醫療有精思。曰齊嘗大飢，群丐相臠而食。有一人皮肉盡而骨脈全者，視其五臟，見右腎之下，有脂膜如手大者，正與膀胱相對，有二白脈自其中出，夾脊而上貫腦。意此即導引家所謂夾脊雙關者，而不悟脂膜如手大之為三焦也。此《三因方》據徐遁之所見，以為三焦也。一。

以為無形者曰：醫以靈素為宗，靈素不載。如張仲景、華佗、王叔和、孫思邈皆擅名古今者，未有一言及此。史載秦越人隔垣洞見人臟腑者，假令三焦有形，何不言之？豈陳無擇（著《三因方》者）之神知出靈素諸公之上哉？此孫一奎說（即著《醫旨緒餘》者）。二。

又曰：三焦既有形若是，〈銅人圖〉必圖而表之，〈華氏內照圖〉亦必表而出之。三。

戴同父曰：《三因方》之好異也，云三焦有形如脂膜，附於腎夾脊。若果如是，則《內經》、《難經》言之矣。四。

何一陽又曰：世傳華佗神目。置人裸形於日中，洞見其臟腑。是以象圖，俾後人準之，為論治規範。三國時殺人亦不少，華佗之醫不可謂無精思，豈有三焦如是而佗乃不之載哉？凡此皆駁《三因方》之以三焦為有形者也。五。

諸說之是非，在今稍嘗從事解剖學者亦知其為群盲辨日也。是者未必是，非者亦未必非。彼善於此，則陳氏（即《三因方》）為勝矣。蓋陳氏對於古說敢首倡異議，而諸家則風伏於古人之下，古人不有言，不敢言也。吾因諸說之非今是古，足以為今人戒。而其言又皆關涉於解剖學，故備述之。

至於扁鵲之隔垣洞見人臟腑，元化之裸人於日中而見其臟腑，皆與後世之稱得異人傳授者類。未必扁鵲、元化無解剖之實驗，第不敢以宣於世，則託之神目及非人，亦猶始種痘者之託於神人也。然扁鵲等之果曾實行解剖與否，書記所缺，亦不可誣，故只可謂之神話解剖學，而不可謂之人工解剖學。今日本警律，未得官許解剖死屍者，處三日以上十日以下之拘留，或一元以上一元九毫五仙以下之罰金。醫學生恨無此一元二元之罰金耳，苟其有之，則何必遇長桑君，飲上池水哉？

若徐遁之因歲饑而得睹人相食者之殘骸，以為實驗之用，則與王勳臣之考察叢冢露藏小兒同。曰解則有之，未可以為剖也。是可謂之借觀解剖學，而不可謂之正規解剖學。《聞見後錄》載無為軍醫張濟善用針，得訣於異人，云能解人而視其經絡，則無不精。因歲饑疫人相食，凡視一百七十人，以行針，無不立驗。亦與徐遁、王勳臣同，不得謂之正規解剖學，亦借觀之解剖學而已。

或曰：王勳臣亦嘗親視凌遲犯人，與前言歐希範五臟圖、楊介〈存真圖〉、何一陽親剖賊腹之屬將毋同，彼可謂正規解剖學矣，則何以謂王勳臣為借觀解剖學？曰王勳臣所睹之凌遲犯人，特為凌遲已耳，不因王勳臣之觀而有所加之意也。勳臣有所不明，不能令凌遲者操刀惟吾意所欲也。則勳臣所得者特餕餘耳，故不得為正規解剖學。無怪《醫林改錯》之錯，與古人無異。四十年前應有為《醫林改錯》改錯者，至今日則無謂耳。要之勳臣不可謂非熱心解剖學者也，特時局之。

《太平廣記．醫》三引《廣五行記》曰：永徽中有僧病噎，不食數年。臨終告其弟子曰：吾氣絕後，便可開吾胸喉，視有何物。弟子依言開視，得一物形似魚而有兩頭，遍體悉是肉鱗。時夏中藍熟，寺眾於水次作靛，有一僧以少靛滴其中，須臾化水。世傳以靛水療噎疾因此。赤水元珠斥之。然不論其事理之如何，借曰有之，則此等可謂之病理解剖學，而非生理解剖學。

其他扁鵲之割皮解肌，湔浣腸胃，元化之刳破腹背，抽割積聚，（皆見本傳）與及諸史方術傳中醫人之能施行手術者，武人傳中武人之能受割治者，諸短書小說中所稱之西番僧、回回醫者，如是等等，世人之好以中國醫術比方泰西醫術者，類能詳引。甚至好援西人中以為泰西諸學盡出於我者，如《格致古微》、《格致精華錄》之屬，於此等故實，亦類能言之，無煩贅述。然此皆只可謂之手術學，而不得謂之解剖學。他日編手術學史料時另紀之。

編者曰：吾纂吾國解剖學史料已，而歎吾國解剖學之不振，其原因由於歷代施行解剖術者之不得其人也。一誤於紂，再誤於王莽，三誤於賊。千年古書，言解剖學者只有此數。其無名之英雄，私行解剖，不及著書，又無學人紀錄其事者不論。其散見古籍，為吾弇鄙所未及見者，姑俟他時之續述亦不論。紂，世所稱為獨夫也，其行事宜不可法於後世。王莽所為原與紂異，其所規劃，秦漢不過也。漢人以為賊，後之人從而賊之，竟以人廢言哉！悲夫！唐宋以後之解剖人，又皆愍不畏死之草竊也。以為草竊，乃得人人而誅之，致剖之刳之不為過。然則凡天下被解剖者皆賊耶？解剖人者，皆紂、王莽耶？固有《靈樞．經水》之言在也。岐伯、黃帝非紂、莽，未聞岐伯、黃帝所剖者必罪人。安得將此數千年之輿論一旦改造之。

此為編者數年前舊作，及今觀之，舛謬在所不免，容訂正之。

（連載於《光華醫事衛生雜誌》第四、五期）

第四輯

書信輯選

提要

陳垣在新中國也曾風光一時，美國總統尼克森訪問中國時，他被選上陪同出席，毛澤東主席還特別向尼克森介紹這一位中國的頂尖學者。

另外，在新中國，他的書法受到重視，是一位頂尖的書法家。在這方面，他最為人知的頭銜是「啟功的老師」。啟功原姓愛新覺羅，滿洲正藍旗出身，九世祖為清雍正皇帝，家世顯赫，而且在中國大陸擔任許多官方重要職務，包括政協常務委員、國家文物鑑定委員會主任委員、中國書法家協會會長等。啟功公開宣揚陳垣為他書法之師，對於提升陳垣書法家地位有著長期的效果。

陳垣關於書法最為細密的意見，留在給兒子的家書中。這輯中特別精選了部分陳垣寫給兩個兒子的信，我們可以很清楚地看出身為父親，他對待兩個兒子的態度很不一樣。對於長子陳樂素，顯然陳垣期待他在學問思想上有所繼承，更需在家業上有所承擔，信中涉及多方問題、多方困擾的討論與解決。相對地，給小兒子陳約的信中照顧了較多的教育細節，口氣也遠為嚴厲。尤其對於如何寫字、練字，陳垣給了非常詳密的指導，從字帖品質、各體關聯的解說，到對於兒子來信字跡的檢討、斥責，內中其實充滿了陳垣自己之所以能成為書法家的一些關鍵秘訣提示。

陳垣能夠在新中國之初就受到重視，除了擔任北京輔仁大學校長的職務外，易幟之際他發表了一封給胡適的公開信，也發揮了很大的作用。抗戰結束後，胡適一度和陳垣密集論學，一直到一九四八年年底共軍進入北平前夕，胡適都還寫信給陳垣。然而和日軍入城時一樣，陳垣選擇堅留北平，胡適則搭國民政府提供的機位南下，兩人不同的政治立場決定了此後徹底的分道揚鑣。

胡適因為預言在共產黨統治下將再無自由而離開，這樣的態度，對於當時的共產黨形成了很大的破壞。此時陳垣挺身而出，直接挑戰胡適。他的重點在：「我現在親眼看到人民在自由的生活著，青年學生們自由的學習著、討論著，教授們自由的研究著。要肯定的說，只有在這解放區裡才有真正的自由。以往我一直是受著蒙蔽，適之先生，是不是你也在蒙蔽著我呢？」

關於新中國的自由狀況，陳垣信心十足地對胡適叫陣，在那個時代為共產黨提供相當大的底氣。然而作為歷史的回顧文獻，回到那個風雨飄搖的民國年代，卻實在令人不勝感嘆。

陳約信

一九三〇年八月

十七日來□□收到。來書文理與字體均大有進步，至為可喜。唯草字究有幾分日本味，係從何帖學來？

來書言有李北海碑，李北海所書碑極多，是那一個？

又云有《九成宮》，《九成宮》乃晚清末年最流行之字體，尤其是廣東，但風氣早已變過，不可學。

《聖教序》有懷仁集王羲之本，有褚本。王本最佳，行書從此入，不患誤入歧途也。

汝既然喜歡學字，何不學篆？今付汝篆帖多種，先認識《說文》部首五百四十字，照《續卅五舉》筆畫先後，寫得半年，便有模樣，比行楷易進步也。試為之，有困難再告汝。

問我著作，寥寥無幾，今檢出數種寄汝。〈日曆〉及〈表〉有不明白，可問，即答汝。

講起墨硯，平中甚易找。但此物郵寄難，奈何！余民國二年以二元得一明人曹石倉端硯，極佳。去年又以十二元得一歙硯，亦佳，係嘉慶間大學士劉權之故物，經劉燕庭藏，又轉入梁節堪家，近始歸我。假定有人回粵，我託其帶汝，此硯比曹硯更好用也。

筆亦容易，稍暇寄汝數枝。余素不講求筆，但有人送我幾枝，或者汝合用。

書籍慢慢來。《書目答問》一書不可不備，石印本三角一冊，即購閱之可也。卷末有清朝著作家姓名，尤須熟看，至緊至緊。

又《輶軒語》二冊，今寄汝，為講舊學必看之書。其中所說「學」一門尤要，要常看。

至於字帖，從前講石刻，自有影印出，得帖較容易。有正書局、中華、商務，皆有影本，比前人眼界廣闊得多。若求進步，當更看前人墨跡。此事不容易了，徐徐為汝圖之。余近以廿五元得一手卷，為乾隆第六子永瑢所書，極佳，或可寄汝。此事要看汝後日進步如何矣。

今由郵寄汝書五包共廿二冊，收到復我。閱後如何，又復我。孔子曰：「不憤不啟，不悱不發」，舉一隅不以三隅反，則不復也。其大意謂汝有心學，有心向上，然後教汝也。

一九三〇年九月二十六日

即日寄汝日本筆四枝，又中國筆三枝，已寄妥。往返郵局及稅局，極其麻煩，可恨，收到即復我。日本筆有三枝購自大連，又一枝則友人遊日者所贈，未知用法如何？中國筆有二枝，亦係友人所贈，云係精品，未嘗用也。又一枝名稿筆，以其製特別，特寄汝一試，未必佳也。近有友人送我乾隆間福州漆小瓶，瓶底刻鮚埼亭款。鮚埼亭者，全謝山名祖望先生之集名。於是吾書案上有錢竹汀先生之筆筒，畢秋帆先生之硯，全謝山先生之瓶。三人皆清代有名史學者，日夕相對，讀書精神為之一振，快何如也。劉權之硯，俟有便人回粵，託其帶汝，寄則極不便也。

有意習篆否？能草不可不能篆，習篆似易於習草也。

此間佳帖極多，俟汝發問後乃續告汝。所謂不憤不啟，不悱不發也。

汝如何進步我不知，然觀汝來書字體大進步，已脫俗矣，可喜可喜，亦令我極快心之事也。

處世極難，然難極尚有人比我難，則我已得天獨厚矣。

譬如汝現在不近我，在汝以為不幸，然近我者他又以近我為不幸。因近我有好處，又自然有壞處，常常受罵，又覺得離開好也。

祖母精神與前年如何？三姑往港，祖母是否住生生？四姑生意好否？九公常見否？彥叔各位如何？便中將家事略談一二，亦大慰也。

約兒覽。父字。九月廿六日。

一九三一年十月二十三日

書畫是相因的，能書能畫是大佳事。但入門要緊，不可走錯門路。不懂猶如白紙，尚可寫字，入錯門路，則猶如已寫花之紙，要洗乾淨，難矣。

學怕無恆。凡學一事，必要到家。或作或輟，永無成功之可言也。

胸襟要廣闊，眼光要高，踏腳要穩。

我暫時不能回粵，何以對祖母說，真難真難，善為我說之。十月廿三日。

我前寄歸汝之《故宮周刊》，是好東西，見你不甚注意，故不再寄了，知你未能領會也。

一九三一年十二月六日

昨接汝信，想不復汝，心又不安。今早晨起，姑復汝一言。

一、我命汝寫信尊輩不可用草書，最好用行書。此語不知說過幾多回，汝一概不理會，而且近一二次來信及信皮，有頹放之意，少年人不應如此。

二、我屢次信所說，如《聖教序》等等，汝從不答我，一若未見我信者。如此則我何必告汝，汝又何必來信耶？

三、此次來信說日本事，云讀書非其時。然則我輩捨讀書外，尚有何可做？風雨如晦，雞鳴不已，正是吾人向學要訣。近日此間學生紛紛往南京請願，此等舉動有同兒戲，借端曠課遊行，於國事何補寸分，可為痛哭者也。凡事初一二次尚不甚感覺，多則變了無聊。如所謂政府不答應則將全體餓死於國府之前，此何語耶？壯則壯矣，其如大言夸毗何？此日本人所旁觀而大為冷笑者也。人之大患在大言不切實，今全國風氣如此，又何望耶。

我今對汝不願多言，望汝對我歷次信所言所問所希望於汝者，有存在心之時，有答復我之時。不然，言者諄諄，聽者藐藐，則不如其止矣。我寫一信極不容易，有時執筆欲止者再乃寫成之。注意注意，何謂頹放。

法律、音樂、書、畫，汝近所好所學也，甚佳。救國之道甚多，在國民方面，最要者做成本身有用之材，此其先著。

我本來就是一讀書之人，於國家無大用處。但各有各人的本份，人人能盡其本分，斯國可以不亡矣。難道真要人人當兵去打仗方是愛國耶？我對國事亦極悲憤，但此等事，非一朝一夕之故，積之甚久，今始爆發。在歷史家觀來，應該如此，又何怨耶。我不能飲酒，到不高興時，報亦不願看，仍唯讀我書，讀到頭目昏花，則作為大醉躺臥而已。此可告祖母者，我近狀之一也。至今仍未著棉襪，為廿年來所未有，因不用出街也。十二月六日。

一九三二年九月二十日

數來書收到，因搬家，前來書未撿出，故遲遲未復。亦因三叔來帳目，汝似支過二百餘元，此驚人之數，心裡亦不痛快，故不復也。以予所寄三叔款項，以為絕不會支過，今竟如此，且多，奈何！余在京苦抵，分毫不敢多用，而汝等以為平中各人好舒服，慌死難為你，一味去花，未免苦樂太不平了。且汝心理，以為近我者必佳，不知近者只常受罵，且無暇教導。今汝雖遠離，隔月有一信，比近我諸人，舒服多矣。年來來往人亦多，可一詢平中情景，何嘗與汝心中所猜想者一樣乎。託汪公事，我以為無甚意思。無論無成，即成亦不過數十元之事，能做得幾月？到時淪落，又將何如。且汝等不知稼穡艱難，起行時又必支借一大筆旅費，負擔亦累我而已，曷嘗有良心為驟馬一想耶？我今年八月起收入又銳減（比去年差三分一，比前年差一半），現計每月均須虧空，尚未有彌補之法，此博在平所親見。他如何說法，汝必知也。我叫汝安分在粵研究一年，明年再算，並答應月津貼汝若干。汝必要求快樂，求虛榮，與我期望不同，亦無法也。我覺得廣東比他處好，一定想有人在廣東。曩者施甥女來信，云欲北來謀事，我詢他在粵已有五六十毫洋一月，平中豈易得此，故屬他切切勿來，勿多心。在北者正欲南遷，豈有在南者反欲北遷之理？

來信又謂去年三宅支數，現尚未鈔出。究竟近年粵中如何用法，何至八九個月尚未知結數之理。一定支數好多，好雜，不然，何至此，不可解。

我前見汝字有進步，故極誇許。此次來信，頹放萬分，可知根柢係淺，一放縱，即軟弱不成字，不能不時時刻刻兢心而行也。字好醜係第二，第一須要有骨。汝寫字一不留神，即無骨了，此次來信是也。充寔本領要緊，謀事不謀事其次。如果人說汝，汝即少見人，閉門讀書可也。心馳於外，豈能成學。南京之事，非有十二分把握，不可輕去。不然三兩月又閒散，何以作歸計耶？慎之慎之。此示

約兒。父字。廿一年九月廿日。

一九三二年十月

吾少年不長進，每為族黨所鄙夷。又因不善謀生，故益不容於俗。但不善謀生是一事，對付人情又一事。吾甚望汝能得族黨稱譽，不為人詬病，不似汝父所為，則大幸矣。汝父不足法，好自為之。

一個人最要緊係能夠善用自己環境，所謂素富貴行乎富貴，素貧賤行乎貧賤。不管在什麼境遇

中，要盡行利用自己境遇，如遇陸則走馬，遇水則行舟，不必對於目前時時不滿也。

一九三二年十一月二十八日

篆書及臨《聖教序》今日收到，大致尚佳，可喜也（自後只寄一二篇入在信中即可，不必多寄）。篆書寫好後，最好反底一看，則欹斜不正之處，自然顯出，此祕訣也。若只從正面看，或看不出，從背面一看，則原形畢現矣。

執筆之法，不要聽人說要執正，有時非用側筆不可。寫篆或顏柳，似非正不可，此外大約須側筆方能取勢。至於寫隸，則更非將筆尖向身不可，豈能全用正筆？但用側筆，易將手踭按梗不動，如是，則不能用腕力，且腕太不活動。若能防止此節，則自然可以用側筆也。

行楷最難寫，篆隸最易寫。用行楷是進步的寫法，篆隸是初民時代的寫法。故寫行楷，非要有多年工夫不可，篆隸只有一年半載即可寫成似樣，速者三兩個月便能似樣，行楷無此急效也。但凡事最怕不得其門而入，又怕誤入迷途。所謂誤入迷途者，即起壞頭是也。入門不慎，走入歧途，回頭不易。故惡劣之字帖，萬不可學，一學便走入魔道，想出來不容易。故凡事須慎於始。十一月廿八日。

一九三三年一月二十五日

十二月廿七日我有一信回你，寄去博處轉寄，本欲博看一看也，誰知此信竟然失了，可惜之極。中間除批回汝信外，我有三四張箋紙的信，又有黃晦聞先生的信，志在給你看，竟然失了。此信大意我亦不盡記得，你來信要紫毫筆，用一種囑咐式口氣，不合，改回告你。又論到寫章草不必學，章草非正宗。凡字有特別形狀令人易認易學者，即非正宗。如爨寶子、爨龍顏章草，張裕釗、康有為等等，均有特別形狀，後生學三二日即有幾分似，此野狐禪也。如〈樂毅論〉、〈蘭亭序〉、〈聖教序〉之屬，學三二月未有分毫像，此正宗也。畫羅漢畫鬼容易，畫人畫馬不易，以羅漢、鬼，人不易見也。又論近人之字，尤其粵人，以汪莘伯名兆銓、黃晦聞名節二先生之字為最佳。莘伯已過去，即希文先生之堂伯父。余在平收其書信不少，寫得絕美。又黃先生新近寫有〈鎮海樓記碑〉，在五層樓，未知你見過否？最近博求他寫一份，美極了，已寄上海，真瑰寶也。而前日寄你之信失了，奈何。又你說二體〈千文〉無跋，原有跋，翻印者不印跋耳。此完全是隋唐人筆，不知你何以謂宋元人筆。此帖亦至不易學，非百回看，百回空擬，百回摹不可。何謂空擬，即用指來空寫，不用筆，不用墨。空寫百餘遍，並多看其各個與全體之神氣，然後執筆試寫之，則彷彿有相似也。前信有一次問汝好幾種事，何以至今未復？凡我有信與你，不妨講與祖母知，俾知我近狀也。此示約兒。一月廿五日舊除夕。

一九三三年三月二十一日

前日寄回一函，想已收入。即日想起一事，聽見汝從前好似想教書，有此話否？昨接門人劉君秉鈞來信，知其在聖心中學當訓育主任。此人與讓兒在輔仁同系同班，亦新會人，未知能否託他招呼一些鐘點。聽見說聖心校長亦輔仁同學，則亦余弟子也。我以為能在聖心教幾點鐘，不錯。未知你能教什麼，便中開單告我（中學程度），俾得問劉。假定可以，則現在預備到暑假後，即可上臺，亦不至蹉跌也。

昨談禰醫生事，即日接他來一滙單，信囑代購《故宮周刊》，前寄他之月分牌亦收到，不必打聽。幹侄南返，託他帶歸《故宮》數冊，又《故宮書畫集》數冊。近來《故宮書畫集》出得多，《故宮》出得少，從前適得其反。你這些《故宮書畫集》，無用可否一併（隨你意）放在生生。因近來《故宮》不甚出，故不能多寄回。《故宮書畫集》每冊書皮皆本有浮簽，因係易培基所題，此等字不甚雅觀，故每冊均撕去也。又託幹帶回相片一，交祖母，後想起祖母眼目不甚好，未知能看見否，細讀照片之字與他聽可也。余來平時，祖母五十五歲，余今年亦五十四矣，一無所成，虛度光陰，思之愧怍。少壯真當努力，年一過往，何可攀援！又我近選有古文十餘篇極欲寄汝一讀，日間印起即寄汝，或者可為下半年聖心課本也，一笑。打算寄汝二分，一分你點過後寄回我，看你點得對不對，即知你國文程度。如果寄到，即仔細點好句寄平，分一次二次寄均可。有錯再改過寄你，則不啻上國文堂了。要注意注意。大約一禮拜後才能寄粵，今不過先說定。此示約兒。三月廿一日春分。

一九三三年五月二十四日

十四日來電，當即復迴瀾橋，想已收到。南下之人，必須有錢而無事。若余則無錢而有事，一時何能即走，故遲遲未動身也。請九公及祖母各位放心，余自然見機而作，勿念。

昨日接聖心中學寄來《聖心》一冊，汝見過否？其中佳作，美不勝收，尤以岑仲勉先生史地研究諸篇為切實而難得。粵中有此人材，大可喜也。可惜其屈於中學耳。又見有張國華、馬國維、沈谷生諸先生文藝之作，皆老手。又有黃深明先生才廿三歲，詞采亦佳。誰謂粵中無師友，如此諸人，不過在聖心中學，推之其他各校，則粵中實大有人在也。謂粵中無大圖書館，則岑先生又從何處閱書耶？如此看來，汝欲在聖心謀一席，恐不容易。汝如未見此冊（非賣品），當即覓一冊閱之，即知其內容也。《後漢書》諸文已收到，所點大致不差，暇時改過後即寄汝。唯有一二小節汝須學者，即勾股法及圈圈法[1]（試另紙圈來我看看）。又引書之引號應在曰字下為之，汝每連「傳曰」二字劃在引號內何也？此事要注意。余近日晚上寫字不甚清楚，老眼無花難矣。

又今日來信，北平之平字，草法實不可用。似曾言之，猶不檢，何也。平字草法不通俗，今日來件，郵局旁注有「試北平」三字，可知撿信郵差不識平字，而另問一人，乃寫「試北平」三字於旁也。如此豈不累事。難怪阿銘說，閱你信要查字典也。此大毛病，今將原件剪還一閱，嗣後宜切戒。廿二年五月廿四晚。

一九三三年九月十三日

接劉函，知汝教初中國文一班。初教鐘點少的好。我前數日登報招考中學國文教員，到考者二百餘人，結果取錄二人。題目為「學然後知不足，教然後知困論」。(語出《禮記．學記》)到考有老者年過六十，有少者年廿一二，亦有前清進士、候補道等。亦可見謀生之不易也。然我所取者係一年廿五至卅五之人，既憑文取錄，又面談一回，然後定奪。國文所要者係教授法，如何得學生明白有興趣，能執筆達心所欲言，用虛字不誤，不論白話文言。白話必要乾淨流利，閒字少，的字呢嗎等字越少越好。文言至要句法，講文時必要注意造句及用字，改文必要順作者意思，為之改正其錯用之虛字，及不達之意，與乎所寫錯之字。非萬不得已時，不可改其意思。又學生作文須用薄本，

1 陳垣原信中此處有作打勾及畫圈的示範。

預計一學期作幾回文，用若干紙，即可訂成一本（不可厚）。每課文必另紙起，不可連前文寫。必點句。但不必一篇相連，每文可分幾段，另行起寫。如此則教習可檢查其舊作及舊錯而告誡之，若散篇則不可檢查也。又教習須自有日記，記某生佳，某生劣，某生有何毛病，某字錯若干回，有可檢查，方能得益。至於講文，最要緊注意學生聽懂否。如有一二人不在心，是學生之過。若見全班都不在心，則必定教者講得不明白，或無興趣，即須反省，改良教法，務使全班學生翕然為妙。至於批文章，尤要小心。說話宜少，萬不可苟且。學生家長自有通人，教習批改不通，易貽人笑柄，必須慎之又慎，不可輕心相掉也。今寄回《字學舉隅》一冊，中有辨似辨異等字，讀法寫法，均相差無幾，容易鬧笑話。自己讀書尚可，教人則要另用一番工夫也。至於所選教材，不知是由教習自己定，抑學校公定。此事亦須注意，太深太淺均不宜。所選所講者何等文，散篇抑課本，可即告我。

慎公世伯女公子未來見，到時自當指導一切也。上堂要淡定，改文不可苟且，但不必多改，最要改其錯用及錯寫之字，批改宜少而不苟。因我見汝所來信，一苟且即不佳，其用心者尚可過得去，故以此為戒。又打圈之法，學之一分鐘即曉，不學則六十歲亦不曉也。見信可打一行來，不然，必見笑於學生家長。此示

約兒。九月十四日。

中圈直下，故從右至左。西圈橫行，故從左至右。二者不同，各取其便也。（在此處作打圈示範）

一九三四年二月十二日

數次來信，未有復汝，因來信充滿怨望、要求、不滿、不足、怨懟等意思，故不願復你，待汝自省。然防汝終不知自省也，故今隱忍言之。又屢次來信，都無心得，營營於汙濁之中（衣食使用之謂）。所有寄汝書物，除收到外，絕無一句複述，及閱後何如，有何所見，每以輕心掉之，殊不注意。如寄汝《學校管理法》，何嘗見你有一句提及其中如何，如此尚望再寄書物乎？

老實說，某君本不是一個正派可靠之人，其人自來好用小手段，頗有聰明，不誠實，同學多不滿之。此次因為你要謀館，既有此一路，姑介紹你。此實不得已，又不便先說明此人如何如何，待你自覺，然心總不安。又聽見你前來信，說與他頗密，知你已上他當。聰明不及人，無見識，又受此人愚弄矣。此人往日即有此小手段，我以為你一定會覺著，不怕。且此人有肺疾，未全癒，尤不宜多往來。久欲告汝，又欲託博轉告汝，然終不便出口。今既發見此事，可知此人又為人不滿，小手段又不行矣。天下人非盡愚人，豈能長弄小手段，而不為人所覺所厭之理？他來快信，云要在平謀事，我已去快信止之，令其忍耐。此間謀事甚不易，此人人緣既差，尤不易。即使謀得，如素性不改，亦不能久，所謂「到處都碰釘」也。到此時，我不便不告汝。各人做各人事，各人盡各人本分，不必因人，只要好好盡自己心力，忍耐做去。此人要漸漸疏遠。他說北來，亦不容易。總係有你此次因緣，領過他一點小人情，他又有所藉賴，甚難為情耳。我當初叫你去，以為總有三四十至五六十，後來信說二三十，我已覺領此人情不值得，總係累事，我並不問，不便多說，不忍不告。你要絕去浮氣，潛心做人。我說的話，不可當為水過鴨背，則或有盼望耳。

一九三七年三月七日

篆隸最怕起壞首，入錯門。寧可不曉寫，不可曉寫而俗也，俗則不可醫矣。書法皆然，不獨篆隸。汝現在寫篆，恰巧有江篆墨跡可臨，進步甚速。但必須臨之百回，根基穩固，再圖變化。〈秦詔版〉久已託人拓得一分，因其字體大小參合，不宜初學，所以留而未寄。今又欲學隸，似不必，應再過數時也。雜則不精，要注意。胡漢民隸書，一生只寫一〈曹全碑〉，亦是此意。

我有楊惺吾守敬編《楷法溯源》一書，數年前就想寄汝，因汝字已接近南派，即圓體，而《楷法溯源》多選北碑，即方體，妨汝紛心，遲遲未寄。今之不寄〈秦詔版〉及〈神讖碑〉，亦此意也。分而不專，難得成就。且字最要緊看墨跡，從前英斂之先生最不喜歡米，我謂先生未見米真跡耳。後見宮內所藏米帖，即不輕米矣。徐世昌總統寫一輩子蘇，皆是木刻翻版的，老始見真跡及影本，遂稍進步矣。生在現在，比前輩便宜得多。二十年前，何能有今日之大觀也。

前函言鍾山陳澧篆似〈峿臺銘〉，係言其字體之窄而長似〈峿臺銘〉耳，至於筆畫，〈峿臺銘〉

仍是方的，非圓的。清末多人學此，曾通行一時，今其風稍殺。

近時學問，比前人便宜得多。單是眼福，前人何能有此。擕百金而之市，應有盡有之碑帖（指影印）可完全得見，於此而不勝前人，何以對前人也。三月七日。

一九四九年三月十四日

一月廿九、二月廿六來信，同時收到。《美味》等六冊，亦收到。「有錢難買少年時」，乃《歎五更》批語，無所謂合韻不合韻也。報載輔仁事，應剪寄我，俾知外間如何說法。或有關我個人事，亦望剪寄。余近日思想劇變，頗覺從前枉用心力。從前囿於環境，所有環境以外之書不觀，所得消息，都是耳食，而非目擊。直至新局面來臨，得閱各種書報，始恍然覺悟前者之被蒙蔽。世界已前進，我猶故步自封，固然因為朋友少，無人提醒，亦因為自己天份低，沒由跳出，遂爾落後。願中年人毋蹈予覆轍（港得書似較易），及早覺悟，急起直追。毋坐井觀天，以為天只是如此，則大上當也。余自前月廿四日起出帶泡疹，胸前背後俱有，現已脫痂，患處猶麻痛。勿念，此示約兒。父字。三月十四日。

此信閱畢寄杭[2]，或抄留一底子，省得我再寫。

2 陳垣長子陳樂素當時人在杭州。

一九五〇年一月六日

十月廿三日、十一月五日及十二月十七日函均收到。久未寫信，筆硯生塵。辛姊近狀如何？日前晤一人名張雲川，說是從前港《光明報》主筆，認識辛姊。日前又由雪白姪介紹劉思慕先生來，恂恂君子，云是汝南武同學，《華商報》主筆。你們既認識這些前進友人，思想一定前進。永昌近日如何，至念。新中國無不勞而食之人，你們應當好好介紹他，指引他，跟前進的人走。年輕，包袱已棄掉，不愁不進步也。最怕念頭高，不能吃苦，老在香港閒著，不是辦法。想你必能指示他正確路線也。切切注意，切切想辦法。陳兄子姪欲來京讀書，最好是暑假，因京中學校春季始業者絕少。日前簡琴翁來信亦問及此事。琴翁書法絕佳，大草我有時不識，為之一笑。你有何進展，有何企圖，舊包袱肯棄去否？樂素甚勇猛前進，可喜。惜余老矣，奈何！此示　約兒。一月六日。

陳樂素信

一九三九年十月五日

十六晚復汝三日函並約廿九日函，想收到。即接廿一日函，知憬老[1]去世，至為感愴。卅年前，憬老見予所寫作小品，以為必傳。當時受寵若驚，不審何以見獎至此，然因此受暗示不少。今日雖無成，不能如老人所期，然三十年來孜孜不倦，未始非老人鼓舞之效也。今往矣，天南知己又少一個矣，為之悽然者終日也！寅丈不赴美，早料到，但未見提及耳。每星期四十餘堂，如何上法？前函云每星期廿餘點已屬不少，今日四十餘堂，每日上幾堂耶，何忙至此？功課太多，容易生毛病，學生常常見住一教員，亦易生慢，此節要注意。每星期不可過（至多）廿四點鐘（每日四點），多則

1 即汪兆鏞，一八六一－一九三九年，字伯序，號憬吾，又號微尚居士、清溪漁隱。汪兆鏞為汪兆銘（汪精衛）同父異母的哥哥。

應讓出，不然，恐非長久之計也。至於自己工夫做不做，尚是第二層，先要功課對付得過，不至生毛病才好。此示博兒。父字。十月五日。

一九四〇年一月七日

廿五夕曾復一函，想收到。昨接廿七日函，云《遺民錄》未購得，頗失望。即接廿八日函，云已有，稍慰。因近草一文，中有涉及遺民者，不可不參考他人著作也。文分廿篇，近始成七篇，已得數萬言，恐草成時有十萬字。今將草目另列，〇者已成，即有關遺民一部，故急於欲閱人書也。論文之難，在最好因人所已知，告其所未知。若人人皆知，則無須再說，若人人不知，則又太偏僻太專門，人看之無味也。前者之失在顯，後者之失在隱，必須隱而顯或顯而隱乃成佳作。又凡論文必須有新發見，或新解釋，方於人有用。第一搜集材料，第二考證及整理材料，第三則聯綴成文。第一步工夫，須有長時間，第二步亦須有十分三時間，第三步則十分二時間可矣。草草成文，無佳文之可言也。文成必須有不客氣之諍友指摘之，惜胡、陳、倫諸先生均離平，吾文遂無可請教之人矣。非無人也，無不客氣之人也。鄉信甚念，奈何。約十七來信亦收到。此示博約兒同閱。父字。

一月七夕。

明季滇黔佛教考　廿八年[2]一月七日　〇者初稿成

〇明以前滇黔之佛教

〇明季滇南高僧輩出

〇明季黔南傳燈鼎盛

蜀僧與滇黔佛教之關係

法席之傾軋

靜室之繁殖

藏經之遍佈及僧徒之著述

僧徒之苦行及生活

僧徒之外學

〇讀書僧寺之風習

士大夫之禪悅及出家

僧徒拓殖本領

諸山開闢神話

深山之禪跡與僧棲

2 本書應為民國二十九年完成，此處為陳垣筆誤。

○遺民之逃禪
○遺民之方外遊侶
○釋氏之有教無類
亂世與宗教信仰
永曆時寺院之保護及建置
弘光出家之謠

一九四〇年五月三日

廿五日復十四日來函，並引書目三紙，又由約轉目錄二紙，想均收存。即接廿一日函，道希尺牘，因屢次搬家，只找出已裱（原裱）者十餘開，尚有散張一厚疊，找未齊，改日找齊再算。本係舊信，郵寄不識方便否？道希學問無甚足取（寅丈頗知其生平），整理他劄記，不見得有大收穫，恐徒勞而無功也。

《佛教考》尚未抄好，前函已說過，擬先抄好，向輔仁提出，如果無款印，乃再作道理，所謂先招親房人等也。本文之著眼處不在佛教本身，而在佛教與士大夫遺民之關係，及佛教與地方開闢、文化發展之關係。若專就佛教言佛教，則不好佛者無讀此文之必要。惟不專言佛教，故凡讀史者皆不可不一讀此文也。三十年來所著書，以此書為得左右逢源之樂。俟抄好提出輔仁後，如何再報。

圖書館任編輯事，誠如來書。小子身體可慮，從長商議後乃定可也。

石刻拓本如果寄來再算，但不必催。文已成，此等材料未必合用，怕白領人情也。此文意中所想材料，均已到手，無甚遺憾。如果寄來，近尚可，遠則人情太大，而未必合用，擬聽其自然也。

前函問暹丈利根禪師事，因張菊老紀念論文，暹丈《藏經考》曾提及利根，故欲知其出典也。

前日余世兄[3]來問汝住址，大約寄託轉交寅丈單印本，或留起俟寅丈到港時轉交亦可。

昨接德芸先生[4]書，言新撰八股文學一書，分九章，十四萬言，欲在北方印。但未見稿，不易接洽，擬日間復之。如晤面時，彼先提及，亦不必提也。

至商務印余文，能快出版否，此節便仍照前函打聽告我。餘不一一。此示博兒。父字。五月三日。

即日找道希札，無意中已將約前年寄來之所臨《聖教》找出，稍暇當寄回，便轉告可也。

3 即余遜，一九〇五—一九七四年，字讓之，專精秦漢史，曾任北京大學歷史系教授。余遜為清末民初知名語言學家、目錄學家、文獻學家余嘉錫之子。

4 陳德芸，清末民初革命人士、政治人物陳少白的族侄。著有《陳少白先生年譜》、《德芸字典》、《八股文學史》等書。

一九四〇年五月三十日

前接五日函，即馳書慰問三叔。久不接三叔書，後接其十二日函，始知有八日來書，前日乃收到。又久候汝五日以後書，至今日始接十六日函，又知有十三日來書，至今尚未收到，何也？

五日夾方君書，《四譯館則》，本可以贈他，但聞滇港印刷郵件停寄，故未付郵。又聞有一法，譬如寄方君件，寫港通菜街八十三號陳宅方某某收，如陳宅接到此件時，即注此人已遷某處，退回郵局，即可寄去，不必另貼郵票云云。試打聽此法能行否？聞寄守和先生書，寄平山圖書館，自然轉到，在港不另粘郵票也。

方君信不便復，料彼亦無甚新鮮材料可助我，此是寅丈好意（對他說），我未求其助我材料也。寅丈未識回港否，欲寄稿請寅丈一閱，並欲求其一序也。

《廣東叢書》名單已寄來，其中未識有無漢學者，甚怕與漢學家伍也。港幣甚高，最好撥些款在平抄書，四五毛一千字，港幣一毫餘耳。新借到木陳忞《布水臺集》卅二卷，約五百七十葉，二十餘萬言，鈔工港紙二三十元，太便宜矣。餘近又鈔得木陳弟子旅庵月《奏對錄》一卷，四十餘葉，於董妃順治事甚詳，可惜旅庵非粵僧耳！粵僧天然函昰，剩人函可，阿字今無，各語錄易找否，余均已找得。《茚溪錄》我有抄本，照原行款，將來必須印，但不必作頭幾種耳。《北遊錄》我有精校本，前寄遐丈之本，須再校也。

《疑年錄》本用勵耘書屋名刊行，現輔仁亦欲用輔仁名，已許之，改封面。

《叢書》簡則，云通過之日施行，而全則無年月，奇也。閱此知易丈健在，為可喜耳。羅香林，逖丈[5]佳婿也。此示博兒。父字。五月卅夕。

一九四〇年六月四日

卅夕復十六日來函並袁丈函，想收到，一日又寄港轉方君《四譯館考》二冊，能寄則寄，否則暫置之可也。即日已直接復方君一函，言港郵通則寄，又以油印目錄及征引書一份寄去，言《佛教考》已付印，省得他寄不相干材料來，人情大而無用也。

十三日來信，今日始收到，原來給港檢查。即日寄約收《校補釋例》一冊（外寫樂素收），內夾照片二張，久想寄汝閱（汝修年譜時[6]），遍尋不獲，日前找道希信發見之。照相寄汝，此余與三水[7]一

---

5 即朱希祖，一八七九－一九四四年，字逖先，歷史學家、國學家，曾任北京大學、清華大學、輔仁大學等校的教授。

6 指《梁士詒年譜》，由梁士詒任教的鳳岡書院（學校）學生合編。

7 指梁士詒，一八六九－一九三三年，字翼夫，號燕孫，廣東三水人。梁士詒是清末民初政治人物。

段因緣。三水不喜人讀書，所以不能久處，然在今日思之，當時若隨三水不去，亦不過如劉鐵城等，多聽幾個錢而已，孰與今日所就之多也，為之一歎。

《佛教考》過數日寄港，請寅丈到港時一閱（不知到否），並欲丐其一序，將來另有信也。兼士先生閱《佛教考》後賦詩相贈，有「傲骨撐天地，奇文泣鬼神」之句，不知何所見而云然也。

三月中旬教部發表聘任史地教育委員會委員十五至廿一人，未知有何許人，曾見報否？

昨談（前函）《布水臺集》，借來已久，恐不能久待，晤遐或不必提，省一事得一事也。此示博兒。父字。六月四日。

目錄以備不時之需，露封以便檢查。

8 重刻《辯學遺牘》封面有梁士詒提詞：「去夏游靜宜園，曾以所購《元也里可溫考》贈援庵。昨游園，復得此書。援庵撰述甚夥，人將愛之，詒將哀之，因襲近人詩贈之曰：銷磨一代英雄盡，故紙堆中問死生。是耶？非耶？民九四月二十七日士詒記。」

9 沈兼士，一八八七—一九四七年，名臤，字兼士，語言文字學家、文獻檔案學家。兼士詩全文：「援庵先生見示近作《明季滇黔佛教考》，奉詒一首：吾黨陳夫子，書城隱此身，不知老將至，希古意彌真。傲骨撐天地，奇文泣鬼神。一編莊誦罷，風雨感情親。兼士。五、二十一。」

一九四〇年六月二十七日

十九日曾復五日函，想收到。即接十七日函，言病愈八九，又女中聘書已接，至慰。向覺明（達）以圖書館員留歐數年，回國任聯大研究所導師，名甚美，唯只得百餘元，八扣，聞已離去，以是知女中之不可棄也。

寅丈返港之說無變卦否？余丈[10]有《宋江考》抽印本寄汝轉寅丈，已轉否？《佛教考》自前月廿七日發稿，至六月十八日始排得卅二頁，第一卷完。至廿六日始排得六十四頁，第二卷尚未完。預計八月初可畢。寅丈賜序能於斯時寄到，尚可排入。但須先探陳公意，願作序否？如願，則多候數日無要緊，因此書舍陳公外，無合適作序之人也。顧亭林言著書如鑄錢，此書尚是採銅於山，非用舊錢充鑄者也。袁丈另自有信來，言館有哈佛燕京社撥印書款數萬元，何其闊也！（德芸丈書能介紹否？）學校暑假，關於大學教員之續聘與否有商量。有一教員因為學生反對，至不能聘。又有因分數過寬，近於不負責任，亦不續聘。甚矣謀生之不易也！又中學教員有批評學生不用心，或講話，或睡覺（音教）者，分明係教者之不能引起興趣，或不得法。又大學教員有上堂只批評人，說人人

---

10 余嘉錫，一八八四－一九五五年，字季豫，號狷庵、狷翁，清末民初知名語言學家、目錄學家、文獻學家，中央研究院第一居院士。

都不成，以自顯其能，學生反問他，則又不能滿答。凡此種種，皆不適宜。大約教書以誠懇為主，無論寬嚴，總要用心，使學生得益。見學生有作弊（指考試偷看等）或不及格等等，總要用哀矜而勿喜態度，不可過於苛刻，又不必亂打八九十分討學生歡喜，總不外誠懇二字為要。對同事尤須注意，得人一句好話，與得一句壞話，甚有關係。偶有所感，順便告汝。約來信日子（月份）似錯，我燈下作書，眼花看不真（甚苦）。此示博兒。六月廿七日。

一九四〇年十一月二十六日

八日曾復卅晚來函，想收到。久候家信未至，前日接六晚函，即日又接十四日函，均經港檢查，所以較慢也。《荊公年譜》可不必寄回。清朝人為荊公研究者，尚有嘉道間沈欽韓。荊公詩本有李壁（李燾子）注，沈為補注四卷，又為文注八卷，皆注本事，非熟悉有宋一朝掌故不可。沈又為蘇詩查注補正四卷，皆為研究宋事者所必讀，非止為蘇、王詩文而已。注書例有二派，一注訓詁典故，一注本事。如施國祁之注元遺山詩，亦注本事也。凡研究唐宋以後史者，除正史外，必須熟讀各朝一二大家詩文集，能有本事注者更佳，可以觀其引用何書，即知正史之外，詩文筆記如何有助於考史也。

覺明信仍盼寄去，子馨書仍盼查詢，此書（《使華訪古錄》）不易再找，既找得，失了太可惜。

或去信子馨先生一問何如。即使失了，亦使彼知予曾替他找得，並非置之不理也（因來信託找之故，覺明信亦然）。餘未一一。此示博兒。父字。十一月廿六日。

省城曾有火燭，是否？定三姑何故想返港？

一九四一年六月七日

廿一日曾復八日函，想收到。即接廿三日函，問藝風拓片，封鎖在漢學家手，無往來。至《藝風堂金石文字目》十八卷，光緒間已有刻本。全五代文無甚意思，時短地狹，新鮮材料亦不多。至於碑刻，佳文固少，完整之碑尤少。鈔書易，鈔碑難；抄碑易，校碑難。尋丈拓片，攤置一室，剝蝕模糊，煙墨狼藉，鈔碑談何容易？如欲輯五代文，港地書籍缺乏，如地方志等等，從何檢閱，不易為也。但第一步應先編目，嚴氏編《全上古文》，亦先編目，凡百三卷，有刻本，即名《全上古三代秦漢三國晉南北朝文編目》，每人作一小傳，（每文注出處）極費力，極有用。後來《全上古文》刻本，即按此目錄所指定之出處，抄出付刻也。其實只有一編目已足，凡易找之書，不必抄刻，難得之書及散篇然後抄之，想亦無多。但抄易校難，若鈔而不校，無用也。近因故宮新印李北海《嶽麓寺碑》，嘗取《全唐文》一校，原來《全唐文》脫去四百字。官僚所編之書，如此其不可靠也。《全上古文》當少此病。且《全上古文》注出處，《全唐文》不注出處，一塌胡塗，殊可笑也。寅丈在近，如果人不討厭，不妨多請教，但不宜久坐，此機會不易得，幸勿交臂失之為要。至於好擺架子之官僚，可以少見了。昨日孫子書[11]先生屬代寄近著一冊，收到在家信中復謝幾句，以便交代。又即日付汝《中和》月刊六冊，間有可觀。港郵已通未？此示博兒。父字。六月七夕。

一九四一年八月十六日

五日曾復七月廿一日來函，想收到。連日盼汝家書不得，望眼欲穿矣。七月十三日復六月廿九日來函，云汝患感冒，已癒，又有復陸先生言《成仁錄》書，廿一日又寄約交汝公穆[12]先生手書，並言《東塾雜俎》未刻成等等，計時皆應有回信，豈中間有失落耶？最近孔德研究所出板李玄伯[13]著《中國古代社會新研》一冊，售申幣十二元，極多新義，不可不一讀，曾看見否？李禁錮多年，幸有此書，足以不朽，古所謂塞翁失馬，安知非福者此也。許地山四日逝世消息，此間遍傳，而約六日來

11 孫楷第，一八九八—一九八六年，字子書，擅長訓詁學、校勘學、敦煌學、古典文學研究、戲曲理論等領域。

12 指陳慶修，為晚清知名聲韻學者陳澧之孫。

13 李宗侗，一八九五—一九七四年，字玄伯，歷史學家，曾任國立臺灣大學歷史系主任。一九二〇年代開始陸續參與多次故宮文物的遷移、清點與整理工作，並在抵臺後設立國立故宮博物院。著有《中國古代社會新研》、《中國史學史》等書。

信尚未提及，豈訛傳耶？固幸其訛傳也。然言之者鑿鑿。繼任者[14]何人？寅丈最合式，但怕不耐酬應耳。下文如何，想有詳報。傅公[15]聞已辭中研院總幹事，前云入醫院，近狀如何，有所聞否？袁公聞頗不得意。公超[16]近在港否？此等消息，惟汝能復我，至於家事，尚有別人可問也。勁庵[17]云來，何以久未到。鏡池接女中，已定否？此信目的，本為李玄伯書，順及他事耳。此示博兒。父字。八月十六日。

德芸丈函，以為可交則交去，否則作罷。

一九四一年十月二十三日

七日寄金石書六冊，十日付一函，言《金石苑》、《粟香四筆》等有南漢及蜀金石，想已收到。

---

14 許地山原任香港大學中文系主任。

15 即傅斯年，一八九六－一九五〇年，歷史學家，曾任中央研究院歷史語言研究所所長、國語日報社董事長、北京大學代理校長、國立臺灣大學校長等職。

16 葉公超，一九〇四－一九八一年，原名葉崇智，字公超，在文學、外交領域皆有所長。曾任北京大學、清華大學外文系教授，中華民國外交部長、駐美大使等職。

17 李棪，一九一〇－一九九六年，字勁庵，歷史學家，專精南明史。李棪為清代歷史學家、書法家李文田之孫。

隨接九月廿七日函，頃又接十日函。《南唐書箋注》未見，想無甚要緊。顧櫰三《補五代史藝文志》所載現存之書，序跋有作於五代時者，皆可收入。凡唐末、宋初人，其文作於五代時者，亦可收入。《補五代史藝文志》，《金陵叢書》乙集及《鶴齋叢書》三集有刊本，已見否？陳仲魚鱣撰《續唐書》，以後唐繼唐，南唐繼後唐，而至宋，廢梁晉漢周四代，其說頗有見地，廣雅本。此示博兒。父字。十月廿三日。

德芸丈謂余入學似在光緒丙申，非也。余少不喜八股，而好泛覽。長老許之者誇為能讀大書，其非之者則訶為好讀雜書，余不顧也。幸先君子不加督責，且購書無吝，故能縱其所欲。丁酉赴北闈，首場冉求之藝，文之以禮樂，題本偏全，放筆直書，以為必售。出闈以視同縣伍叔葆先生，先生笑頷之。榜發下第。出京時重陽已過，朔風凜烈，叔葆先生遠送至京榆路起點之馬家鋪。臨別，珍重語之曰：「文不就範，十科不能售也。」雖感其厚意，然頗以為恥。既歸，盡購丁酉以前十科鄉、會墨讀之，取其學有根柢，與己性相近者，以一圈為識，得文數百篇。復選之，以兩圈為識，去其半。又選之，以三圈為識，得文百篇，以為模範，揣摩其法度格調，間日試作，佐以平日之書卷議論，年餘而技粗成，以之小試，無不利矣。庚子、辛丑科歲兩考皆冠其曹，即其效也。然非叔葆先生之一激，未必肯為此。迨壬寅借闈汴梁，改試策論，前功遂廢。丙申余十七，辛丑余廿二也。[18]

---

18 陳垣曾自述其經歷：「十八歲入京應試，因八股不好，失敗。誤聽同鄉一老先生的勸告，十九歲一面教書，一面仍用心學八股。等到八股學好，科舉也廢了，白白糟蹋了兩年時間。不過也得到一些讀書的辦

便幸轉告德丈。十月廿三日又及。

一九四五年五月一日

自去年十一月接過汝七月十六函後，至今日始接汝今年一月廿八日函，當即通知阿益，因等汝信等到疲了。十一月廿五日續寄汝《三賓考》中二函，今年一月卅日又寄汝一函，未知收到否？三叔處止接到去年六月函，今年二月曾接施大姑姐十月廿三日函，知三叔等平安，今接汝函，知各姪等下落，至為安慰，只欠約處未有消息耳。青兄處亦久未接信。《胡注表微》付寫者只有〈本朝〉、〈書法〉、〈校勘〉、〈解釋〉、〈避諱〉、〈出處〉六篇，每篇約八千言，餘尚未寫就也。全書格式，每篇前有小序，低二格；次引《通鑑》，頂格；次引注，低一格；次為表微，亦低二格。今將已成諸篇，各抄一段寄閱，亦可略知書之內容也。盼望不斷來信，不可等到信到然後覆，防中有遺失，彼此等，則信息更遲也。張孟劬、馬幼漁二公新逝，有所聞未？一月卅一日寄青兄一函。二月廿八日復寄濳女《胡注表微》提要數份，屬轉青兄及汝，未知收到否？敏姪與十妹、十一妹俱與容兒同在一地，冬女亦在處，未知他們兄妹見面認識否，殊可笑也。當未接汝一月廿八日函時，時時與益胡猜亂想，久不知汝消息，並向各方打聽。今接來書，不啻大樂。余讓之接青兄一月廿一日信，已見。

法，逐漸養成了刻苦讀書的習慣。」（《中國青年》一九六一年十六期）

如有通函，並為我問及為盼。兒婦及各小子佳否？此復博兒。乙酉五月一日。

一九四五年十二月十三日

十一月十四及十七晚函均收到，因勞及腸病以致不能作文，殊可感喟。最近接三叔十月十二日勝利後第一次在港來信，云廣灣號[19]三宅溢利九十餘萬元，已去信屬其匯十萬與汝。如需用，仍可再撥。身體第一要緊，其次則學問。因生活而勞，因勞而病，以致不能有所述作，最不值得也。教書固然要緊，然全力放在教書上，而自己無所就，亦不上算。年前吾防汝隨便發表文章，囑要謹慎，今因汝久無文章發表，又想汝注意於此。

書籍最要緊，青峰近兼圖書館主任，甚佳。余老先生之婿周祖謨，字燕孫，近承袁守和先生之託，整理北大所購李木齋盛鐸之書，亦一好差事。兼丈[20]北來，首先注意東方圖書館，其辦公處即駐於此。敵人二十年所搜羅，不啻為吾人積也，豈非一大快事！

不倚賴浙大，將來家屬東行，誠不易易。然東行後行止如何，能有一機關半教書半研究，而可以解決生活，多寫幾篇文章，最上算也。有所圖否？即使有研究機關，不能完全解決生活，而由家

19 陳垣的祖父陳海學是藥材商人，在廣州開設陳信義藥材行，並在廣州灣（今湛江）設有分號。
20 即沈兼士。

中幫補解決生活，亦中策也。年一過往，何可攀援，乘精壯之年，養好身體，多著幾部書，最有意思，幸留意也。

閱《圖書季刊》近數期，西南學風仍不寂寞。陳雪屏先生來，帶上姚從吾士鰲先生贈我法幣萬元，受之殊愧。本月七日已將此款託中央銀行匯去貴陽羅永昌，其母子飄零，殊可念也。

三十年來，我自己雖未用家中之錢，然家人亦不能得我一文，教書人何能有此。已去信三叔，此九十萬，應撥贈何人即撥之，存之亦無用也。澘、慈婚事，亦未嘗需我分文，慈、容出國，亦未嘗要我接濟，此為幸事。不然，教書人何能栽培子姪出洋，念念抱歉不已。嘗對三叔言，子弟讀書，應盡力供之，錢留無用。不做買賣，亦不能有錢。汝有兒女多人，家中應幫助汝。汝所業是教讀，家中尤須幫助汝。家中無錢則已，如有，任汝花消也。益近狀尚好，勉強過得去。約自己會向三叔要錢。容、冬一時尚不用接濟。惟汝子女多，應由家中補助也，免得時時要兼謀生活，何能讀書邪？不夠用，向三叔處匯可也，或由我轉知亦可。身體要緊，著述第二，幸緊記。《表微》〈本朝篇〉一份寄汝，有意見可告我，聲明第幾頁幾行便悉。餘未一一。〈出處篇〉亦油印一份，已寄青峰，他能知我心事也。又〈感慨篇〉一份寄遵儉了。此示博兒。大小好否，念念。父字。卅四年十二月十三日。

一九四六年四月八日

三月廿五日曾復三月十八日函，想收到。頃接三月卅日書並陳振孫文，甚好。惟有一笑話，以《梅磵詩話》為胡身之詩話是也。宋元間以梅磵為號者不止一二人。故此文未有給別人看，今簽改數處寄回，可自斟酌，不必盡依吾說也。

此外尚有兩點須注意：一、此文引號多，傳寫排印，易於脫落，故須預備其有脫落時，亦不至令人誤會乃可。則行文時須做到不加引號，而引文與己文分別顯然，乃足貴也。二、此文小注不少，其多者乃至二三行，此必須設法減少，或改為正文，如十一頁前數行是。因近日印品多用五號，再有小注，須用七號，大不宜也。且作文自加注，只可施之詞章，如詩賦銘頌之屬，字句長短有限制，不能暢所欲言，有時不得不加自注。史傳散文，自注甚少，除表及藝文志之屬為例外。《宋書．謝靈運傳．山居賦》、《北齊書．顏之推傳．觀我生賦》，亦自注。非注，人閱之不懂也。史傳與注相類之句，如語見某傳，事具某志等類，亦皆作大字正文，不作小注。又如《孟子》引《詩》「天之方蹶，無然泄泄」，即以當時語釋之曰：「泄泄，猶沓沓也。」又引《書》「洚水警予」，即解釋之曰：「洚水者，洪水也。」又引《詩》「畜君何尤」，即解釋之曰：「畜君者好君也。」皆作正文，並不作小注。《大學》引〈淇澳〉之詩，加以解釋曰：「如切如磋者，道學也」云云，亦不作小注。此狠可效法者。又如《論語》，「子曰從我於陳蔡者，皆不及門也」，以下「德行顏淵」云云，亦是注釋，然並不作小字。所以我近日作品，力避小注，不論引文、解釋、考證、評論，皆作正文。此體將來未知如何，我現在尚在嘗試中，未識能成風氣否也？且要問注之意義為何，無非是想人明白，恐人誤會耳。既是想人明白，何不以作正文？若是無關緊要之言，又何必注？此文在研究院集刊發表如何？九公與三叔信云，約到廣州以至去汕頭，未嘗見九公一次，貴人事忙云云。我難辭不能訓子之責矣，慚愧之極。此示博兒。父字。四月八日。

東行時是否與家眷全去，抑分批？水行、陸行抑航行，均須謹慎勿急，至為念念，勿爭先。

一九四六年四月二十七日

廿四日復五日、十六函，云蕭夫人來見，並付去竺校長回條，已收到否？即接廿日函，言辭職事，頗有斟酌。所言教部審查事，我常為此擔心，此我之責也。我不能監督你們，所以至此。今日最難者，虛寫不好，實寫無用，如教中學等，不能成一資格。廿年前我最怕填履歷至出身一項，但捱到現在，則老起面皮，竟直對此項不寫，表示非學校出身也。然老人可以如此，年輕人在今日說不過去。第二項履歷，我從前亦畏難，近日則老實不客氣，填任北平輔仁大學校長二十年。此皆捱到現在，然後免此躊躇也。故以為此困難，應如何渡過，要斟酌。所難者目前。至於資格云云，浙大算一好資格，但要注意，資格是不能一時得的，須要積，最好能積至五年，則算一段落矣。現行款則，每有任大學教授五年以上等條文，少有云三年以上者。故予意，以為必不可留，則不容說，如果可留，以能容忍至五年以上為妙。再一層，復員後即去，在你以為功成而退，在他人看之，或以為非常時期你可以混，平時即幹不下去，此節亦須注意到，因不能逢人解釋，不知者或有此誤會也。故昨晚我想了一夜，放心不下，所以即復汝，應細斟酌。廿四日函言主任「好做否」？我意是不宜做也。資望淺，令人妒，而且起眼。對於聘人，聘者固然得好感，不聘者則生惡感矣，故暫不好做也。過幾年資歷稍深，則又當別論。今日之函言教授「好辭否」？我意是不可辭也。稍積數年，著作日多，實力充足，則無施不可，此時可自由矣。最要者是要基礎穩固，能任教授五年以上，非常時及平時皆曾任過，此所謂打好基礎也。若一到平時，則須舍去，是未打好基礎也。細斟酌為要，看看如何渡過此難關就是（指審查）。

嶺南來信，邀我甚緊，殊可笑。先是我復嶺南友人函說過，交通便，可以南返，欲借住康樂可否？因此該校院校長遂來信邀約，已誠意正式辭之。近又來信，只要肯擔任名目（指文科研究院），不必管事，帶幾人（指助手及研究員），要任多少地方，普通報酬外要有甚麼特別云云，皆不是我意思。我近來老得厲害，預備印完《表微》後即須暫停工作。餘未一一。張曉峰先生馮宅回條照轉。此示博兒。父字。四月廿七晨四時。

一九四六年六月一日

五月八日及廿一日函早收到，忙未得復。史學叢書事，余無文可選，大約要交白卷了。本應由主編者見到某人某文可選，乃與某人商量徵求其本人及出板處同意，較為妥適。若由本人自選，似不甚妥也。

關於汝所擔任功課，我想《鮚埼亭集》可以開，不管用甚麼名目，但以此書為一底本，加以研誦及講授，於教者學者均有裨益。我已試驗兩年，課名是史源學實習，即以此書為實習。每期選出文四頁，長者一篇，短者二篇，預先告學者端楷鈔之，雖自有書亦須鈔，亦一種練習。且應先預備同樣格紙百頁，以便一年之用。鈔好後即自點句，將文中人名、故事出處考出，晦者釋之，誤者正之。隔一星期將所考出者綴拾為文，如某某文考釋或書某某文後等等，如是則可以知謝山[21]文組織之方法及其美惡。惟其文美及有精神，所以不沾沾於考證，惟其中時有舛誤，所以能作史源學實習課程，學者時可正其謬誤，則將來自己作文精細也。余用力於此書者四年，隔年一講，故已講過兩次。甚欲用《經典釋文》體，作一《鮚埼亭集考釋》。但其書博大，未易畢業也。僅於一、二頁短文中釋

---

21 全祖望，一七〇五－一七五五年，字紹衣，號謝山，清代文學家、史學家。著有《鮚埼亭集》、《經史問答》、《讀易別錄》等多部著作。

得數十篇，可以夠一年多講授之用耳。未講此書前，余曾講《日知錄》兩年。又前，曾講《廿二史劄記》好些年，皆隔年一次。錯誤以《劄記》為最多，《鮚埼》次之，《日知》較少。學者以找得其錯處為有意思，然於找錯處之外能得其精神，則莫若《鮚埼》也，故甚欲介紹於汝。我已有底子，做下去更易也。且於浙大講浙東學術，尤其本地風光，可細想復我。

智超身體何如？停一年不讀書，縱其自習，亦一樣有益。甲午[22]廣州大疫，余停學一年，讀書之基樹於此也。此示博兒。父字。六月一日晨四時。

一九四六年六月二十三日

十六日曾復三日函，想收到。後又接十日函，云前信開口，蓋因夏天漿糊化水之故。聞願下年開《鮚埼亭》，至慰。但史源學一名，係理論，恐怕無多講法，如果名史源學實習，則教者可以講，學者可以實習。余已試用兩年，覺頗有趣。可先將全集點讀一遍，選其千字以內之文為課本。兩年來（中隔一年）我所選前集廿五篇，外集四十八篇，一年約講五十篇，其中有兩年同講一篇者。點讀之後，如有意見及疑問，即來信討論可也。蕭穆《敬孚類稿》有跋嚴修能批《鮚埼亭集》，《國粹學報》似亦曾登過。嚴批本有傳抄本，李莊研究所[23]即有一部，此間亦有數人過錄，可助考釋。《香雪

22 一八九四年。

崦叢書》有《鮚埼亭集斠識》一冊，商務出版有《謝山年譜》亦有用。未識諸書南中易得否？總之，朱竹垞[24]、全謝山、錢竹汀[25]三家集，不可不一看，此近代學術之泉源也。能以為課本者，全氏最適宜。黔中所得殘本，亦可用。先找出五七百字一篇者讀之，稍暇我當命人錄能講目寄汝。現書手太忙，未暇也。

昨日方司鐸[26]由青飛平，廿年通訊，一旦晤面，喜可知也。具言在遵時過從之事，藉知種種，甚慰。兒婦之賢能，南來者衆口一詞，殊可喜也。又有南海謝文通君，亦謂相識，此人何如？據方司鐸言，浙大曾有學術論文有傷本地大姓感情之事，足證予近日所主張凡問題足以傷民族之感情者，不研究不為陋。如氏族之辨，土客之爭，漢回問題種種，研究出來，於民族無補而有損者，置之可也。古人謂食肉不食馬肝，未為不知味，亦是此意。

日本史如何講法？據日人所著之本國史最佳者選用而批評之（口頭），豈不甚善？如自做講義，

---

23 一九四〇－一九四六年，中央研究院因抗戰之故遷至四川李莊。此指中研院歷史語言研究所。

24 朱彝尊，一六二九－一七〇九年，字錫鬯，號竹垞，又號醧舫、小長蘆釣魚師、金風亭長，明末清初文學家、經學家、政治人物。著有《曝書亭集》、《明詩綜》、《詞綜》、《日下舊聞》等。

25 錢大昕，一七二八－一八〇四年，字曉徵、及之，號辛楣，一號竹汀，清代史學家、語言學家，精通經、史、音韻、訓詁等學問。著有《潛研堂文集》、《廿二史考異》等。

26 方豪，一九一〇－一九八〇年，字傑人，天主教神父，曾任司鐸。方豪自學歷史、哲學，專長中西交通史、宋史、中國天主教史等。

學生流布，有弊病否？唐史用何講本？如何講法？便可告知一二。教書最好能教學相長，詳人之所略，略人之所詳，而後能出色。杭州書籍不少，地方亦佳，余甚慕之，大可做學問也。

今日輔仁已放假，《表微》尚有最後〈貨利〉一篇未做好，大約要七月底完成也。餘未一一。此示博兒。父字。六月廿三日。

一九四六年十月五日

卅日曾復十三晚以前，及佳、宥、儉等電，寄杭州浙江大學史地系，未知能收到否？續接廿二晚在漢長興輪來書，又接廿九晨在杭來書，藉悉一切。何以又病，至念。身體疲勞，應以心理調節之。凡遇苦境，皆須作為一種練習，欣然接受。所謂長安雖亂，吾國泰然，不可無此修養也。不然，血肉之軀，何能抵敵種種苦患耶？滬款取得順利否？所差尚遠，港粵須年底結算後乃有消息，只有忍耐數月。卅日函言我本月廿日出席中研院評議會，想已知到。

今夾附《鮚埼亭》件三頁。《通鑑表微》前十篇已出版，惜未能寄。大約年底全書可出。《鮚埼亭》課能開否？有把握否？有疑問可來信。

此間各報紛紛辦文史及讀書等周刊，學術空氣尚濃厚。滬、渝、津三處《大公報》合辦《文史》周刊，請適之先生主編，本月十六日出版，銷流頗廣。有短文可在此發表，酬報較豐。此示博兒。

不一一。父字。十月五日。

一九四九年十一月十四日

九月卅日及十月廿九日來信，早收到。兩月來不寫家信，正想寫信與你，剛接十一月九夕信，知功課稍有眉目，至慰。當初接你信，言白拿錢，甚痛苦，誠然。人不勞動，不應得食也。史系現停，明年有復開之望否？如果不復開，史學教員何所事？不是現在好意思不好意思問題，而是明年如何著落問題。今既留校教公共科社會發展史，是否變成了政治課教員？史學專門課，將來仍然有否？此層要注意。我當初因你來信云白拿錢，我就想到能否請華東局介紹入華北大學政治研究所，或華東有類似此項機關可入否？個人自修，不如集體學習，單是讀書，不如實地訓練，就是作一回下鄉調查工作，也是實地學習之一。既云學校方面不肯放走，是學校何人，校委會抑系主任等等，幸復我。

來信問社會發展史研究提綱，只見有艾思奇著的《社會發展史提綱》，未算定本，擬明日寄汝一部。又有恩格斯的《從猿到人》，薛暮橋的《政治經濟學》即社會發展史，又有《人怎樣變成巨人》及北京出板的雜誌名《學習》，已出了兩期。以上各書，未識你已有否？如未有，而需要，可照寄。但寄重複，則無謂了。所以最好想要什麼書，及已有什麼書，開列單來，可以酌寄。如果先頭開單未有，後來已有，亦應告知，以免寄重無用。沈志遠譯《歷史唯物論》，上冊出後，到出下冊時，不單賣，連上冊為一冊，只可重買。但有人說此書譯得不算好，有難解處即其錯誤處云，未知是否？此間教政治課的教員稀少，都係合千百人聚於一堂，用擴大器播講，名為「上大課」。次則分組討論，有問題不能解答的，彙齊請教育部專家解答。教部亦每兩星期開會討論一次，聚各校教此課之教員討論云。

相片收到，夏作銘[27]先生晤時幸道及。容兒就南開電機系副教授，每週七小時，有餘暇自修。近學俄文，頗有興致。益少見。樸孫原在輔大農學系，現清華、北大農學院，與華大合併，輔仁農系取銷，樸亦改入北大合成農業大學，也學俄文。牟潤孫有消息否？方司鐸在復旦不甚得意，現在何處知否？譚季龍[28]君行止何如，有聯絡否？

余忙於事務，學習一無進步。傅沅老已於數日前過去。張星烺半身不遂，已退休。余老丈也因病休假。張懷請入華北大學政治研究所，剛由美國回。黃倫芳請入新法學研究院。蕭仲珪在輔仁，其國文系主任顧隨先生，前日午睡，至六時未醒，家人喚之，已昏迷，即送醫院救醒。餘未一一。此示博兒。父十一月十四日。

簡琴翁[29]來信，云有二子欲來京入大學，尚未回信。又云寅恪夫人對時局認識不清，尚疑為大亂

---

27 夏鼐，一九一〇—一九八五年，原名國楝，字作銘，考古學家、歷史學家。

28 譚其驤，一九一一—一九九二年，字季龍，歷史地理學家。

將至，亦新聞也。琴翁書法大佳，但來信，經檢《草字彙》，仍有一二字未識，可見余之孤陋，為之一笑。約之最近曾有十月廿三日信，省港郵件，仍未大通云云。賀昌羣君有消息否？繆鳳林君究竟有入震旦否？有所聞，幸告我。又及。

29 指簡經綸，一八八八—一九五〇年，字琴石，號琴齋。喜歡研究詩詞、書法和篆刻，擅長甲骨文。

胡適信

一九四九年四月二十九日[1]

適之先生：

去年十二月十三夜得到你臨行前的一封信，討論楊惺吾《鄰蘇老人年譜》中的問題，信末說：「今夜寫此短信，中間被電話打斷六次之多，將來不知何時才有從容治學的福氣了。」當我接到這信時，圍城已很緊張，看報上說你已經乘飛機南下了。真使我覺得無限悵惘。

記得去年我們曾談過幾回，關於北平的將來，中國的將來，你曾對我說：「共產黨來了，絕無自由。」並且舉克蘭欽可[2]的《我選擇自由》一書為證。我不懂哲學，不懂英文，凡是關於這兩方面

1 此函發表於一九四九年五月十一日的《人民日報》及五月十七日的《進步日報》，題為〈給胡適之先生一封公開信〉。

的東西，我都請教你。我以為你比我看得遠，比我看得多，你這樣對我說，必定有事實的根據，所以這個錯誤的思想，曾在我腦裡起了很大的作用。但是我也曾親眼看見大批的青年都已走到解放區，又有多少青年，正在走向這條道路的時候，我想難道這許多青年——酷愛自由的青年們都不知道那裡是「絕無自由」的嗎？況且又有好些舊朋友也在那裡，於是你的話在我腦裡開始起了疑問，我當時只覺得這問題有應該研究的必要。在北平解放的前夕，南京政府三番兩次的用飛機來接，我想雖然你和寅恪先生已經走了，但是青年的學生們卻用行動告訴了我，他們在等待著光明，他們在迎接著新的社會，我知道新生力量已經成長，正在摧毀著舊的社會制度。我沒有理由離開北平，我要留下來和青年們一起看看這新的社會究竟是怎樣的。

當北平和南京的報紙上刊載著我南飛抵京的消息，這就看出南京政府是要用我們來替他們捧場的，那對於我們有什麼好處呢？現在我可以告訴你，我完全明白了，我留在北平完全是正確的。

今年一月底，北平解放了。解放後的北平，來了新的軍隊，那是人民的軍隊，樹立了新的政權，那是人民的政權，來了新的一切，一切都是屬於人民的。我活了七十歲的年紀，現在才看到了真正人民的社會，在歷史上，從不曾有過的新的社會。經過了現實的教育，讓我也接受了新的思想，我以前一直不曾知道過。你說「絕無自由」嗎？我現在親眼看到人民在自由的生活著，青年學生們自

---

2 Bиктор Крapaвченко (1905–1966)，1929 年加入蘇聯共產黨，1944 年向美國申請政治庇護。1947 年《我選擇自由》(*I Chose Freedom*) 出版，書中描寫許多關於蘇聯共產黨與史達林政權的暴行。

由的學習著、討論著，教授們自由的研究著。要肯定的說，只有在這解放區裡才有真正的自由。以往我一直是受著蒙蔽，適之先生，是不是你也在蒙蔽著我呢？

在這樣的新社會裡生活，怎麼能不讀新書，不研究新的思想方法。我最近就看了很多很多新書，這些書都是我從前一直沒法看到的，可惜都是新五號字，看來太費力，不過我也得到一些新的知識。我讀了《中國革命與中國共產黨》和《新民主主義論》，認清了現在中國革命的性質，認清了現在的時代。讀了《論聯合政府》，我才曉得共產黨八年抗日戰爭的功勞，這些功勞都是國民黨政府所一筆抹煞的。讀了《毛澤東選集》內其他的文章，我更深切的了解了毛澤東思想的正確，從而了解到許多重要的東西，像土地改革的必要性，和我們知識分子的舊的錯誤的道路。讀了史諾[3]的《西行漫記》，我才看到了老解放區十幾年前就有了良好的政治，我們那時是一些也不知道的。我深深的受了感動，我深恨反動政府文化封鎖得這樣嚴緊，使我們不能早看見這類的書。如果能早看見，我絕不會這樣的渡過我最近十幾年的生活。我愛這本書，愛不釋手，不但內容真實、豐富，而且筆調動人，以文章價值來說，比《水滸傳》高得多，我想你一定不會不注意的。況且史諾作這書的時候是一九三六年，那時你正在美國，難道你真沒有看見過嗎？讀了蕭軍批評，我認清了我們小資產階級知識分子容易犯的毛病，而且在不斷的研究，不斷的改正。我也初步研究了辯證法唯物論和歷史唯物論，

3 Edgar Snow (1905–1972)，美國記者。1937 年《西行漫記》(*Red Star Over China*) 描寫史諾在陝西、甘肅、寧夏一帶採訪中共游擊隊的見聞。

使我對歷史有了新的見解，確定了今後治學的方法。

說到治學方法，我們的治學方法，本來很相近，研究的材料也很多有關係，所以我們時常一起研討，你並且肯定了我們的舊治學方向和方法。但因為不與外面新社會接觸，就很容易脫不開那反人民的立場。如今我不能再讓這樣一個違反時代的思想所限制。這些舊的「科學的」治學的方法，在立場上是有著他基本錯誤的，所以我們的方法，只是「實證主義的」。研究歷史和其他一切社會科學相同，應該有「認識社會，改造社會」兩重任務。我們的研究，只是完成了任務的一部份，既有覺悟後，應即扭轉方向，努力為人民大眾服務，不為反人民的統治階級幫閒。

說到實證，我又該向你說一個我的想法。最近有一天，我去過你住的東廠胡同房子裡，現在有別的朋友住著。我和朋友談天的時候，記憶清楚地告訴我，這屋子從前是怎樣的陳設，舊主人是怎樣的研究《水經注》。你搜羅《水經注》的版本到九類四十種之多，真是盡善盡美了。可是我很奇怪，你對政治的報告，何以只看蔣介石那一本，不注意毛澤東那一本呢？你是和我的從前一樣，真不知道嗎？我現在明白了毛澤東的政治主張和實際情況，我願貢獻你這種版本，校正你孤證偏見的危險。

我一直不同意你在政治上的活動，但是我先前並不知道你在服務於反動統治政權，我只是以為學術與政治是可以分開來看的。這種錯誤的看法，直到最近才被清除。我才知道了「一切文化服從於政治，而又指導了政治」。

你在政治上的努力，直到今日，並未減少。昨天北平《人民日報》載你二十二日在舊金山發表一段說話，說「中國政府如證明其力能抵抗共產主義，則不待求而美援必自至」，又說「政府仍有良好之海軍與強大之空軍，如使用得宜，將為阻止共產黨進入華南之有力依恃」。你還在做著美國帝國主義與中國的國民黨反動統治政權的橋樑，你還有如此奇特的談論，這使我不禁驚異，難道你真不知道借來的美援和那少數反人民的統治集團的力量可以抵得過人民的武裝嗎？難道你真看不出中國應走的道路嗎？現在和平的談判，被蔣介石他們拒絕了。戰爭的責任從來就該他們擔負，他們還應該負下去。南京已經解放了，全國解放，為期不遠。如果分析一下，中國革命是無產階級領導的世界革命的一部分，在全世界愛好和平的人民已經團結起來的今日，任何反人民的武力也要消滅的。

在三十年前你是青年的導師，你在這是非分明，勝敗昭然的時候，竟脫離了青年而加入反人民的集團，你為什麼不再回到新青年的行列中來呢？

我以為你不應當再堅持以前的錯誤成見，應當有敢於否定過去觀點錯誤的勇氣。你應該轉向人民，要有為人民服務的熱情。無論你是崇拜美帝也好，效忠國民黨也好，是為個人的知恩感遇也好，但總應該明白這是違反人民大眾的意思，去支持少數禍國殃民的罪魁。

我現在很摯誠的告訴你，你應該正視現實，你應該轉向人民，翻然覺悟，真心真意的向青年們學習，重新用真正的科學的方法來分析、批判你過去所有的學識，拿來為廣大的人民服務。再見吧！希望我們將來能在一條路上相見。陳垣。一九四九，四，廿九。

國家圖書館出版品預行編目資料

解讀陳垣／楊照策劃、主編.－－初版一刷.－－臺北市：三民，2023
面； 公分.－－（展讀民國人文）

ISBN 978-957-14-7653-7 （精裝）
1. 陳垣 2. 史學家 3. 學術思想 4. 文集

782.887 112006707

展讀民國人文

解讀陳垣

策劃、主編 楊 照
責任編輯 陳振維
美術編輯 黃孟婷

發行人 劉振強
出版者 三民書局股份有限公司
地址 臺北市復興北路 386 號 (復北門市)
臺北市重慶南路一段 61 號 (重南門市)
電話 (02)25006600
網址 三民網路書店 https://www.sanmin.com.tw

出版日期 初版一刷 2023 年 8 月
書籍編號 S782621
ISBN 978-957-14-7653-7